高等职业教育公共课系列教材



# 办公室事务管理

编　著　谭书旺

中国轻工业出版社

图书在版编目（CIP）数据

办公室事务管理/谭书旺编著. —北京：中国轻工业出版社，2024.2
高等职业教育“十三五”规划教材
ISBN 978-7-5184-0842-9

Ⅰ. ①办… Ⅱ.①谭… Ⅲ.①办公室工作—管理—高等职业教育—教材 Ⅳ. ①C931.4

中国版本图书馆CIP数据核字（2016）第048492号

责任编辑：张文佳　李　红　　责任终审：劳国强　　整体设计：锋尚设计
策划编辑：张文佳　　责任校对：晋　洁　　责任监印：张　可

出版发行：中国轻工业出版社（北京鲁谷东街5号，邮编：100040）
印　　刷：三河市国英印务有限公司
经　　销：各地新华书店
版　　次：2024年2月第1版第6次印刷
开　　本：787×1092　1/16　印张：15.5
字　　数：370千字
书　　号：ISBN 978-7-5184-0842-9　定价：36.00元
邮购电话：010-85119873
发行电话：010-85119832　010-85119912
网　　址：http://www.chlip.com.cn
Email：club@chlip.com.cn

240271J2C106ZBW

# 前　言 Preface

《办公室事务管理》是高职高专文秘类专业的一门职业技能课程，也是高职高专其他文科专业的一门职业基础课程，因为文科专业的毕业生不管从事哪一类岗位的工作，都需要一定的办公室事务管理基础知识和技能。

本教材是作者在从事十多年文秘职业教育的基础上，根据高职教育的教学规律，选取当今办公室事务管理领域最新的岗位能力要求编写而成。所有教学内容遵循“项目引领，任务驱动”的指导思想，设计成6个项目，统领34个教学任务，注重“工作过程系统化”和“教、学、做一体化”，使学生能够通过完成工作任务获取专业知识和专业技能，提高学生的学习兴趣。

同时，注重融入“以学生为主体，以教师为主导”的教学理念，减少情景案例，增加案例分析、工作情景模拟、典型工作任务解决方案设计与评析等内容。

本教材的每个任务分为“任务目标”“参考学时”“知识支撑”“思考与练习”四个部分。在“知识支撑”部分，穿插了“工具箱”“小贴士”“阅读材料”等内容，用于教学中同学们对相关内容的加深理解和巩固掌握；在“思考与练习”部分，编著者参照秘书职业资格鉴定的题型共编写近500道练习题，既可用于同学们巩固所学知识、顺利通过职业资格鉴定，又可用于各教学单位作为本门课程的题库，进行“教考分离”改革。

本教材的建议教学时数为76学时，使用者可根据自己的实际情况相应增减。

教材编写过程中，邀请了国内某大型企业行政部的资深行政主管戴桂丽女士等行业企业的一些人士参与了相关教学任务的编写和审核，他们根据自己的实际工作，结合职业教育人才培养的内在规律，提出了很多宝贵的意见和建议，为本教材质量的有效提升做出了不可忽视的贡献，在此，谨向他们致以诚挚的谢意。

谭书旺

2015年10月于青岛

# 目　录 Contents

# 项目 1

## 日常事务

任务 01　接打电话

任务 02　整理工作环境

任务 03　办公用品管理

任务 04　印章管理

任务 05　介绍信管理和零用现金管理

任务 06　安排上司的差旅事务

任务 07　会议室和办公车辆管理

# 任务01 接打电话

【任务目标】

了解电话机的功能和电话系统的使用技巧，能够按照秘书的职业要求接打电话，做好电话记录。

【参考学时】

3学时

【知识支撑】

## 一、电话使用常识

### （一）电话机的一些常用开关和按键

#### 1. 数字键

“0～9”，用户拨打电话号码用。

#### 2. 功能键

“*”、“#”，是为配合程控交换机实现特种服务而设置的，其功能由交换机设定。

#### 3. 记忆存储键（STORE）

用于存入常用的电话号码。使用时首先按“STORE”键，然后按2位自选的号码，再按要存入的电话号码，最后按“STORE”键，即完成了号码存入。一般有“STORE”键的电话机可存入10～20个电话号码。

#### 4. “RECALL”（MEMORY）键

提取记忆键。如果您已按上述步骤操作“STORE”键将您常用的电话号码进行缩位，那么当您再打这些常用电话的时候，只需先按“RECALL”（MEMORY）键，再按事先已存入的该电话号码的代码即可。

#### 5.“HAND-FREE”键

免提扬声开关。使用这个键，在通话过程中可免提话筒，方法是在拨号前先按“HAND-FREE”键，待拨号音由扬声器中传出，按对方的电话号码，听到对方答话后，即可开始通话。结束通话后，按“HAND-FREE”键挂机。

#### 6.“REDIAL”键

重拨键。拨出对方电话号码后，若听到忙音，挂机，稍候再按“REDIAL”键即可将原拨号码重新发出去。这不仅可省去重复拨号所需的时间，还可减少差错。

#### 7.“FLASH”“R”键（REGISTER RECALL）

闪接键。按下此键后，电话中断600毫秒（相当于拍叉簧1次），适用于程控交换机新服务项目。

#### 8.“MUTE”键

静音键。如果您在与对方通话的过程中，需与您身旁的人商量一下而又不希望对方听到时，可按下此键。

### （二）电话号码常识

按国际电信联盟规定，电话号码“0”字头是供长途直拨电话专用的，“1”字头是供特种电话服务专用的，如“119”（火警）等。只有“2”～“9”字头是安排给市话号码使用的；还规定，一个电话号码，后4个数字为用户号码，后4个数字前面的数字为电信部门的电话局号代码。

### （三）不通话也收费的三种情况

#### 1. 接通自动传真

对方电话机上接有传真机，当电话拨通后，先听到振铃声，接着就听到“叽……咕咕……”不间断的信号音。这就告诉您，电话已与处于自动接收状态的传真机接通。此时，计费就开始了，您虽未通话，但您已接通了对方通信终端设备，为免多计费，应立即挂机。

#### 2. 拨打分机电话

这种电话接在单位的小交换机上，进出电话需人工或电脑话务员转接，电话接通总机就算接通了电话，计费是从接通总机开始，总机转接的电话虽未通，也要计费。

#### 3. 对方呼叫转移

电话拨通后，有的转移到其他话机上，遇到这种情况，您虽未与对方通话，但接通了其他通信设备，完成了转移功能，也要计费。

## （四）电话使用技巧

### 1. 热线服务

秘书在工作过程中有一些需要经常拨打的电话，只要把“热线”对象的电话号码予以登记，以后每次通话，只要摘机，就会自动接通预先设定的“热线”对象，省去烦人的拨号程序。

登记的方法是：摘机听到拨号音后，按“*52*TN#”(TN表示要登记的热线对象的电话号码，*和#是电话机上的特殊功能键)，听筒中传出“嘟、嘟……”短促断续的证实音或语音提示，表示登记已被接受。

注销的方法是：摘机听到拨号音后，则按“#52#”。注销后，听筒中应传出证实音或语音提示，否则需重新注销。

“热线”对象可根据需要随时改变。设置了“热线电话”的电话机同时也同样可以发挥普通电话的功能。方法是：摘机后5秒钟内必须拨号。如果5秒钟内不拨号，则自动接通“热线”。

### 2. 缩位拨号

秘书可将常用的20个电话号码登记在电话机的相关键位代码上，在进行业务联系时只需直接拨打相应的代码来联系对方，以减少拨号时间。

登记的方法是：拨打“*51*AN*TN#”(“AN”为用户自编的缩位代码，登记10个缩位号码，取0～9中的一位数代码，登记20个缩位号码，则取00～19的两位数代码)。登记成功后，如果需要拨打对方的电话，摘机听到特种拨号音后，只需按“**AN”即可。

注销的方法是：摘机后，按“#51*AN#”。

### 3. 转移呼叫

“转移呼叫”就是事先设定一个临时电话号码，所有来电都会自动转到设定的临时电话上（包括移动电话）。这样便可以及时处理各种来电。但要注意的是，使用完毕后，必须立刻注销该功能。转移呼叫又可分为无条件转移、遇忙转移和无应答转移三种。

（1）**无条件转移**。设定此功能后，所有呼入的电话均无条件地被转移到临时设定的电话机上，但本机仍可呼出。

设置的方法是：摘机听到拨号音后，按“*57*TN#”（“TN”表示设定的临时电话号码）。

注销的方法是：用原登记此功能的电话，摘机听到拨号音后，按“#57#”。

（2）**遇忙转移**。设定此功能后，呼入的电话遇到忙音，在不影响正在进行的通话的同时，很快被转移到临时设定的电话机上。

设置的方法是：摘机听到拨号音后，按“*40*TN#”。

注销的方法是：摘机听到拨号音后，按“#40#”。

（3）**无应答转移**。设定此项功能后，呼入的电话如无人接听，在铃响一定时间后会自动转移到临时设定的电话机上。

设置的方法是：摘机听到拨号音后，按“*41*TN#”。

注销的方法是：摘机听到拨号音后，按“#41#”。

#### 4. 呼叫等待

呼叫等待功能可以使通话者在通话过程中处理第三方的呼入电话。

设置的方法是：摘机听到拨号音后，按“*43#”。

注销的方法是：摘机听到拨号音后，按“#43#”。

设置后，对于第三方电话的呼入，有如下三种处理方法：

（1）**拒绝接听**。通话过程中，如有第三方介入，话机会予以提示，提示音超过一定时间后，通话人如果不做任何操作，提示音便会自动消失。

（2）**第三方优先**。即听到提示音后，改与第三方通话，并保留原来的通话，与第三方通话完毕后再恢复原来的通话。

操作方法是：听到提示音后，在电话机（双音频电话机）上先按“R”键，听到拨号音后，按“*58#”，便可与第三方通话。第三方挂机后，便恢复到原来的通话。

（3）**交替通话**。分别同原通话方和第三方交替通话的方法是：轮番按一下“R”键或拍叉簧选择通话对象。在与一方通话时，另一方无法听到，这样你就可以充当中介人的角色，为双方转送信息，以避免他们直接通话可能造成的一些尴尬或不便。

#### 5. 遇忙回叫

面对“忙”得不可开交的电话，对方又没有“呼叫等待”功能的服务，有时为了拨通一个重要或紧急的电话，秘书不得不暂时放下手中的工作，坐在电话机前面反复拨号，这严重影响了工作效率。“遇忙回叫”功能则可以为秘书消除这种烦恼。只要设置一下，即使对方占线，也可以放心地去做其他事情。对方线路一有空，电话便会自动接通并振铃通知你。

设置的方法是：拨号后若听到对方电话忙音，不挂机，按“R”键或拍一下叉簧，听到特殊拨号音后，再按“*59#”，听到证实音后，挂机等候。

注销的方法是：按“#59#”。

此功能服务时间为20分钟，超过这一时间限制后此项服务将自动注销。

### （五）电话摆放位置

电话机应该放在最容易拿到、最方便使用的地方。如果是习惯用右手写字，电话机就应该放在办公桌的左上角。当来电话时，左手拿话筒，右手拿笔作记录，很方便。

## 二、接打电话的基本原则

### （一）态度礼貌、友好

在通话过程中，全凭声音传递信息，秘书就要特别注意自己的说话方式和态度。

首先，要尽量使用礼貌用语，如“您好”“请”“不客气”“谢谢”等。

其次，要及时向对方问候。

秘书对上司的声音一定是熟悉的，除此之外，还应该努力记住经常联系的其他人的声音，例如，下属部门的负责人、常有业务来往的客户等。这样，拿起电话来，不等对方报上姓名就已经判断出他是哪位，及时问候并准确地称呼对方，将会给对方一种格外受到尊重的、温暖的感觉。

### （二）声音积极、自然

首先，要微笑着接打电话。也就是要将自己的情绪调整到积极状态，这样微笑才会自然，通过话筒传递的声音才能体现出情绪饱满、态度热情。

其次，语速要适中。说话太快对方不易听清，太慢又显得懒散，所以通话时要比平常面对面交流时的语速稍慢一点即可。正常的说话速度为每分钟120～160个字。同时，适当的停顿和变化会使讲话听起来有抑扬顿挫的效果。

最后，音量要适中。声音太小固然不行，声音过大也会让对方不舒服，还会有咄咄逼人的感觉。所谓音量适中，是以对方能听清为标准。

### （三）通话简洁、高效

秘书每天要接打大量的电话，如果每一次通话都能够简洁，那么工作效率就能提高。一般的通话应该尽量控制在3分钟之内。

同时，要注意去掉自己的口头禅，因为如果一个人在说话中反复不断地使用口头禅，其职业形象就会大打折扣。克服的常用方法是把自己打电话的声音录下来，反复播放以便发现和纠正问题，或者每天面对镜子演讲，克服口头禅。

## 三、接听电话的具体要求

### （一）铃响不过三

电话铃响三声之内应该拿起话筒，即“铃响不过三”。但是只响一声，甚至一声都没有响完马上就接，对方心理多半没有准备好，而且电话也可能还没接通。在响两声到三声的时候接起来是最正常的。如果电话已经响了四五声才拿起来，就算接迟了，此时应该说的第一句话就是：“对不起，让您久等了！”

### （二）及时问候

在规定时间内接起电话，应对的第一句话应该是问候语——“你好”或“早上好”、“下午好”，然后是“自报家门”：对外部来电报单位名称，如“××公司”，对内部来电则直接说“××部”。这样的应答暗示给对方的意思就是“我们欢迎你”，而且对方还能马上知道自己的拨号是否正确。

### （三）适时应答

在对方说话的时候，我们要给以反馈信号，适时回应，如“是的”“好，我明白了”“对不起，我没听清，您能再说一遍吗？”等。

### （四）掉线等待

如果在通话过程中电话掉线，应该把电话机挂上等待。在这种情况下，主动拨打电话的一方应该再次重拨。

### （五）声音积极

前台秘书转接外线电话时，语速要适中，吐字要清晰，语调要积极热情，即向对方通报单位名称的时候，尾音要上扬，而不要下沉或模糊不清。即使在即将下班时也不能显出疲劳的声音。

### （六）兼顾各方

当同时有几个电话需要我们处理的时候，不能只顾一个，丢掉其余，而应视情况采取以下几种措施。

#### 1．保A接B，B毕返A

请正在交谈的一方稍等，告诉他有电话打进来，需要马上处理。迅速接听另一个电话，快速处理完，赶快回到第一个电话上。

#### 2．保A接B，别B返A

如果第二个电话一时不能处理完，也不属于紧急内容，则应该告诉他还有一个电话没有结束，建议一会儿再给他回电话，然后马上回到第一个电话上。

#### 3．保A接B，别A返B

如果第二个电话是紧急的事情，则要马上向第一个来电者道歉，建议他先挂上电话稍等或快速处理完第一个电话。

但无论采用哪一种处理方法，回到第一个电话时，都要向来电者致歉。

### （七）注意保密

当我们接听到要找上司或者同事的电话，而上司或者同事又恰好不在时，要注意以适当的方式传达信息，做到既保守公司秘密，又让对方满意。

如果上司或同事不在，可以笼统地说“对不起，××现在不在他的座位上”，或者“他出差了”。不必说像“他正在开有关开发新产品的会”这样具体，以防无意中泄露秘密。

### （八）做好记录

如果电话内容特别重要，或者需要为上司或同事转达电话，则应该填写一张“电话记录单”，并把填好的“电话记录单”按照规定的文书处理程序进行处理，或者背面朝上放在上司或同事的办公桌上，以达到既明确转达又替别人保密的目的。

**【工具箱】电话记录单示例**

如何设计电话记录单

每个单位的工作内容不同，电话记录表可以有所不同、有所侧重，但是基本要素不外乎以下几个：来电者、来电单位、来电时间、电话内容、处理意见、记录人。

青海集团计算机公司电话记录单

| | | | |
|---|---|---|---|
| 来电者 | | 来电时间 | |
| 来电单位 | | 来电号码 | |
| 电话内容 | | | |
| 紧急程度 | □紧急 | □正常 | |
| 处理意见 | | | |
| 记录人 | | 记录时间 | 年 月 日 |

## 四、拨打电话的具体要求

### （一）提高效率

最好把一天之中需要拨打的电话集中在一起，选择适当的时段拨出。

### （二）适时拨出

非紧急电话，一般不要选择上班后半小时内、下班前半小时内及午餐时间拨出。

### （三）写下要点

内容比较复杂的电话，应该先把要点记在纸上，以免通话时遗漏。

### （四）控制时间

尽量把一次通话时间控制在3分钟之内。如果由于内容较多，预计将超出3分钟，则应该先与对方商量：“可能会占用您比较长的时间，您现在方便吗？”

### （五）自报家门

电话接通以后，应该马上清晰地报上自己的姓名和单位，即使是熟人也要如此。

不要让对方猜测来电话者到底是谁。

### （六）以问候开始，以感谢结束

因为占用了对方的时间，所以要在通话结束前向对方表示感谢："占用了您的宝贵时间，对不起！非常感谢您对我们的理解和支持！""谢谢您支持我们的工作！"

### （七）无人当作有人说

如果我们拨通对方电话的时候，被告知我们拨通的是无人值守的录音电话，也不能口出不逊或者干脆挂机，而是要向对其本人一样，以问候始，以感谢终，简要说明事情，留下自己的姓名和电话号码。

#### 【工具箱】电话用语示例

电话用语"脱口秀"

1. 对不起，我能耽误一下您的时间吗？
2. 不知您现在是否方便？
3. 我之所以冒昧地给您打这个电话，是因为……
4. 谢谢您打电话来。
5. 如果您有什么问题，请随时给我来电话。
6. 我能为您做点什么？
7. 对不起，我正要去参加一个会议，5分钟之内必须到达，您能简短一些吗？
8. 我的另一个电话响了，请您稍等片刻。
9. 我正在接别人的电话，过一会儿我给您打过去，好吗？
10. 对不起，我的办公室还有人等着，我会尽量在短时间内解决，然后给您打电话，好吗？
11. 您稍等一会儿，让我帮您查找一下有关的资料，好吗？
12. 让您久等，真是抱歉。
13. 我现在没有这方面的资料，但我很乐意去找，我明天会给您打电话的。

#### 【思考与练习】

一、不定项选择题

1. 电话机上的（　　）键是为配合程控交换机实现特种服务而设置的，其功能由交换机设定。

A. *　　B. #　　C. 数字　　D. R

2. 在日常的电话事务处理中，一般的通话应该尽量控制在（　　）之内。

A. 1分钟　　B. 3分钟　　C. 5分钟　　D. 10分钟

3. 一般来说，电话机应该摆放在办公桌的（　　）。

A. 左上角　　B. 左下角　　C. 右上角　　D. 右下角

4. 接听电话时，一般要遵循（　　）的原则。

A. 铃响不过一　B. 铃响不过二　C. 铃响不过三　D. 铃响不过四

5. 设计电话记录单的时候，一般来说，以下（　　）是必不可少的项目。

A. 来电者　B. 来电内容　C. 来电者的情绪　D. 记录人

6. 接听电话的时候，如果在通话过程中电话掉线，应该（　　）。

A. 挂机走人　B. 挂机等待　C. 回拨询问　D. 持机等候

7. 拨打电话时不通话也收费的三种情况包括（　　）。

A. 接通自动传真　B. 拨打分机电话

C. 拨打已停机电话　D. 对方呼叫转移

8. 拨打电话的时候，摘机按下电话机上的（　　）键，就可以把最近拨打过的电话号码重拨出去。

A. #　B. *　C. MUTE　D. REDIAL

9. 拨打电话的时候，如果不是紧急电话，一般不要选择（　　）等时间拨出。

A. 上班后半小时　B. 上班后1小时　C. 下班前半小时　D. 午餐时间

10. 当我们接听到要找上司或者同事的电话，而上司或者同事又恰好不在时，可以说（　　）。

A. 对不起，××现在不在他的座位上　B. 他出差了

C. 他正在开有关开发新产品的会　D. 他生病了

## 二、案例分析题

### （一）

宏远公司秘书初萌刚一上班电话铃就响了，她拿起听筒：“你好！宏远公司。”

对方：“初萌吗？”

“对啊。”

“怎么听着不像啊！我是四达公司的小赵。你病了吗？”

“没有，没什么事。”

“那你昨天下半夜看世界杯了吧？”

初萌用手使劲搓着脸：“嗯，是精神不太好……”

请根据以上情景描述，分析初萌接听电话时违反了接打电话的哪些基本原则。

### （二）

世界第一女CEO、曾任美国惠普公司董事会主席兼首席执行官的卡莉·费奥瑞纳女士在刚刚踏入社会的时候，在马库斯-密里查普房地产经纪公司做接待员，负责迎来送往、接打电话和打字工作。虽然薪水不高，但是她对这份工作很投入。

一天，一位客户来到该公司，表示在与许多公司接触后，感觉更愿意与该公司合作。他的理由是，在他致电咨询时，卡莉表现出了非常友好的态度，积极地给予了他许多的帮助。

鉴于卡莉的出色表现，马库斯和密里查普两位老板给了卡莉很高的奖励，还安排她接受公司培训，将她培养成为一名高级职业经理人。

请问，卡莉在一个普通的前台接待岗位上用什么样的方法为公司吸引来了潜在的合作客户？她的这些做法为她带来了什么样的命运转机？

# 任务02 整理工作环境

【任务目标】

了解办公环境整理的范围，掌握办公环境整理的技巧。

【参考学时】

2学时

【知识支撑】

保持和创造科学、良好的工作环境，是秘书人员的职责。一个和谐、美观、整洁、舒适和安静的工作场所，必然有助于办公室日常工作的完成，也有利于秘书人员的健康。

## 一、办公环境的构成要素

办公环境主要包括硬环境和软环境两部分。

### （一）硬环境

#### 1. 绿化环境

（1）办公室绿化的好处。第一，美化环境，提高空气质量。绿色植物通过光合作用，能够吸收二氧化碳等有害物质，同时放出氧气。第二，丰富色彩，增加生气。绿色植物大都绿叶繁茂，而绿色象征着和平与生机，能够促人奋发向上。第三，消除疲劳，提高效率。很多花卉都有怡人的芳香，能够通过刺激人的嗅觉，促使大脑皮层兴奋，从而影响人的心理、情绪和行为举止，提高工作效率。

（2）办公室绿化要求。第一，室外绿化。应绿树成荫，芳草铺地，花木繁茂。第二，室内绿化。应合理配置花草品种，巧妙安排摆放空间，既能获得办公室绿化应有的好处，又不妨碍视线交流及人员活动。摆放的时候，尤其要注意不能摆放在行走必经之地，例如，过道上。

【小贴士】

常见办公室绿化植物简介

（1）发财树。又名翡翠木，因叶片酷似元宝而得名。发财树可以有效清除空气中的有害物质甲醛。每平方米的发财树植物叶面积，24小时可以清除0.48毫克的甲醛。

（2）绿巨人。又名一帆风顺，是欧美最流行的室内观叶植物之一。绿巨人可以有效清除空气中的甲醛。每平方米的绿巨人叶面积，24小时可以清除1.09毫克的甲醛。

（3）常春藤。又名洋爬山虎，是一种常绿小型藤本植物。常春藤可以有效清除空气中的有害物质甲醛和苯，还能有效吸收香烟烟雾，抑制尼古丁中的致癌物质，还能杀菌、吸收灰尘。

（4）龙血树。又名狭叶龙血树，是一种常绿小灌木，叶狭长无柄，密生于茎顶部。龙血树的叶片和根部都能吸收二甲苯、甲苯、苯和甲醛，并将其分解为无毒物质。在抑制有害物质方面具有无与伦比的优势。

（5）橡皮树。又名印度橡胶树，是一种常绿木本观叶植物。橡皮树能够吸收室内的一氧化碳、二氧化碳等有害物质，对室内灰尘也有良好的吸附净化作用。

（6）松树盆景，又名马尾松，是一种常绿针叶乔木。松树盆景能释放出负离子，对治疗糖尿病、心血管系统疾病和头疼等有一定功效，还能有效消除室内的电磁波辐射。

### 2. 空气环境

空气环境的质量，取决于空气的温度、湿度、清洁度和流动速度四个指标。这四个指标的适宜范围为：

（1）温度。空气温度的高低对人的舒适和健康影响很大。办公室的温度冬天一般应保持在20～22℃为最佳，夏天一般应保持在23～25℃为最佳。如果空气温度过高，会使人频频出汗，烦躁难耐，造成人体内热量不能及时散出；温度过低，又会使人体热量散出过多。不管哪种情况，都会使人感到不舒服，严重者还会引起中暑或感冒，造成健康和工作上的损失。

（2）湿度。一定的场合有一定的湿度要求。对于办公室工作人员来说，适当的空气湿度能振奋精神，提高工作效率。我们知道，人体有时通过出汗散热来调节体温。适宜的湿度是创造理想工作环境的一个重要参数。据研究表明，在正常温度下，办公室理想的相对湿度在40%～60%。在这个湿度范围内工作，人会感到清凉、爽快、精神振奋。

（3）清洁度。空气的清洁度一般从两个方面来衡量：一个是新鲜度，即每公斤空气中含有氧气的数量，一般要求≥21mg$O_2$/kg；另一个是洁净度，通常用每立方米的空气中含有直径大于5微米的尘粒的数量来表示，一般要求≤3 500个。

（4）流动速度。办公室内适宜的空气流动速度为：在室温为22℃时，空气的流动速度为0.25m/s，这种空气流动速度会给人一种微风拂面的感觉。

**【阅读材料】**

老板办公室的“隐形杀手”最多

权威部门研究显示，现代办公室里污染严重，特别是老板的办公室。“经检测，平均甲醛超标6.68倍，苯超标2.6倍，甲苯超标2.7倍，二甲苯超标2.3倍，TVOC（有机挥发物）超标3.4倍。”这是在最近的一次室内环境检测中，北京一家研究机构对办公室的检测数据。

国家环境分析测试中心的一位高级工程师说，从大楼建筑到室内装修，再到家具布置、办公设备布置，甚至包括办公用品的使用过程，每一个环节都有可能带来污染。例如，建筑材料中加入的防冻剂会渗出有毒气体氨；油漆、胶合板等装修材料可能含有甲醛、甲苯、乙醇、氯仿等；激光打印机会产生臭氧，喷墨打印机则会带来可吸入颗粒物；涂改液等也含有对呼吸系统、神经系统有刺激的一氧化碳、二氯甲烷等物质。

更让人不可思议的是，根据国家环境分析测试中心历年来的测试，在办公楼中老板等高级管理人员的办公室污染最严重，超标的污染物主要是TVOC和甲醛等。权威人士解释说，这主要由于高级管理人员办公室里的装修更为高档而且家具也较多。他介绍说，TVOC主要来自地毯、皮质沙发等高档办公家具，而甲醛则主要来自高标准装修。他说，最好的解决办法是控制办公室中办公设备和家具的密度，同时加强通风。

### 3. 光线环境

（1）**光线环境标准。**根据《民用建筑照明设计标准》(GBJ133-90)的规定：办公室、报告厅、会议室、接待室、陈列室等场所0.75m水平面的适宜照度为100～200勒克斯，设计室、绘图室、打字室等场所实际工作面上的适宜照度为200～500勒克斯。亮度过高或过低，都容易造成视觉疲劳，并进而牵连影响其他的身体不适。

**【小贴士】**

照度是指单位面积上接收到的光通量。照度符号是E，照度单位是勒克斯（lx），计算式为：E＝F/S

式中：F—光通量，流明；S—照明面积，平方米；E—照度，勒克斯。1勒克斯（lx）相当于1平方米被照面上光通量为1流明（lm）时的照度。夏季阳光强烈的中午地面照度约50 000勒克斯（lx），冬天晴天时地面照度约2 000勒克斯（lx），晴朗的月夜地面照度约0.2勒克斯（lx）。

（2）**光线环境的营造。**布置办公室时应注意：第一，尽量利用自然光。因为人工照明比自然光源更容易使人疲累，也正因为这样，所以办公室的窗户更适宜于采用有利于采光的百叶窗；第二，办公桌最好安放台灯，以20～25瓦（W）为宜，要加灯罩，避免灯光直射人眼。打字时，最好让灯源来自两方；第三，尽量避免因电脑、办公桌面、玻璃或其他有光亮表面的物品反光而刺激人的眼睛。

（3）**光线环境的效用。**科学测试证明，适当而稳定的光线，可以增加生产力和工作安全性，使工作效率提高10%～15%。

### 4. 声音环境

（1）**噪声的控制标准。**排除、降低噪声，是办公室对声音的要求。噪声会使人注意力分散，思维力下降，记忆力减退，并令人产生烦躁、厌恶等负面情绪。中国科学院声学研究所《环境噪声标准》规定：办公室的噪声，白天应在45分贝（dB）以下，晚间则应在35分贝（dB）以下。

（2）**降低噪声的措施**。第一，尽可能让办公空间远离噪声源，如果噪声对办公室造成影响，有条件的话，可在办公室和噪声源之间种植绿化带；第二，采用隔音玻璃、隔音板等控制噪声；第三，地上可铺放地毯，以减少走动的声响；第四，茶几上可摆放垫子，以防放置茶杯时出声；第五，门轴上可添加润滑油，以免开关门时噪声出现。

#### 5. 色彩环境

色彩对人的情绪有着直接的影响，因此，必须注意办公室的内墙、天花板、地板、办公家具等色彩的和谐。办公室的色调从总体上来说应单纯柔和，使人置身其中时感觉平静舒适。一般来说，办公室的内墙宜采用白色、乳白色等，会议室、接待室多用淡黄色；为保持较高的光线反射率，天花板一般都用白色；地板以多采用不易被污染的棕色为佳。

#### 6. 设备环境

传统的办公设备包括办公桌椅、电话、文件档案柜、书报架、图书资料等，现代化的办公设备则增加了传真机、复印机、录音机、录像机以及以电子计算机为核心的科学管理信息系统。现代化的设备环境要求日益强化和完善以下功能：①数字计算功能；②文字处理功能；③信息查询功能；④通信功能；⑤管理和辅助决策功能。

#### 7. 安全环境

安全环境是整个办公室安全措施的总和，其内容大致包括以下三个方面：①人身安全保障措施；②财产安全保障措施；③消防安全保障措施。

### （二）软环境

#### 1. 人际环境

建立良好的人际环境需要具备以下3个条件：

（1）**一致的目标**。目标是全体工作人员共同奋斗的方向，只有目标一致，才能使大家同心同德，同舟共济。

（2）**统一的行动**。在办公室内，每个成员的工作都是为了实现办公室的工作目标，因此，必须使工作人员在既定目标的指引下，充分发挥个人的特长，紧密配合，顾全大局，统一行动。

（3）**强大的凝聚力**。办公室内每个工作人员的心理需要，例如，学习需要、信念需要、支持需要、归属需要等，只有在具有凝聚力的群体中才能得到满足。

#### 2. 气氛环境

和睦的气氛，通常是指一种非排斥的情感环境。

构成和睦气氛的最根本因素是有一个良好的心境。因为具有愉快心境的人，无论遇到什么事情都能泰然处之。同时，良好的心境对于人的身体健康也有很明显的影响。

3．工作作风

工作作风是指办公室全体人员经过长期共同努力，逐步形成的一种较稳定的精神状态和具有一定特色的行为规范。

工作作风通过情绪气氛的潜移默化、耳濡目染对工作人员发生影响。良好的工作作风可以使人精神振奋、心情舒畅，能充分调动和发挥大家的主动性、积极性和创造性，对实现工作目标、完成工作任务具有强大的推动作用。

## 二、个人工作环境整理

个人工作环境是指秘书人员自己的办公室以及直接用于个人办公的设备和用品。

### （一）个人工作环境的要求

1．清洁

保持台面、地面、电脑、办公设备、家具、窗帘以及门窗墙壁等处的清洁。

2．整齐美观

经常保持办公桌面的整齐、美观，不乱放零散物品，不放置个人的生活用品；保持电脑、电话等办公自动化设备的线路整齐，经常检查线路是否有破损情况，检查电源插头是否有松动等不安全的情况；报纸、杂志、资料、文件等要及时进行清理，摆放到文件柜等固定地点存放。

3．卫生

电话按键和听筒、电脑键盘要经常用酒精棉消毒。来访者用过的茶具应及时清洁干净，并重新摆好，用过的一次性口杯应及时清理。

4．安全

每天下班前，要认真检查一下电脑、电灯、空调等是否关闭，抽屉、柜门等是否上好锁。

### （二）个人工作环境的整理

1．办公桌的必备物品及其整理

（1）电话。电话应该放在触手可及的地方，这样电话铃一响，你就可以迅速地拿起话筒。如果需要站起来才能接听电话，或者电话装在不顺手的地方，比如你习惯用左手，但电话却安装在右边，使用都是极其不方便的。

（2）电脑。不要让待复信件、报告或者备忘录将你的键盘覆盖，也不要在你的电脑屏幕周围贴满乱七八糟的小纸贴，这样不但会影响你的个人形象，还会影响公司的整体形象。

（3）**参考书**。由于经常需要查找相关资料，秘书的参考书一般会比其他职员多。较多的参考书会占用你办公桌上的较大空间，所以你应该把常用的参考书放在桌面或容易存取的抽屉中，而将较少使用的书籍放到公司的书柜里面。

（4）**文具**。将钢笔、铅笔、胶水、直尺等常用的文具一起放入伸手可及的文具用品盒内。

（5）**文件**。将你的文档归类，并存放在不同颜色的文件夹中，然后在每个文件夹上标明标签。

（6）**办公桌抽屉**。抽屉中存放小件物品，容易弄乱，因此，应先将其整理集中在一个盒子里，再存放到抽屉中。对于一些易粘的物品，例如，胶水、胶带或其他胶质材料等，要连同它们的盒子一起有序地存放在抽屉中，否则很容易将抽屉中的其他物品粘在一起。如果办公桌备有一个带锁的抽屉，你可以用其来存放有保密需要的东西；其余不带锁的，你则可以用来存放信笺、复写纸，并适当堆叠这些纸张，以便取用。

#### 2. 整理办公桌的技巧

要想快速治理办公桌的混乱局面，营造出高效率的办公环境，可以采取以下5种方法：

（1）**将不常用的东西转移到其他的地方**。在伸手可及的范围内，只保留最为常用的东西，将那些不是每天都要使用的东西，例如，无用的信笺、从来不开的台灯等移出视线之外。

（2）**清理过期的文件**。经常对过期文件加以清理，这样既可以节省查找文件的时间，又可以腾出不少的空间。

（3）**充分利用办公空间**。如果办公场所狭小，就要想办法充分利用每一寸空间。可以将架子安到墙上，桌子下面可以用来放文件或电脑主机。如果桌上要摆传真机、复印机和打印机等多种办公设备，可以考虑购买一台多功能的一体机。

（4）**清理旧的阅读材料**。你可能保存着不少无用的、过期的出版物，那么请在清理办公室杂物时将它们扔掉。如果你担心会丢掉重要的文章，那么在扔掉它们之前先浏览一下目录，将真正需要的文章剪下来。

（5）**制作抽屉标签**。在抽屉门的左上角粘贴标签，说明抽屉内所装物品的名称，可以使工作人员快速查找到抽屉内的物品，是一种可视化的先进管理手段。

## 三、上司工作环境整理

上司工作环境是指上司的办公室以及上司使用的办公设备和用品。整理上司工作环境，需要注意以下几点。

### （一）随时整理

要经常整理上司办公室和办公桌，将文件和物品摆放整齐，文件柜、书架、艺术品陈列架和各种陈设要保持清洁。

### （二）定期通风

每天要定时开窗通风，保持空气的自然清新，并定时测温、测湿，保持适合上司习惯的温度和湿度。

### （三）定期清理文件柜

经上司授权后，定期对上司的文件柜进行清理，将文件资料归类保管存放，将一些无用的文件及时清退或销毁。

### （四）保持清洁、美观和生机

对上司办公室的花卉、盆景，要及时浇水、施肥、剪枝，保持其美观和生机；对办公室内的金鱼，要及时喂食、清排鱼缸内的浊物，保持水质的清洁。

### （五）及时清理接待用具

上司接待客人后，要及时对烟缸、茶具等进行清洗和整理。

### （六）经常检查

经常对安全、卫生等状况进行检查，发现问题及时通知有关人员进行修理，时刻保持良好的状态。

## 四、公共区域工作环境整理

### （一）会客室和会议室的整理

要保持会客室和会议室的清洁，在来访客人离开及会议结束后要及时通知保洁员或亲自进行打扫和清理。

### （二）公用办公设备环境的整理

正确使用并注意维护复印机、传真机等办公自动化设备，保持周边的整洁，发现问题自己动手或及时找人解决。

### （三）公用办公家具的整理

对文件柜、档案柜、书架、物品柜等公用资源要经常注意清理，对报刊、文件及公用的办公用品，用后要及时放归原处，保持整洁有序。

### （四）公共区域的环境安全检查

注意发现在办公设备、室内光线、温度、通风、噪声、通道等方面存在的有碍健康和安全的隐患，并及时提出建议或通知有关人员进行整改。

## 【思考与练习】

### 一、不定项选择题

1. 办公的硬环境要素主要包括（　　）。

A. 绿化环境、光线环境　　B. 空气环境、社会环境

C. 声音环境、空气环境　　D. 空气环境、自然环境

2. 在办公场所，应适当摆放一些鲜花或绿色植物，摆放位置应（　　）。

A. 以不妨碍视线交流及人员活动为宜

B. 位于行走必经之地，如过道上

C. 位于桌面上

D. 位于阴暗之处

3. 空气环境的质量，取决于空气的温度、（　　）等四个指标。

A. 湿度　　B. 清洁度　　C. 流动速度　　D. 浓度

4. 办公室中适合的温度应该在（　　）为宜。

A. 16～20℃　　B. 18～22℃　　C. 20～25℃　　D. 22～28℃

5. 空气的清洁度一般从两个方面来衡量：一个是新鲜度，即每公斤空气中含有氧气的数量，一般要求（　　）；另一个是洁净度，通常用每立方米的空气中含有直径大于5微米的尘粒的数量来表示，一般要求≤3 500个。

A. ≤21mgO$_2$/kg　　B. ≥21mgO$_2$/kg　　C. ≥50mgO$_2$/kg　　D. ≤10mgO$_2$/kg

6. 办公室内适宜的空气流动速度为：在室温为22℃时，空气的流动速度为（　　），这种空气流动速度，会给人一种微风拂面的感觉。

A. 0.25米/秒　　B. 0.5米/秒　　C. 1.25米/秒　　D. 1.5米/秒

7. 根据《民用建筑照明设计标准》的规定：办公室、报告厅、会议室、接待室、陈列室等场所0.75米水平面的适宜照度为（　　）勒克斯（lx）。亮度过高或过低，都容易造成视觉疲劳，并进而牵连影响其他的身体不适。

A. 1 000～1 500勒克斯　　B. 100～200勒克斯

C. 200～500勒克斯　　D. 2 000～3 000勒克斯

8. 科学测试证明，适当而稳定的光线，可以增加生产力和工作安全性，使工作效率提高（　　）。

A. 3%～5%　　B. 10%～15%　　C. 20%～30%　　D. 50%以上

9. 中国科学院声学研究所《环境噪声标准》规定：办公室的噪声，白天应在（　　）分贝（dB）以下，晚间则应在（　　）分贝以下。

A. 45，35　　B. 35，25　　C. 25，15　　D. 15，10

10. 建立良好的人际环境需要具备以下（　　）条件。

A. 雄厚的财力　　B. 一致的目标　　C. 统一的行动　　D. 强大的凝聚力

11. 要想快速治理办公桌的混乱局面，营造出高效率的办公环境，可以采取以下（　　）的方法。

A. 将不常用的东西转移到其他的地方　　B. 清理过期的文件

C. 充分利用办公空间　　D. 清理旧的阅读材料

12. 秘书人员需要整理的公共区域工作环境包括（　　）。

A. 会客室　　B. 会议室　　C. 公用办公设备　　D. 公用办公家具

## 二、案例分析题

（一）

美国一家家具工厂，利用先进的灯光技术制造了虚拟加州海滩氛围的工作环境，工作人员可以穿着海滩短裤、T恤上班，享受100%的新鲜空气和自然光。更加有趣的是，根据美国《商业周刊》报道，这家公司的生产率因此增加了15%，其中，有8位被挖墙脚跳槽的员工，在离职两星期后自动回来报到。

试分析一下这家工厂生产率增加和离职员工自动回来的原因？产生这种现象的根本原因是什么？

（二）

秘书初萌每天一上班和下班前都将自己的工作区域清洁整理得干干净净、有条不紊，同时她也主动清洁整理自己常用的复印机、打印机、饮水机、档案柜、公用书架等。每当她看到复印纸抽拿零乱，公用字典扔在窗台，废纸桶满了没人倒，都及时做些清洁整理工作，以维护办公环境的整洁。

秘书小王每天都认真清洁整理自己的办公桌，常用的笔、纸、回形针、订书器、文件夹以及专用电话等都摆放有序。下班前，她也将办公桌收拾得干净整齐，从不把文件、物品乱堆乱放在桌面上。但小王很少参与清理和维护公用区域，也常将公用资源如电话号码本、打孔机、档案夹等锁进自己的办公桌，常常使别人找不到，影响了工作。

秘书小李上班匆匆忙忙，接待室的窗台布满灰尘，办公桌上堆的满满当当，电脑键盘污迹斑斑，上司要的文件总是东查西翻，每日常用的“访客接待本”也总是找不到。自己的办公桌都没有管理清楚，更无暇顾及他处。

试分析一下，三个秘书在工作环境整理上各有哪些正确和错误的地方？

（三）

秘书王琳今天来得比往日都早，她要给出差归来后第一天上班的许总创造一个舒适、温馨的工作环境。她进入许总的办公室后，首先拉开窗帘，打开空调，调节好办公室的温度、湿度；之后将窗台、办公桌、电脑……凡目光可及的地方都细细地擦过；饮水机里的水不多了，她就和送水公司联系送水；文具盒里的办公用品不多了，她及时进行了补充……这些工作完成的时候，正好是上班时间——8:30。

试分析一下案例中王琳的所作所为是否必要？会产生什么样的效果？

# 任务03
# 办公用品管理

【任务目标】

了解办公用品的种类及相关常识，掌握办公用品的发放程序、库存管理和采购方法，能够独立完成办公用品管理工作。

【参考学时】

2学时

【知识支撑】

## 一、常用办公用品

### （一）纸簿类

A4、B5等类型办公用复印纸，带发文机关标识的信笺纸，普通白纸，复写纸，便条纸，标签纸，牛皮纸，大、中、小及开窗信封，横格笔记本，速记本，专用簿册（如现金收据本）。

【小贴士】

纸张的规格

纸张的规格是指纸张制成后，经过修整切边，裁成一定的尺寸。

国际标准规定，按照纸张幅面的基本面积，把幅面规格分为A系列、B系列和C系列。

A系列：A0的幅面尺寸为841mm×1 189mm，幅面面积为$1m^2$；

B系列：B0的幅面尺寸为1 000mm×1 414mm，幅面面积为$2.5m^2$；

C系列：C0的幅面尺寸为917mm×1 279mm，幅面面积为$2.25m^2$。

把A（B、C）系列的整幅纸张沿长边连续对折n次，得到的幅面大小便是A（B、C）n。如将A0纸张沿长边对开成两等分，便成为A1规格，将A1纸张沿长边对开，便成为A2规格，依此类推至A8规格。

国内标准规定，按照纸张幅面的基本面积，把幅面规格分为标准全张（1K）和大度全张（1K）。

标准全张（1K）：787mm×1 092mm，光边后：780mm×1 080mm；

大度全张（1K）：898mm×1 194mm，光边后：882mm×1 182mm。

把标准全张或大度全张的整幅纸张沿长边连续对折n次，得到的幅面大小便是$2^n$k或大$2^n$k。

复印纸的常用规格。复印纸的幅面规格只采用A系列和B系列。其中A3、A4、A5、A6和B4、B5、B6这7种幅面规格为复印纸常用的规格。

## （二）笔尺类

中性笔、圆珠笔、钢笔、铅笔、荧光笔、记号笔、白板笔、橡皮、各种尺子、修正液等。

【小贴士】

中性笔

中性笔是近年来刚刚兴起的一种书写工具，由于它具有书写流利、使用方便、价格便宜等特点，深受广大使用者的喜爱。但是，它为什么被称为中性笔？具有什么样的特点？起源于哪个国家呢？

我们知道钢笔又被称为自来水笔，是因为钢笔水本身就是自来水和水溶性墨粉调制而成，因此钢笔是水性笔。圆珠笔笔芯内的液体是一种油性的，因此圆珠笔就是油性笔。而中性笔内的液体既不同于钢笔水、又不同于圆珠笔芯内的油性液体，而是一种有机溶剂，所以被称为中性笔（英文Gel Ink Pen）。

中性笔内装载的有机溶剂，其黏稠度比油性笔墨低、比水性笔墨稠，书写的时候，墨水经过笔尖，便会由半固态溶剂转变成液态墨水。中性笔墨水最大的优点是每一滴墨水均是使用在笔尖上，不会挥发、漏水，因而可提供如丝一般的滑顺书写感，墨水流动顺畅稳定。

中性笔起源于日本，1988年日本PENTEL株式会社研制成功被称为“HYBRID”的产品，中性笔由此宣告诞生。

由于中性笔兼具自来水笔和圆珠笔的优点，书写手感舒适，因此颇受人们的喜爱，近年来发展迅速，大有取代圆珠笔之势。

国内有名的中性笔厂家有：广州的真彩、青岛的白雪，还有义乌的晨阳制笔、中韩合资的晨光等。

## （三）小型装订用品类

大头针、曲别针、长尾夹、剪刀、打孔机、订书机、订书钉、橡皮筋、胶带、起钉器。

## （四）归档用品

各种文件夹、档案袋、收件日期戳。

### （五）办公设备专用易耗品

打印机用色带、修正液等，复印机用墨盒等，计算机用光盘等。

## 二、保管办公用品

### （一）安全科学存放

办公用品的保管应满足以下要求。

#### 1. 保存空间安全宽敞

根据单位对所需物品储存量的大小科学确定储藏间的面积或物品柜的大小与数量。

储藏间或物品柜要上锁，以保证安全，减少丢失。

#### 2. 物品摆放规范清晰

各类物品要清楚地贴上标签，标示类别和存放地，以便能迅速找到物品。

新购进物品要置于原有物品的下面或后面，以保证先购入的物品先发放，避免物品因过期而不得不销毁。

体积大、分量重的物品要放在最下面，以减少从架子上取物时发生事故的危险。

体积小、分量轻、领用频率高的物品，如订书钉等，应放在较大物品的前面，以便于查找。

#### 3. 保存环境符合要求

储藏间要有良好的通风，房间内要保持干燥，以保证所存物品不受潮，不变质。

储藏间内还应有良好的照明，以便容易找到所需物品。

### （二）库存控制

#### 1. 库存控制的作用

（1）减少资金占用。保证大量的资金不被不必要的库存占用。

（2）充分利用空间。保证空间不被用来存储不必要的货物。

（3）监督物品使用。能监督个人和部门对物品的使用。

（4）保持充足库存。保持充足的库存，以保证组织的顺利运作和消除由库存短缺而引起的工作迟延。

（5）及时发现缺损。监督任何偷窃和破坏造成的损失。

（6）支持会计核算。可利用准确的库存进行估价。

#### 2. 库存控制参数

科学合理地控制库存，需要掌握以下三个参数：

（1）**最大库存量**。最大库存量是为防止物品超量存储而保存该项物品的最大数量，库存物品的数量在任何时候都不能超过这个最大量。它使资金不被过多地滞压在库存物品上，能节约宝贵的库存空间，并使库存物品及时利用。在确定这个数字时要考虑到费用、存储空间和保存期限。

（2）**最小库存量**。最小库存量是为防止物品消耗断档影响组织正常运营而保存的该项物品的最小数量，当库存余额达到这个水平，必须采取紧急行动检查是否已经订货，并与供应商联系，确定可以接受的交货时间。如果还未订货，则应向供应商紧急订货，以保证在最短的时间内购入所需物品。

（3）**再订货量**。再订货量也称重新订购线，这是提醒购买者库存需要重新订购的标准，当库存余额达到这个水平，必须订购新的货物来使余额达到最大库存量。这个数字是由物品的平均使用量、物品交货时间的长短决定的，一般用下面的公式计算：

$$重新订购线=日用量\times运送时间+最小库存量$$

例如，每天要用去半包A4复印纸，运送时间需要6天，最小库存量是10包，重新订购线就是：$0.5\times6+10=13$包。

### 3. 库存控制卡

库存记录可以用手工记录在一连串的库存记录卡片上，或者在计算机中使用库存控制软件、电子表格或数据库。无论使用什么系统，都记录同样的信息。

每一种物品都要有一张库存控制卡，用以登记接收和发放物品情况，并使管理人员随时掌握物品的最大库存量、最小库存量和再订货量。库存控制卡上的内容主要有：

（1）**项目**。库存项目要准确描述，包括大小、颜色和数量，如A4白文件纸。

（2）**单位**。货物订购、存储和发放的单位，如盒、包等。

（3）**库存参考号**。给每一个库存项目的存放位置编制号码，例如，C4，柜子编号C，架板编号4。

（4）**最大库存量**。一项物品应该存储的最大数量，这个数字要考虑到费用、存储空间和保存期限。

（5）**再订货量**。当库存余额达到这个水平，必须订购新的货物。

（6）**最小库存量**。当库存余额达到这个水平，必须采取紧急行动检查订货情况，确保很快交货。

（7）**日期**。必须记录所有行动的日期。

（8）**接收**。记录所有接收信息，包括接收数量、发票号和供应商的名字。

（9）**发放**。记录清楚发放物品的数量、申请表编号和领用物品的个人（部门）。

（10）**余额**。在每一次处理后计算物品库存余额。在物品接收时在余额上加上接收的数量，物品的发放将从余额中减去发放的数量。余额应该代表库存物品的实际数量，并用于执行库存检查。发现差异要通知和报告给管理人员。

秘书在每次物品发放或接收时都要在这张卡片上登记，并记录该项库存的余额。

### 【工具箱】库存控制卡示例

库存控制卡

<table>
<tr><td colspan="4">库存参考号：<br>项目：<br>单位：</td><td colspan="4">最大库存量：<br>最小库存量：<br>再订货量：</td></tr>
<tr><td rowspan="2">日期</td><td colspan="3">接收</td><td colspan="3">发放</td><td rowspan="2">余额</td></tr>
<tr><td>数量</td><td>发票号</td><td>供应商</td><td>数量</td><td>凭证号</td><td>领用者</td></tr>
<tr><td></td><td></td><td></td><td></td><td></td><td></td><td></td><td></td></tr>
<tr><td></td><td></td><td></td><td></td><td></td><td></td><td></td><td></td></tr>
</table>

## 三、发放办公用品

### （一）发放办公用品的工作程序

作为秘书，在办公室中经常要做的一件事务性工作就是分发办公用品以保证各办公室工作的正常进行。但是这一看似简单的工作，并非只是将办公用品分发到工作人员手中而已，其中还包含着很多原则和技巧。秘书发放办公用品的工作程序主要包括三部分。

#### 1. 审核“物品领用申请表”

无论何人领取办公用品，都必须填写“物品领用申请表”，务必要填写清楚领用物品的名称与数量。申请表必须要有部门领导的签字才能生效，秘书必须对此进行把关。另外，领用人与发放人都应签字以备查。

### 【工具箱】物品领用申请表示例

物品领用申请表

领用部门：　　　　　　　　　　　　　　　　　　　编号：

<table>
<tr><th>物品名称</th><th>单位</th><th>数量</th><th>备注</th></tr>
<tr><td></td><td></td><td></td><td></td></tr>
<tr><td></td><td></td><td></td><td></td></tr>
<tr><td>领用人：</td><td colspan="2">主管审核：</td><td>发放人：</td></tr>
<tr><td>日期：　　年　月　日</td><td colspan="2">日期：　　年　月　日</td><td>日期：　　年　月　日</td></tr>
</table>

#### 2. 发放物品

依据“物品领用申请表”中注明的名称与数量发放办公用品，发放的物品名称与数量必须与申请表中一致，不得任意增加或减少。

### 3. 更新库存记录

物品发放后，秘书必须及时更新库存记录，记下新的余数，以便能够及时掌握物品的供应状况。另外，要把“物品领用申请表”存档，作为发放办公用品的书面凭证。

### （二）发放办公用品的注意事项

### 1. 专人发放

办公用品不能让员工随意取用，如果秘书不亲自发放，也应由指定的人员负责发放。

### 2. 按时发放

发放时间应遵循单位的有关制度规定。

### 3. 凭单发放

发放物品时，必须严格按照领用人填写的“物品领用申请表”上的品种和数量发放，而且这份领用申请表必须要有该部门的领导签字才能发放。

### 4. 规范发放

紧急需要物品时必须有相应的程序处理。

### 5. 及时入账

每次发放办公用品，都要保存好发放凭证，即“物品领用申请表”，并且要定期清点核实办公用品，做到账物相符。

### 6. 灵活发放

物品的发放要对重要部门实行倾斜政策，要优先改善这些部门的工作环境和工作条件，让他们把精力集中在完成好工作任务上。对客观上办公用品消耗大的部门也要给予支持。

## 四、采购办公用品

### （一）选择供应商

选择供应商时要在以下几方面对其进行比较。

### 1. 价格和费用

首先应该考虑价格，比较不同供应商的要价。供应商给出的价格会因某些情况而有水分，秘书应掌握一些降低价格的方法，如批量购买、选择节假日促销时购买或将其指定为本单位唯一办公用品供货商等。另外，还要考虑运输费、包装费等一些价格之外的费用。

2. 质量和交货

应仔细检查比较货物的质量，最好选择那些可以更换不合格物品的供应商。还要比较供应商的交货时间，供应商应该能在需要时快速交货并按约定准时交货，以减少库存费用和少占用资金。

3. 服务和位置

要比较供应商提供的服务是否方便，如是否可以用电话、传真或上网订购，是否可以定期结算，是否可以退货，是否可以满足单位所需的所有办公用品和易耗品的供应等。供应商所在的地点也要考虑，尽量离本单位近一些，以方便联络和交货。

4. 安全和可靠性

要比较供应商在送货的整个过程中能否保证货品的安全，供应商的供货手续及相关发票、单据是否齐全等。还应了解商家规模的大小、经营的信誉度等。

### （二）选择订购方式

办公用品的订购方式通常有以下几种。

1. 现场订购

直接去商店购买公司所需要的办公用品，这种方式的前提是你确认该商店能够提供你所需要的物品。

2. 电话订购

大多数的日常办公用品都可以通过电话从供应商处订购。

3. 传真订购

有些办公用品的订购，需要给供应商发传真，详细列出所订购货物的名称、数量、类型、送货时间等细节。供应商会按照要求送货上门。

4. 网上订购

通过访问因特网得到电子商务服务，秘书可以在网上商店订购所需的办公用品和耗材，以节省人力、提高效率。

不论采用哪种订购方式，秘书人员一定要保留一份订货单，收到货物时，要将实物与订单一一核对，以防出错。

### （三）办理进货手续

办理进货的手续主要包括。

#### 1. 核对货物数量

使用订货单核对对方交付货物时出具的交货单及货物，确保送来的货物与所订购的货物，无论是数量上还是型号上都完全一致。要特别注意货物的数量，如数量不对，应立即联系供应商，按真实数量支付货款。

#### 2. 登记相关账目

在“库存控制卡”的“接收”项中，填入所接收的每一类货物的详情，并更新“库存控制卡”中的“库存余额”。

#### 3. 安全科学存放

将接收的货物按照办公用品存储规定存放好。

### （四）注意事项

#### 1. 科学合理订货

当某项物品的库存数量降到再订货量时，就应该订购补充该项物品。物品的订购数量应该以剩余的库存量为基准，订购后的总数不能超过最大库存量，要确保具有保质期的办公用品能够在保质期内全部用完。

#### 2. 报请领导审核

购买申请表必要经领导审核签字，说明需要货物的理由和数量、型号等细节，经领导批准后亲自采购或交给专业采购人员。

#### 3. 货比三家

购买时应货比三家，对各供应商回应的报价单进行比较、筛选，填写正式订购单，并由公司主管签字后发送给选定的供应商，同时要复制一份给会计部门。

#### 4. 检查核对

收到供应商的货物后，要对照供应商的交货单和自己的订购单检查货物，查明货物的数量，同时检查货物是否符合相关的质量标准，确保所购物品不会对组织运营产生不利影响。

## 五、节约办公用品

除了做好保管、发放、采购办公用品等工作外，行政部还要带头并督促各部门节约办公用品，以减少办公费用，提高企业效益。节约的方法主要包括。

#### 1. 节约用纸

（1）无纸化办公。就是在不必要的情况下尽量不用纸。比如，在计算机上阅读资料，而不是打印出来阅读；通过电子邮件分享某些文件，而不是打印出来分发；把一些需要在纸质文件上签字完成的工作流程电子化。

（2）优化版面设置。编辑文档资料时，行政人员可以在保证基本需要的前提下，适当地做一些页面设置的优化。比如，缩小上下左右的页边距，在能够看清的前提下尽量缩小字号等。

（3）反面的利用。在不影响阅读的前提下，正反两面打印纸张。或者把一些已经单面使用过的纸张做成便笺纸，充分利用其背面。

（4）打印前检查。有些时候，仅仅因为打印的文件错了一两个字，就得重新打印一份，造成纸张的浪费。因此，打印前要仔细检查文稿。

（5）使用薄纸。打印纸有厚薄之分，有研究显示，一张厚纸的耗材量是薄纸的2～3倍，价格也比薄纸贵出不少，所以，在选购时，可以根据工作需要适当选用薄纸。

### 2. 节约用笔

各种水笔，应妥善保存笔套，日后换芯继续使用；用完的中性笔笔杆，不要随意丢弃，可循环利用。每天要用到的记号笔，用完后要及时盖好笔帽，以免笔水挥发。

### 3. 正确使用易损物品

爱护U盘、光盘、档案盒等易损物品，做到正确使用，以保证最大程度的使用次数。

## 【思考与练习】

### 一、不定项选择题

1. 某公司每天要用去2包A4复印纸，供应商从订货到送达需要4天时间，该公司的最小库存量是10包，那么该公司A4复印纸的再订货量（重新订购线）应该是（　　）。

A. 14包　　B. 18包　　C. 22包　　D. 26包

2. 有保质期的办公用品不应大量采购，如（　　）。

A. 打印机墨盒　　B. A4纸　　C. 文件夹　　D. 档案袋

3. 秘书购货时收到供应商的发票后，应注意将发票上的信息与（　　）详细对照。

A. 入库单、交货单　　B. 计划单、订货单

C. 交货单、订货单　　D. 计划单、订货单

4. 当库存余额达到（　　）时，必须采取紧急行动检查是否已经订货，确保很快交货。

A. 最大库存量　　B. 最小库存量　　C. 再订货量　　D. 库存容量

5. 以下关于库存保管的叙述，正确的是（　　）。

A. 各类物品要清楚地贴上标签，标明类别和存放地

B. 新物品要置于旧物品的上面或前面

C. 体积大、分量重的物品放在最下面

D. 小的、常用的物品应放在较大物品的前面

6. 当某项物品的库存数量降到（　　）时，就应该订购补充的物品。

A. 最小库存量 B. 最大库存量 C. 再订货量 D. 日用量

7. 物品的订购数量应该以剩余的库存量为基准，订购后的总数不能超过（ ）。

A. 最小库存量 B. 最大库存量 C. 再订货量 D. 日用量

8. 办公用品购买申请表必须要经领导审核签字，说明（ ）等细节，经领导批准后交给采购人员。

A. 购买的理由 B. 购买的数量 C. 购买的型号 D. 购买的价格

9. 购买办公用品时应货比三家，对各供应商回应的（ ）进行比较、筛选，填写正式订购单并由公司主管签字后发送给选定的供应商，同时要复制一份给会计部门。

A. 商品目录 B. 产品性能介绍 C. 报价单 D. 售后服务标准

10. 收到供应商的货物后，秘书人员要对照（ ）检查货物，查明货物的数量，确保质量符合要求。

A. 供应商的交货单和自己的订购单 B. 供应商的发票和自己的订购单

C. 供应商的交货单和原有的货物数量 D. 供应商的发票和原有的货物数量

11. 节约用纸的方法通常包括（ ）。

A. 无纸化办公 B. 优化版面设置 C. 反面的利用 D. 选用较厚的纸张

## 二、案例分析题

### （一）

初萌刚刚成为办公室的秘书，办公室领导让她管理办公用品，她总是感到手忙脚乱：同事急着要复印明天参展的资料，却发现储物间中复印纸已所剩无几；每次购买办公用品时，不知道到底该买多少才能既够用又不造成闲置；还有的同事三天两头来领同一种物品……

试分析一下，初萌应该怎么做才能解决这些问题，做到井井有条地管理办公用品？

### （二）

销售部的小李来到秘书初萌的办公室，要求领几本复印纸。初萌给了他一张“物品领用申请表”，要求他填写并请领导签字后再来领。“不就点儿纸吗！”小李没能领到复印纸，感到很不高兴。

试分析一下，这个时候，初萌应该怎么做呢？

# 任务04 印章管理

【任务目标】

了解印章管理的基本技巧，能够独立胜任印章的管理工作。

【参考学时】

2学时

【知识支撑】

印章是各级各类组织对外联系的标志和行使职权的凭证，严格按照规定使用和管理印章，是秘书部门和秘书人员的重要职责。

## 一、印章的概念

印章，也叫图章，是指刻制在固定质料上的代表一个组织或者个人的法定权利和义务的文字或者图形。

## 二、印章的作用

一般来说，印章具有以下4个方面的作用。

### （一）标志作用

在大量的日常公务和对外往来中，一个社会组织必须有一个区别于其他组织的标志，这个标志一般是通过使用法定的名称来加以区别，而这个法定名称又是通过印章来做标志的。在制发文件、接洽业务等过程中，印章可明确表明该组织的合法身份。

### （二）权威作用

各级各类社会组织由于有特定的地位和所辖范围，因此在一定层次和范围内具有权威性。例如，一个学校向学生发出入学通知书，学生就必须在规定的时间内报到。一级政府机关对他所辖的下属各机关发布的各项命令或指示，下级机关必须遵从。上述机关、单位所发的通知、决定等都必须加盖公章，因为印章是该单位权威性的象征物。也就是说，一切文件只有加盖了印章才能产生效力。

### （三）证明作用

印章是证明某个单位合法存在的象征物，组建一个新的单位，或者更改一个单位的名称，都要颁发新的印章。在对外交往中，出差人员的合法身份也必须由盖了印章的介绍信来证实，他出差中的公务活动也因此具备了合法性。

### （四）凭信作用

既然印章是单位合法性、权威性的象征物，那么，它在工作中无疑具有凭信作用。一切文件、信函、合同、协议书以及各种证明，要使人们真正相信它具有效力，就必须盖章。不盖印章的行文，难以取信于人，因而不能产生效力。例如，学生的毕业证书如果不盖印章，就失去合法性和有效性。同样，一份公务合同，如果协议双方不盖章，它的可信性也就不复存在了。

## 三、印章的式样

印章的式样由质料、形状、印文、图案、尺寸等组成。

### （一）质料

我国古代官印依品级高低分别用金、银、铜等金属铸成，帝王则用珍贵玉质，象征其地位。近代公章用过角质、木质，现代则多用橡胶和塑料刻制。另有一种专用于贴有照片的身份证明上的钢印。近几年还有将色油或固体色料热压而成的“原子印”和“渗透印”，无须印泥可连续使用万次以上。

### （二）形状

古代官印为正方形。现代机关、单位公章则为正圆形，用于其他公务（如收发、校对、财务等）的印章也有长方形、三角形或椭圆形的。领导人和法人代表的印章一般仍为方形。

### （三）印文

公章印文应使用国务院公布的规范简化汉字，字体为宋体，自左而右环形排列。领导人签名章则由个人书写习惯而定，民族自治机关的公章可以并列刊有汉字和当地民族文字。

### （四）图案

县以上政府机关、法院、检察院、驻外使馆的公章的中心部分刊有国徽；党的各级机关印章刊有党徽；其他机关和企事业单位公章则刊有五角星图案。

### （五）尺寸

按国务院规定：国务院的公章，直径为6厘米；省、部级政府机关，直径为5厘米；地、市、州、县机关为4.5厘米；其他机关、部门、企事业单位公章直径一律为4.2厘米（包括边框）。

党的各级机关的正式印章尺寸规格一般与同级行政机关的正式印章相同。

国务院的钢印，直径4.2厘米。其他单位使用的钢印，其直径最大不得超过4.2厘米，不得小于3.5厘米。

## 四、印章的种类

在现实社会交往中，印章的形式多种多样，按其性质和作用，大致可以分为如下7种。

### （一）正式印章

也叫公章，代表一个组织的正式署名。这种印章必须按照国家法定程序，由上级机关、主管部门正式颁发或同意刻制后使用，具有法定的权威性和凭证性。

### （二）专用印章

专用印章是各级领导机构或各级业务部门为履行自己的某一项专门性业务而使用的印章。这种印章在印文中除刊有机关或单位的法定名称外，还刊有专门的用途。例如，“财务专用章”“发票专用章”“合同专用章”“物资进出库专用章”“档案专用章”“招标专用章”“投标专用章”等。专用印章不能代表整个领导机构的权力，只代表印章上刊明的适用范围，超过这个范围就没有法律效力。但是，这类专用印章的刻制，也要经过一定的严格批准手续，绝不能乱制滥用。

### （三）套印章

这种印章是指按照正式印章的原样制版而成，在需要印制大批量文件时，以制版印刷的方式代替手工加盖印章。它与正式印章具有同等的法定效力。

### （四）钢印

这种印章不用印色，利用压力凹凸成形，一般加盖于贴有照片的证件上，起证明持证人身份之用。但钢印不能作为文件、介绍信及其他票据凭证的有效标志，也不能独立使用。

### （五）领导人手章

这是由领导人亲笔书写，而后照其真迹按比例放大或缩小刻制的印章。这种章也叫领导人签名章。领导人手章和个人私章性质不同，它属于机关或单位的公务章和专用章一类。它代表一个机关或单位的领导者身份，是行使职权的标志，具有权威作用。它的适用范围很广，通常用于任命、调遣、罢免干部等重大事项。有些凭证不但要有机关或单位的印章，而且还要由领导人加盖手章或签署，这样才能生效。如合同、协议书、毕业证书、聘请书、财务预决算，都需要加盖领导人的手章。因此，手章还具有凭证作用。

### （六）个人名章

指使用标准字体刻制个人姓名的印章，其作用是代替手写签名，加盖在文件或凭据上以示负责。例如，在报表、财务预决算、银行支票、合同等文本或票据上，都要加盖这类印章。

### （七）戳记

这种印章主要是为了方便工作，提高工作效率而刻制的。如文件的收文章，文件密级中用的“机密”“绝密”等戳记。这种印章可以减少工作人员的工作量，也可以使工作规范化。

## 五、印章的刻制

### （一）刻制印章的严肃性

印章的刻制和颁发是一件极为严肃的事情，我国《刑法》第280条规定：“伪造、变造、买卖或者盗窃、抢夺、毁灭国家机关的公文、证件、印章的，处三年以下有期徒刑、拘役、管制或剥夺政治权利；情节严重的，处三年以上十年以下有期徒刑。伪造公司、企业、事业单位、人民团体的印章的，处三年以下有期徒刑、拘役、管制或者剥夺政治权利。”可见，任何机关、团体和企业、事业单位的印章，都不准擅自刻制、颁发。

### （二）刻制印章的程序

印章的制发一般采用分级负责的原则，下级机关或单位的印章由上级领导机构批准后刻制颁发，其中，政府机关的公章一般由上级领导机关刻制并颁发，企业、事业单位和社会团体的公章则由本单位持主管部门颁发的法人执照到公安机关指定的印章刻制机构刻制，专用章、领导人手章和名章等印章，则应经本级机关或单位领导人批准同意后，持盖有本单位公章的介绍信到公安机关指定的印章刻制机构刻制。

### （三）注意事项

按照规定，正式印章刻制完毕，刻制单位一律不得留存章样，也不能擅自先行使用正式印章。因此，从刻制单位领取印章时，要认真仔细地验收、检查。主要是检查印章的质量是否符合要求，印文是否准确无误，有无使用过的痕迹。如发现质量不合要求，应责成刻制单位按规定重新刻制。如发现印章已有使用过的痕迹或印章的版面上粘有红色印泥，应立即报告当地公安部门备案查处。因为红色印泥是印章启用的标志，只有印章使用机构才可以用红色的印泥盖印。

## 六、印章的颁发

由上级主管机关负责刻制的印章，刻制后，一般由下级单位派专人持本单位领导人签名的介绍信前往领取，也可以由上级主管机关派专人送到受印单位。

交接时，颁领双方应当当面验印，并严格履行登记、交接等手续，然后由颁发机关将印章密封和加盖密封标志，再交给领取人带回，确保安全。领取人接回印章后，要及时向组织领导汇报，经领导验证后，根据领导的指示交给印章管理人员验收管理。

管印人接到印章后应做好接印登记，内容主要包括印章名称、颁发印章单位、领取人姓名、收到日期、收到枚数、启用时间、主管领导签名、管印人签名等。

## 七、印章的启用

### （一）颁发启用通知

印章启用，应由制发或批准刻制机关先颁发启用通知，并附上印模。如由新印章取代旧印章，启用新印章后，旧印章同时作废。

### （二）备案存档

印章启用时，使用印章的组织应将印模和启用日期一并报上级机关备案，而且都必须归档，永久保存。

在正式印章启用通知所规定的生效日之前，印章不得使用，即使使用，也是无效的。

## 八、印章的保管

### （一）保管范围

一般来说，组织的印章大都交由秘书或秘书部门保管。通常情况下，一个组织的秘书部门保管的印章包括以下3类：①本组织的正式印章和钢印。②本组织领导人的手章（也可由其本人或其委托代理人保管）。③办公室本身的印章（它只代表本办公室的职权范围，不代表整个单位组织）。

### （二）保管要求

印章的保管，应符合以下要求。

### 1. 专人负责

应选择事业心强、责任心强的人保管印章，不准随意更换公章管理人员或将公章交与他人管理。一般情况下，印章的保管者也是具体用印者。因此，秘书部门对于保管和使用印章的人员必须严格审查和挑选，并应加强平时的教育和考查。

### 2. 确保安全

印章应存放在安全可靠的地方，最好是放在保险柜内，并且要养成随用随开锁，用完即上锁的好习惯，以免印章被滥用盗用，造成不良后果。

节假日应特别小心，存放印章的地方一定要上好牢固的锁，必要时还要贴上封条。印章一旦发生异常情况，应保护好现场，立即报告，迅速查明情况，及时处理，必要时，还可请保卫、公安部门协助查处。

### 3. 防止污损

使用印章要注意轻取轻放，避免破损。同时要注意经常洗刷，防止印泥和其他脏物将刻痕填塞。管印人还要注意经常洗刷印章，保证图案和印文的清晰。

## 九、印章的使用

### （一）严格履行用印审批手续

常规用印，管印人员可在职责范围内盖章。非常规用印，需经主管领导或秘书长、办公室主任批准后方可盖章。若发现有不符合用印原则和手续规定的情况，管印人员要报请主管领导人批准，或暂缓用印，甚至拒绝用印。非法用印者，根据情节将会受到行政处分，甚至法律惩处。

**【工具箱】用印申请单示例**

青海集团机械设备公司用印申请单

申请部门：　　　　　　　　　　　　　　　　申请时间：　　年　　月　　日

| 用印内容 | | 用印数量 | |
|---|---|---|---|
| 审批人 | | 批准时间 | 年　　月　　日 |

### （二）严格监督用印内容

管印人员对印章使用有监督权。用印前，管印人员必须对用印内容予以审阅，协助上司把关，如发现问题，应在纠正后或报请有关领导同意后再盖章。一般情况下，除非有机关领导人的特别批准，管印人员不能在空白凭证上盖印，更不能“以印谋私”，也不能“有求必印”。

### （三）严格执行用印登记制度

为了备查和更有效地发挥对用印的监督作用，秘书部门应建立用印登记制度，登记的主要内容可参阅下表。

**【工具箱】用印登记表示例**

青海集团机械设备公司用印登记表

| 编号 | 印章类别 | 用印时间 | 用印部门 | 用印内容 | 用印份数 | 批准人 | 盖章人 | 备注 |
|---|---|---|---|---|---|---|---|---|
| | | | | | | | | |
| | | | | | | | | |

### （四）认真规范加盖印章

1．辨认清楚

当管印人保管有多枚印章时，盖章时要仔细辨认清楚，准确加盖印章，以免出现用错印的现象，铸成大错。

2．选好垫材

加盖印章时，要在用印材料的下面垫上印章垫或者有一定弹性的书本、杂志等，这样可以使加盖在材料上的印章更加清晰，避免因用力不均导致的印章模糊不清的情况发生。专用的印章垫用橡胶等弹性材料制成，圆形或矩形，厚度3～10毫米。

3．位置正确

在规定位置盖章。一般来说，印章应上不压正文，下压成文日期，并且要骑年盖月。加盖钢印时，应注意不得将钢印加盖在照片人的头部或脸上，以免影响辨认效果，因为钢印的凹凸作用会使面部发生细微的变化，正确的位置应是脖子和衣领以下与证件交接部位。

4．由点及面

加盖印章的时候，不能直接把整个印面平行按压在材料表面上，而应先用印面的上边缘（远离身体的一侧）接触材料表面，由点及面地把印面按压到材料表面，以保证整个加盖过程的平稳有序。

5．端正清晰

按印泥时要轻重得当，用力均匀，使印色浓淡合适。要避免倒歪、偏斜和模糊现象，以增加印章的严肃性和美感。

6. 骑缝骑页

带有存根的文件材料，如介绍信等用印，除在文件正本（出具联）的规定位置加盖完整印章外，还应在出具联和存根联的接缝处加盖“骑缝章”，以备查考。对于需证明各页之间完整联系的材料，应将同一文件的每一页均匀错开，骑各页加盖公章。

7. 在规定场所用印

一般情况下，管印人不能将印章带出机关或单位，在办公室以外的地方用印。在印刷部门套印有机关正式印章的文件时，管印人员应在现场监印。

## 十、印章的停用

### （一）停用条件

机关或单位如发生合并、撤销、名称更改等情况时，原印章应停止使用。

### （二）注意事项

印章停用应认真负责地做好印章停用后的善后工作。

1. 发文通知

发文通知有关单位，说明停用的原因和停用时间，并附上印模，宣布原印章失效。

2. 及时交回

作废印章要及时送交原制发机关处理，不得留存在原单位。

3. 登记注销

原制发印章的机关，对作废印章应登记注销。

4. 定期销毁

除一些具有保存价值的印章须存档保管外，一般单位的作废印章应定期在报经单位负责人批准后销毁。作废印章可以自行销毁，也可以送刻章部门回炉销毁。但无论采用哪一种方式，都应有包括管印人员在内的2人在销毁现场实地监销。所有销毁的废旧印章都要留下印模保存起来，以备查考。

**【思考与练习】**

一、不定项选择题

1. 一般来说，印章的作用可以概括为（　　）。

A. 标志作用　　B. 权威作用　　C. 证明作用　　D. 凭信作用

2. 印章的式样由（　　）等组成。

A. 质料　　B. 重量　　C. 形状　　D. 印文

3. 印章的刻制和颁发是一件极为严肃的事情，我国《刑法》第280条规定：“伪造公司、企业、事业单位、人民团体的印章的，处（　　）有期徒刑、拘役、管制或者剥夺政治权利。”

A. 三年以上　　B. 三年以下　　C. 十年以下　　D. 十年以上

4. 下面各项中说法不正确的是（　　）。

A. 不准随意更换公章管理人员　　B. 不准将公章交与他人管理

C. 印章的保管者也是具体用印者　　D. 应由专业技术人员保管印章

5. 销毁旧公章要登记造册，经上司批准后，要有（　　）人监销。

A. 1　　B. 2　　C. 3　　D. 4

6. 下列（　　）说法是错误的。

A. 不可随便使用单位印章　　B. 印章刻制的规格因级别高低而不同

C. 印章刻制必须履行严格的手续　　D. 印章刻制没有指定的刻制社

7. 管印人员对印章使用有监督权。用印前，管印人员必须对（　　）予以审阅，协助上司把关，如发现问题，应在纠正后或报请有关领导同意后再盖章。

A. 用印部门　　B. 用印内容　　C. 用印位置　　D. 用印时间

8. 盖印章是秘书的日常工作，盖印章时要做到（　　）。

A. 印记端正、清晰　　B. 盖在署名下面

C. 用力均匀平稳　　D. 骑年盖月

9. 机关或单位如发生（　　）等情况时，原印章应停止使用。

A. 合并　　B. 撤销　　C. 迁址　　D. 名称更改

10. 下列关于作废印章销毁的说法正确的是（　　）。

A. 除一些具有保存价值的印章须存档保管外，一般的作废印章应定期销毁

B. 作废印章可以自行销毁，也可以送刻章部门回炉销毁

C. 管印人员应在销毁现场实地监销

D. 所有销毁的废旧印章都要留下印模保存起来，以备查考

## 二、案例分析题

### （一）

柳露是青海集团计算机公司新来的办公室秘书。一天，办公室主任冯大勇让她去刻一个归档章，用来整理办公室近两年积累下来的一些档案材料。冯主任给她打印出来一个印章图样，她就高高兴兴地拿着上街去了。她找到一个刻章经营部，告诉人家按照图样刻制一枚归档章，并且谈好了价钱。半个小时后，她高高兴兴地返回公司，并且兴奋地把归档章交给冯主任。她觉得冯主任一定会表扬她一下，第一次上街办事，就这么干净利索地完成了任务。谁知，冯主任接过印章，仔细地沾上印泥，用力地在一张纸上盖出一个归档章的红色图样，逐字审视起来。柳露在一旁颇不以为然，心想：“就这么几个字，还会有错吗?”突然，冯主任用手指着纸上的红色图样，说：“小柳，你看看，‘年度’怎么变成‘度年’了?”柳露心里咯噔一下，仔细一看，可不是吗？她的脸立即红了，身上也出了一层虚汗，她立即收起印章，对冯主任说：“对不起，我马上去重刻。”

试分析一下，秘书柳露在刻制印章的过程中出现了怎样的失误，今后应如何避免。

（二）

青海集团的印章管理实行的是集中统一管理，也就是说，集团的公章和机关各职能部门的印章都由集团办公室统一保存管理。有一次，为了严肃下属各公司的财务管理纪律，集团下发了一份关于加强财务管理、严肃财经纪律的文件，这份文件本应加盖集团财务部的印章，但在加盖印章时，集团办公室的印章管理人员却因疏忽大意盖成了科技开发部的印章，结果，在下属的几十个公司当中造成了不可挽回的恶劣影响，办公室主任受到了行政警告处分，印章管理人员也因此下岗。

试分析一下，青海集团办公室的秘书在这次加盖印章的事件中出现了怎样的失误，今后应如何避免。

## 三、实训题

请每位同学在练习纸的指定位置上加盖一枚印章，并在印章下署上自己的名字，然后请同学们相互点评各自的加盖质量。

# 任务05 介绍信管理和零用现金管理

【任务目标】

了解介绍信和零用现金管理的基本技巧，能够独立胜任介绍信和零用现金的管理工作。

【参考学时】

2学时

【知识支撑】

## 一、介绍信管理

介绍信是机关、团体、企事业单位因对外联系工作、商洽事务而出具的凭证性信函，具有介绍和证明的作用，一般由派出人员随身携带。介绍信管理是办公室的一项重要事务性工作。

### （一）介绍信的种类

从写作格式来看，介绍信主要有便函式和两联式两种。

#### 1. 便函式介绍信

就是像书写便函一样将内容手写或打印出来的介绍信。但无论是手写还是打印，都要使用带有单位名称的信笺纸。

【工具箱】便函式介绍信示例

青海集团机械设备公司

介绍信

漯钢集团有限公司：

兹有我公司业务经理郑伟前往贵公司联系钢板购销业务，请接洽。

（公章）

二〇〇八年九月八日

（有效期：10天）

通讯地址：青岛市李沧区黑龙江中路639号　　邮政编码：266100

### 2. 两联式介绍信

就是由出具联和存根联两部分组成的介绍信，一般都是先设计好固定的格式，然后大批量印刷，使用时只需填上相应的内容即可。

**【工具箱】两联式介绍信示例**

---

No.0035981

青海集团机械设备公司介绍信

（存根联）

__________：

兹有我公司________________________等____人前往贵公司联系____________事宜，请接洽。

年　月　日

（有效期：____天）　　　　（骑缝章）

---

No.0035981

青海集团机械设备公司介绍信

（出具联）

__________：

兹有我公司________________________等____人前往贵公司联系____________事宜，请接洽。

（公章）

年　月　日

（有效期：____天）

---

## （二）介绍信的内容

用来介绍被派遣人员的姓名、身份、接洽事项等情况的一种专用书信，因此，不管是便函式的，还是两联式的，其内容都不外乎由称谓、持信人职务和姓名、同行人数、接洽事项等几部分组成。

## （三）介绍信的管理

### 1. 申请审批

根据不同的用途，介绍信使用者要先提出书面申请，由本组织负责人或部门负责人签字批准后，到秘书部门开具。

### 2. 领用登记

发放介绍信要进行登记，领用人要履行签字手续。两联式介绍信可在存根上签字，便函式介绍信在专用登记表上签字。

**【工具箱】介绍信领用登记表示例**

青海集团机械设备公司介绍信领用登记表

| 序号 | 领用时间 | 用途 | 前往单位 | 有效期限 | 使用人 | 批准人 | 领取人 | 备注 |
|---|---|---|---|---|---|---|---|---|
| | | | | | | | | |
| | | | | | | | | |
| | | | | | | | | |

### 3. 未用退回

介绍信开出后未用，应交回保管人员，粘贴在存根上，或者在“介绍信领用登记表”的“备注”栏内注明退回。

### 4. 丢失报告

介绍信持有人将介绍信丢失，应及时报告，涉及重要事项的应及时通知前往办事的单位，防止冒名顶替。同时，介绍信管理人要在介绍信存根或者“介绍信领用登记表”上注明丢失情况。

### 5. 存档备查

介绍信发放登记表、介绍信存根要与作废的和退回的介绍信粘在一起，妥善保存一定时间，以备查考。

### 6. 严禁空白

严禁开具空白介绍信。因为这种空白介绍信脱离了管理人员的监督，其使用范围、用途不一定符合管理者的意图。但在实际工作中，往往有些确系工作需要，并得到了领导人的同意，这种特殊情况就需履行领导人亲笔签署意见的手续，并尽可能在介绍信上填上事前能够填写的项目，如办事人的姓名、所要办的事项及期限，只留下称谓部分由经办人员填写，这样就使空白介绍信限制在一定的范围内。

**【小贴士】**

出借公章介绍信的法律责任

根据最高人民法院《关于在审理经济纠纷案件中涉及经济犯罪嫌疑若干问题的规定》，个人借用单位的业务介绍信、合同专用章或盖有公章的空白合同书，以出借单位名义签订经济合同，骗取财物归个人占有、使用、处分或进行其他犯罪活动，给对方造成经济损失构成犯罪的，除依法追究借用人的刑事责任外，出借业务介绍信、合同专用章或盖有公章的空白合同书的单位，依法应当承担赔偿责任。但是，有证据证明被害人明知签订合同的对方当事人是借用行为，仍与之签订合同的，出借单位不承担赔偿责任。

### （四）介绍信的填写要求

1. 明确具体

介绍信内容要明确具体，不能含糊笼统。介绍去参加会议的，应写明参加什么会议。介绍去联系工作、商洽问题的应写明联系什么工作，商洽什么问题。不要笼统地写“开会”“联系工作”等。

2. 内容一致

两联式介绍信的开具要保持开具存根联与出具联的内容一致，并加盖骑缝章。

3. 注明期限

介绍信上一般都有“有效期：××××年××月××日止”或“有效期××天”字样。但是，有的单位往往不填，成了无限期有效的介绍信，这类情况应避免，宁可有效期长一点，也不能不写明有效期。

4. 不得涂改

介绍信是一种严肃的公用文书，一般情况下不得涂改。如果必须涂改，要加盖更正章，或在修改处加盖公章。

5. 字迹牢固

填写介绍信应保证字迹的牢固，采用毛笔或钢笔填写。不要使用圆珠笔或铅笔，因为这样的字迹容易模糊或脱落。

### （五）介绍信的用印

不管是哪一种介绍信，都必须加盖单位公章或介绍信专用章。两联式介绍信除了出具联的落款处盖章外，还要在两联接缝处加盖骑缝章，且上压存根联的年、月、日。

## 二、零用现金管理

### （一）零用现金的概念

由于用支票来支付小额费用难以实行，一些企业办公室中常设立一笔零用现金，或称作备用金，以支付本市交通费、邮资、接待用的茶点费、停车费和添置少量的办公用品。

它通常是由企业领导和财务负责人批准后由秘书保管和支出的现金，也是一笔周转使用的现金。它的数额根据企业的规模和平时小额支出的次数多少来确定，秘书取得现金后，应将现金锁在保险箱内，并负起保管和支付备用的责任。

### （二）零用现金的获取

首先通过对零用现金需求量的测算确定零用现金数额的大小。

然后以借款的形式经领导签字批准后从财务部门借出一定数额的现金作为零用现金储备。

### （三）零用现金的管理

#### 1. 设置账本

现金日记账是专门用来登记库存现金每天的收入、支出和结存情况的账簿，每一个管理零用现金的秘书人员都要设置一本现金日记账，并根据审核后的现金收、付款凭证，逐日逐笔顺序如实登记。

现金日记账的账页格式大多采用“三栏式”。

**【工具箱】“三栏式”现金日记账示例**

现金日记账

第　　页

| 年 | | 凭证 | | 摘要 | 借方 | | | | | | | | | | | 贷方 | | | | | | | | | | | 借或贷 | 余额 | | | | | | | | | | | 核对 |
|---|---|---|---|---|---|---|---|---|---|---|---|---|---|---|---|---|---|---|---|---|---|---|---|---|---|---|---|---|---|---|---|---|---|---|---|---|---|---|---|
| 月 | 日 | 种类 | 号数 | | 亿 | 千 | 百 | 十 | 万 | 千 | 百 | 十 | 元 | 角 | 分 | 亿 | 千 | 百 | 十 | 万 | 千 | 百 | 十 | 元 | 角 | 分 | | 亿 | 千 | 百 | 十 | 万 | 千 | 百 | 十 | 元 | 角 | 分 | |
| | | | | | | | | | | | | | | | | | | | | | | | | | | | | | | | | | | | | | | | |
| | | | | | | | | | | | | | | | | | | | | | | | | | | | | | | | | | | | | | | | |
| | | | | | | | | | | | | | | | | | | | | | | | | | | | | | | | | | | | | | | | |
| | | | | | | | | | | | | | | | | | | | | | | | | | | | | | | | | | | | | | | | |
| | | | | | | | | | | | | | | | | | | | | | | | | | | | | | | | | | | | | | | | |
| | | | | | | | | | | | | | | | | | | | | | | | | | | | | | | | | | | | | | | | |
| | | | | | | | | | | | | | | | | | | | | | | | | | | | | | | | | | | | | | | | |
| | | | | | | | | | | | | | | | | | | | | | | | | | | | | | | | | | | | | | | | |

#### 2. 凭单付款

办公室内部工作人员需要领取和使用零用现金时，应填写“零用现金领用申请单”，注明用途、金额，并请有关负责人签字审批。

秘书人员要认真核对“零用现金领用申请单”，确认领用单是否有授权人审批签字和申请人签名，确认无误后，按照单据金额将现金支付给领用者。

**【工具箱】零用现金领用申请单示例**

零用现金领用申请单

申请人：　　　　　　　　　　　　　　　　申请时间：　　年　月　日

| 现金用途 | | 申请金额 | |
|---|---|---|---|
| 审批人 | | 批准时间 | 年　月　日 |

### 3. 审核发票

领用现金者完成支付任务前来报销时，秘书要认真核对他们提交的发票等支出凭证上的用途、金额是否与“零用现金领用申请单”上填写的基本一致，特别是有关负责人是否签字。

### 4. 收票退单

发票审核合格后，要根据发票与领用单上的差额进行“多退少补”，然后留下发票，退回领用单。

### 5. 登记入账

每支出一笔现金，秘书均须按照发票的票面金额及时在现金日记账上予以如实登记，登记的具体要求如下：

（1）**序时逐笔分行登记。**为了及时掌握现金收、付和结余情况，现金日记账必须按照现金收、付发生的时间顺序一笔一笔地如实登记，每笔业务占一行的位置。不得将收款和付款登记在同一行，也不得将收款付款相抵后以差额登记。

（2）**整洁清晰，准确无误。**登记书写时，摘要文字紧靠左线；数字要写在金额栏内；字体大小要适中，紧靠下线书写，上面要留有适当空距，一般应占行高的1/2，以备改错。记录金额时，如为没有角分的整数，应分别在角分栏内写上“0”，不得省略不写，或以“--”号代替。

要根据规定使用黑色墨水笔书写，不得使用圆珠笔或铅笔。但根据会计制度规定使用红字冲账时可以使用红色墨水笔。

（3）**不跳行，不隔页。**现金日记账采用订本式账簿，其账页不得以任何理由撕去，作废的账页也应留在账簿中。

记账时必须按页次、行次、位次顺序登记，不得跳行或隔页登记，如不慎发生跳行、隔页时，应在空页或空行中间划线加以注销，或注明“此行空白”“此页空白”字样，并由记账人员盖章，以示负责。

（4）**按规定转页。**在每一账页登记完毕结转下页时，应结出本页发生额合计数及余额，写在本页最后一行和下页第一行的相应栏内，并在摘要栏注明“过次页”和“承前页”字样。

也可以在本页最后一行用铅笔字结出发生额合计数和余额，核对无误后，用黑色墨水笔在下页第一行写出上页的发生额合计数及余额，在摘要栏内写上“承前页”字样，不再在本页最后一行写“过次页”的发生额和余额。

（5）**日清月结。**日清，即每日下午下班之前进行现金的清点，并将清点的实有数与账面现金余额数进行核对，做到账实相符。

月结，即每月底结出现金的本月发生额和月末余额，同时通过现金的月终盘点，进行现金的账实核对，发现问题，及时处理。

#### 6. 核对更正

在每天下班前，应把本日发生的收付款凭证与账面记录进行逐笔核对，核对无误后，在每一笔记录的核对栏画上“√”，确保账证、账实相符。

对于核对出的记账错误，要及时予以更正，更正的方法有两个：

（1）划线更正法。先在错误的文字或数字（整个数字）上划一红线注销，并使原来的字迹仍可辨认，然后在红线上方空白处用黑字填上正确的文字或数字，并在更正处由记账人员盖章。

（2）红字更正法。先用红字登记一条与错误记录金额完全相同的记录，并在摘要中写明“更正第*号凭证记账错误”，用以冲销原有的错误记录；然后，再按照正确的金额用黑字重新登记一条正确的记录。

### （四）零用现金的周转

当支出累积到一定数额或者月末的时候，秘书人员再把积累起来的支出凭证拿到财务部门统一报销，换回现金，完成一次零用现金的周转过程。

### （五）注意事项

#### 1. 严格遵守公司财务制度

秘书人员应该具有良好的职业道德操守和良好的思想道德品质。在管理办公室的零用现金时，不应该自己或者协助他人建立办公室的“小金库”，而是应该严格遵守办公程序和财务制度，依照国家法律以及相应的财会管理制度进行现金管理。

#### 2. 记录完整

秘书保管备用金，应把办公室的开支记录下来，以便了解办公开支的情况，作为对办公室事务进行科学管理的依据。

#### 3. 单据完备

秘书在管理办公室零用现金的过程中，应该严格按照规章制度办事。在向有需要的申请者支付零用现金、用手中的零用现金报销一些开支的时候，应该严格按照相应的程序，做到该有的文件和单据完整齐全，再给予支付或者报销。绝对不能够由于个人关系比较亲近而省去相应的手续，这样的行为于自己、于别人、于公司都是没有益处的，应当极力避免。

### 【思考与练习】

**一、不定项选择题**

1. 介绍信是用来介绍被派遣人员的姓名、身份、接洽事项等情况的一种专用书信，具有（　　）的作用。

A. 证明　　B. 介绍　　C. 凭证　　D. 付款

2. 从写作格式来看，介绍信主要有（　　）两种。

A. 便函式　　B. 文件式　　C. 两联式　　D. 三联式

3. 填写介绍信可以用（　　）。

A. 毛笔　　B. 钢笔　　C. 圆珠笔　　D. 铅笔

4. 零用现金通常是由（　　）批准后由秘书保管和支出。

A. 企业领导　　B. 人力资源总监　　C. 财务负责人　　D. 会计

5. 一般情况下，企业办公室设立的零用现金由秘书管理。当内部工作人员需要使用领取零用现金时，应填写“零用现金领用申请单”，该凭单上须有（　　）。

A. 授权人审批、秘书签字　　B. 授权人审批签字、申请人签名

C. 授权人批准、申请人签名　　D. 申请人签名、秘书签名

6. 领取零用现金者回来报销时，秘书要认真核对领取者提交的发票等支出凭证上的用途、金额是否与“零用现金领用申请单”上填写的基本一致，特别是（　　）是否签字。

A. 经手者本人　　B. 总经理　　C. 董事长　　D. 有关负责人

7. 秘书必须建立一本零用现金账簿，清楚注明（　　）等。有的还应该在账目上进行分析，了解花销的情况和去向。

A. 收到现金的日期、收据编号、金额　　B. 支出现金的日期、用途、金额

C. 零用现金领用申请单编号　　D. 余额

8. 内部工作人员需要使用和领取零用现金时，应填写“零用现金领用申请单”，注明（　　），并请有关负责人签字审批。

A. 用途　　B. 日期　　C. 金额　　D. 所需币种

9. 当手中的零用现金快用完的时候，秘书应该（　　）。

A. 到财务部门去借　　B. 把手中积累的单据拿到财务部门报销

C. 请领导想办法　　D. 用自己的钱垫付

10. 秘书人员管理零用现金需要注意的事项有（　　）。

A. 严格遵守公司财务制度　　B. 记录完整

C. 单据完备　　D. 增收节支

## 二、案例分析题

### （一）

一天，青海集团机械设备公司办公室秘书刘晓的朋友郑伟找刘晓帮忙，说是他有一笔赚钱的生意，但由于自己的个人身份，与对方签合同不太方便，因此，想请刘晓帮忙出具一张加盖了青海集团机械设备公司公章的空白介绍信和两张盖了章的空白购销合同，并答应事成之后送给刘晓一辆小汽车。鉴于朋友的面子和小汽车的诱惑，刘晓满足了郑伟的要求。

之后，郑伟利用从刘晓那里得到的介绍信和空白合同，以青海集团机械设备公司业务经理的身份与漯钢集团有限公司签订了一份价值1 000万元的钢板购销合同，货到三个月内付清所有货款。谁知，郑伟把到手的钢板转手卖掉，携款潜逃。

三个月后，漯钢集团有限公司发现对方一直没有支付货款，便依法提起民事诉讼，将青海集团机械设备公司告上了法庭。由于证据确凿，青海集团机械设备公司不得不承担巨额的赔偿责任，刘晓也因此失去了心爱的秘书工作。

试分析一下，秘书刘晓在工作中出现了哪些失误？导致了什么样的后果？应该吸取什么教训？

（二）

青菱外贸公司的秘书阿娟请司机小刘出去帮忙买了10个打印机墨盒，小刘买回来后，把发票和余款一起给了阿娟，阿娟赶紧在零用现金日记账上登记了这个支出项目。过了两天，阿娟准备为老板的打印机更换墨盒时，忽然发现小刘帮忙买来的墨盒型号不对。她赶紧把小刘叫来，让她带着原来的发票到原购买商店更换。小刘感到很不好意思，赶紧拿着原来的发票到原购买商店更换了所需型号的墨盒，可是，这次更换的墨盒与上次购买的墨盒价格不一样，人家商店把原来那张发票收回，又按照新的价格给开了一张发票，并退还了差价款。阿娟拿着小刘换回的新发票，感到有点茫然，日记账上的记录应该怎么更正呢？

试分析一下，秘书阿娟应该使用哪一种记账更正法更正原来的记账错误？

# 任务06 安排上司的差旅事务

【任务目标】

了解商务旅行的基本知识，能够妥善安排上司的差旅事务。

【参考学时】

2学时

【知识支撑】

在商务活动中，到外地或外国出差是日常工作的一个重要组成部分。秘书在为上司或同事做差旅安排时，必须细心、缜密，使各个环节过程流畅，不出差错。

## 一、国内商务旅行安排

### （一）了解情况

当秘书接受为上司安排商务旅行的任务后，应着重了解清楚以下情况。

#### 1. 旅行目的

秘书要了解清楚，上司的商务旅行是参加行业会议还是与某公司洽谈业务，或是其他的商业活动。因为，不同的旅行所需准备的资料是不完全相同的。

#### 2. 旅行地点

了解清楚本次旅行需要停留的地点，是搜集信息和预订票证等准备工作的前提。

#### 3. 时间安排

恰当安排旅行时间，是商务旅行能否顺利开展的重要保障，也是秘书预订飞机票、车票和安排住宿、接送的重要依据。因此，有关本次旅行的起程时间、在途时间、抵达时间、返程时间，都要事先了解清楚。

#### 4. 人员安排

了解清楚上司本次商务旅行的随行人员情况，也是安排旅行的一个必要前提。

### （二）准备工作

#### 1. 交通工具选择

选择合适的交通工具是差旅工作的关键一步。目前，可供选择的交通工具主要有三大类，即公路交通工具、铁路交通工具和航空交通工具。一般来说，短途旅行宜选择公路交通工具，中途旅行宜选择铁路交通工具，长途旅行宜选择航空交通工具。

#### 2. 订票

除了带车出行外，其他的出行方式都需要提前预订车票（机票），只有确认车票（机票）订好了，才能安排其他的行程。

#### 3. 预订旅馆

（1）预订途径。可以通过旅行社、旅行网站、目的地商会或当地的合作单位预订。某些航空公司也有旅馆预订业务。

（2）预订方法。告诉旅馆客人的姓名、性别、到达和离开时间、预订房间的类型、朝向以及其他的特别要求，并索取预订的确认凭证。

#### 4. 预支差旅费

旅行出发前，秘书人员还应为上司准备好充足的差旅费用。这些费用一般都可以到财务部门预支，等出差回来后再行结算。

预支的差旅费可以以现金方式交给上司，也可以存入上司的信用卡。一般来说，应该携带一部分零用现金，以备在无法使用信用卡的场合使用，其他的大额费用，如住宿费等则用信用卡支付，这样既安全，又方便。

#### 5. 相关资料和用品的准备

一般来说，在上司的商务旅行中，秘书人员应协助上司准备以下资料和用品：

（1）商务活动资料。如演讲稿、谈判提纲、合同草本、意向书草本、备忘录、报价资料、工程图表、公司宣传资料、对方公司的背景资料等。

（2）办公用品。如笔记本电脑、笔、公司信笺等。

（3）旅行资料。如目的地的地图或交通图、通讯录、旅行日程表等。

（4）个人用品。如身份证、工作证、手机等。

#### 6. 拟定商务旅行日程表

一份周密的商务旅行日程表一般应包括日期、时间、地点、交通工具、具体事项、备注等6项内容。日程表做好后，一般要准备3份，一份给上司，一份给他（她）的家人，一份给办公室存档。

**【工具箱】商务旅行日程表示例**

××经理商务旅行日程表

| 日期 | 时间 | 交通工具 | 地点 | 事项 | 备注 |
|---|---|---|---|---|---|
| 8月29日<br>星期一 | 8:50–9:30 | 公司派车 | 青岛市 | 去机场 | 鲁U12345 |
| | 10:30–11:30 | 民航班机 | 途中 | 去上海 | CA3865 |
| | 11:30–12:00 | A公司车辆 | 上海市 | 去××宾馆 | A公司接站人员电话158××××1758 |
| | 12:00–13:30 | A公司车辆 | ××宾馆 | 午餐 | A公司市场部刘经理陪同 |
| | 14:00–17:00 | A公司车辆 | A公司 | 业务洽谈和参观考察 | A公司市场部刘经理陪同 |
| | 17:30–19:00 | A公司车辆 | ××大饭店 | 晚餐 | A公司总经理宴请 |
| 8月30日<br>星期二 | 9:00–9:30 | A公司车辆 | 上海市 | 去机场 | |
| | 10:30–11:30 | 民航班机 | 途中 | 回青岛 | CA3866 |
| | 11:30–12:10 | 公司派车 | 青岛市 | 回公司 | 鲁U12345 |

#### 7. 准备行李

准备行李时，一定要了解清楚各种交通工具对随身行李重量的限制。目前，中国民航的规定为，每位旅客的免费行李（包括托运和随身携带行李）重量为：头等舱旅客为40千克，公务舱旅客为30千克，经济舱旅客为20千克。持婴儿票的旅客，无免费行李额。

如果行李较多，需要托运，则需要准备比较醒目的识别标签固定在行李上，以便提取行李时使用。

### （三）注意事项

一是根据公司规定，弄清上司出差应享受的待遇；二是准备订票时，一定要查用最新的时刻表；三是订房、订票时要考虑上司的个人爱好和习惯；四是平时注意学习订房、订票的相关知识，以确保工作的顺利进行。

## 二、国际商务旅行安排

随着国际间联系的日益频繁，公司领导出国开展一系列相关的商务活动已经成了公司日常事务的一部分。这就要求秘书人员应熟知跨国商务旅行的各种事务，并能够根据具体工作的需要进行适当的安排。

## （一）出国手续

当秘书人员接受为上司安排出国商务旅行的任务时，除了了解基本情况、做好与国内商务旅行相同的准备工作外，还应特别开展以下事项的准备工作。

### 1. 撰写出国申请

办理出国手续的第一件事，是要撰写一份出国申请。出国申请的内容一般包括出国事由、出国路线、出国日程安排、出国组团人数4项内容，申请书后面还要附有出国人员名单和外国公司的邀请函，出国人员名单中要写清姓名、年龄、性别、职务职称等内容。

### 2. 办理护照

（1）**护照的概念**。护照是一个国家的政府发给本国公民，供其出入国（境）和在国（境）外旅行或居留时证明其国籍和身份的证件。

（2）**护照的种类和有效期**。中华人民共和国护照分为外交护照、公务护照、普通护照和特区护照。

外交护照和公务护照有效期最长不超过5年，普通护照有效期最长不超过10年，期满后换发新照。

香港特区护照的有效期一般为10年，签发给16周岁以下儿童的护照有效期为5年。

澳门特区护照有效期一般为10年，签发给18周岁以下儿童的护照有效期为5年。

（3）**护照的颁发对象**。外交护照主要颁发给中国党、政、军高级官员，全国人大、全国政协和各民主党派的主要领导人，外交官员、领事官员及其随行配偶、未成年子女和外交信使等。

公务护照主要颁发给各级政府部门副处级以上官员、派驻国外的外交代表机关、领事机关和驻联合国组织系统及其专门机构的工作人员及其随行配偶、未成年子女等。

公务普通护照主要颁发给各级政府部门副处级以下干部和国有企事业单位因公出国人员等。

普通护照主要颁发给出国定居、探亲、访友、继承财产、留学、就业、旅游等因私事出国的中国公民。

香港特区护照颁发给持有香港永久性居民身份证的中国公民。

澳门特区护照颁发给持有澳门永久性居民身份证的中国公民。

（4）**护照的办理**。中国公民申领因私普通护照须向户口所在地的市、县公安局出入境管理部门申请，其一般程序是:

第一步，领取出境申请表。本人（或委托亲友）到户口所在地的公安机关的出入境管理部门领取《中国公民出境申请表》。

第二步，填写《中国公民出境申请表》。

第三步，递交《中国公民出境申请表》。

第四步，等候护照。公安机关的出入境管理部门接受本人所递交的申请表格和相应材料并审核后即可做出是否批准同意申请人的申领护照决定，并一般在30天内即可通知申请人。

第五步，领取护照。当公安机关受理本人的申领护照材料后，须经过审核和制作护照的过程，申请人可在规定的时间之内耐心等待并可按递交材料时约定的时间或在接到公安部门的通知后前往领取护照和出境登记卡。

【小贴士】

大使馆和领事馆的区别

大使馆是一国在建交国首都派驻的常设外交代表机关。领事馆是一国政府派驻对方国家某个城市并在一定区域执行领事职务的政府代表机关。两个国家断交，一定会撤销大使馆，但不一定撤销领事馆。

大使馆代表整个国家的利益，全面负责两国关系，馆长是大使，由国家元首任命并作为国家元首的代表履行职责。大使馆的首要职责是代表派遣国，促进两国的政治关系，其次是促进经济、文化、教育、科技等方面的关系，使馆同时具有领事职能。促进两国关系和人民间的往来是领事馆的重要职责，但其最主要的职责是领事工作，比如：维护本国公民和法人的合法权益，向本国公民颁发或延期护照、向外国公民颁发签证。

大使馆的职责范围遍及驻在国各个地区，领事馆只负责所辖地区。大使馆通常受政府和外交部门的直接领导，而领事馆通常接受外交部门和所在国大使馆的双重领导。

许多国家在多数国家只设大使馆，不设领事馆。设不设领事馆、设哪个级别的领事馆，主要看侨民和领事业务的多少以及所在地区的重要性，并依照对等原则进行。如中国在美国设有大使馆和5个总领事馆，负责各自辖区内的领事业务。在个别小国，外国只设领事馆和派驻领事官员。

### 3. 办理签证

签证是一个主权国家官方机构对本国和外国公民出入国境或在本国停留和居住的许可证明。签证一般签在护照上，分为外交签证、公务签证和普通签证三种。

签证的内容包括：有效期、有效次数、停留期、入出境口岸和偕行人等。如果超过有效期限，应该申请延长签证。

一般情况下，办理签证要由出国人员本人亲自持护照、对方公司邀请函和其他申请签证材料，到所去国驻我国大使馆或领事馆申请，也可以委托可靠的签证代办机构代办。

### 4. 办理“黄皮书”

“黄皮书”，正式名称为《国际预防接种证书》，是各国为了防止国际间某些传染病的流行，要求进入本国国境的外国人证明自己接种了某些疫苗的官方证明。至于具体接种哪些疫苗，各国的规定不尽相同，主要有牛痘、霍乱和黄热病疫苗等。

中国的黄皮书由中华人民共和国卫生部统一印制，各省、市、自治区的卫生检疫局负责签发和注射疫苗。

### 5. 购买机票

办好以上手续后，就可以到国内各航空公司或可靠的售票代理点办理订票手续，也可到国外航空公司驻我国办事处订票。如无特殊情况，应该预订往返机票，这样会节约不少费用。

订购机票时，要出示出国人员护照。拿到机票后，一定要认真检查机票上的各项内容是否正确清晰。

【小贴士】

什么是往返机票

往返机票是对应单程机票而言的。就是在买机票的时候，不仅包括去程，也包括回程。

往返机票的回程有固定日期的，比如×月×日某航班；也有固定1个时间范围的，如45天往返、60天往返、半年往返的。

一般来说，回程时间越是“久远”，折扣就越少。

另外请注意，航空公司出售的机票有两种，一种在机票上规定了日期、时间、班次，并在机票上注明“OK”两字，简称“OK票”；另一种则不限定具体航班，票面上注有“OPEN”字样。买“OPEN票”的乘客在确定乘机时间后，需要打电话与航空公司确认航班，才能确保有座位。如果乘客的“OPEN票”事先没有确认，而是直接赶去机场登机，如遇客运高峰，就有可能上不了飞机。当然，国内票一般都已经OK了。OPEN的情况往往出现在国际航班的返回票上。乘客要千万注意。

往返机票一般是一张，但比单程机票多一张乘机联，往程和返程各使用一张乘机联，但也有往程和返程分成两张的。

## （二）出入境检查

### 1. 边防检查

边防检查是国家为了保卫自己的主权和安全，对出入本国国境的人员等进行的检查。其内容包括：护照检查、证件检查、签证检查、出入境登记卡检查等。

### 2. 海关检查

海关检查是对出入境的货物、邮递物品、行李物品、货币、金银、证券和运输工具等进行监督检查和征收关税的一项国家行政管理活动。

### 3. 安全检查

安全检查的内容主要是检查旅客及其行李物品中是否携带枪支、弹药、易爆、腐蚀、有毒、放射性等危险物品，以确保航空器及乘客的安全。所有出入境人员，不分男女、国籍和等级，都必须经过安全检查。

4. 卫生检疫

卫生检疫由国家出入境检验检疫部门负责，主要是为了避免带有传染性的疾病在国际间传播。

## （三）旅行过程安排

1. 掌握时差的换算方法

秘书应熟悉世界各地时间计算的方法，国际上统一以英国格林威治时间（Greenwich Mean Time，简称GMT）为标准时间（Standard Clock Time），这样两半球就分为东八区和西八区。东八区的时间比GMT快，西八区的时间比GMT慢。国际商务旅行日程表中的离开和到达的时间都应以当地时间为准。

**【工具箱】世界各地时间计算表示例**

世界各地时间计算表

| GMT | 法国<br>+1 | 中国<br>+8 | 澳大利亚<br>+10 | 加拿大（西海岸）<br>−8 | 美国（纽约）<br>−5 |
|---|---|---|---|---|---|
| 1:00 | 2:00 | 9:00 | 11:00 | 前一日 17:00 | 前一日 20:00 |
| 8:00 | 9:00 | 11:00 | 18:00 | 0:00 | 3:00 |
| 17:00 | 18:00 | 次日 1:00 | 次日 3:00 | 9:00 | 12:00 |
| 21:00 | 22:00 | 次日 5:00 | 次日 7:00 | 13:00 | 16:00 |

2. 兑换目的国货币

在上司出发之前，秘书人员应根据国家规定的数额帮助上司兑换目的国货币。在兑换外币时，最好换一些零钱，以方便在国外乘车、打电话、坐地铁、给小费等。

3. 了解目的国风俗和商业环境

秘书人员应帮助上司熟悉目的国的风俗习惯和商业环境，以利于在目的国顺利地开展各项工作。

4. 安全防范

（1）财物安全防范。钱财、信用卡、证件要分开存放，文件资料锁入箱中。

（2）人身安全防范。① 乘坐出租车时不坐在司机旁边，而应坐在后座；乘坐飞机时不坐在头和尾处，最好坐在紧急舱门旁边；乘坐轮船时应尽量选择上层舱。② 随时与公司保持联系，让公司知道你在哪里。③ 随身携带身份证及其他证件，如果有事，可以让帮助、援救你的人知道你的姓名。④ 不单身一人在夜间出门；不与陌生人交谈交友；不随意暴露自己的身份和旅行目的。

## 三、上司外出旅行期间的秘书工作

如果秘书没有随上司一起出差，而是留守在单位，则主要应做好以下几项工作。

### （一）检查有无遗漏的文件

秘书应检查上司是否还有遗漏的东西，如果突然发现办公室桌上还有一份文件是明天上司和对方签订协议时用的，千万不能惊慌失措，而是要想办法把它给上司传送过去。传送的方法有三种：一是把文件扫描后以附件的形式用电子邮件发送到上司的电子邮箱；二是用传真机传送到上司所在的旅馆；三是用特快专递传送到上司所在的旅馆。不管采用哪一种传送方式，文件传出后，都要用电话通知上司。

### （二）抓住机会学习

上司旅行期间，秘书人员的事务性工作相对较少，这是一个充实提高的大好时机。因此，秘书人员一定要充分利用上司出差的大好时机，抓紧学习，努力充实自己。

### （三）电话的处理

在上司出差期间，如果有客人来电话找上司，秘书要认真做好电话记录。如果事情比较重要的话，上司回来时，在接站的时候就要向上司汇报，如果不急，就等上司上班后再进行汇报。如果遇到重大突发事件，要立即通过电话向上司汇报。

## 四、上司旅行结束后相关事务的处理

### （一）接站

一般来说，上司旅行结束返回公司驻地时，秘书人员应随车到机场或车站接站。接站的目的除了因为上司出差劳累帮上司搬搬东西外，更重要的是可以加深彼此之间的感情，并且还可以及时向上司汇报工作。因为有的上司责任心很强，他们身在外地却挂念着单位的一切事情，回来后急于得知自己不在单位期间所发生的一切，特别是出差之前悬而未决的一些问题的处理结果。

### （二）汇报

上司旅行结束后，秘书应该把上司外出期间单位发生的重要事情向上司做详细的汇报。汇报的时候，应简单明了、详略得当。有些重要的事情如果不是三言两语说得清的，则可以在口头汇报相关要点的基础上，再把详情进行书面汇报。

## （三）致谢

如果上司在旅行期间得到了某些关系单位的关照，如接站、送站、宴请等，秘书人员还需要根据上司的授意对这些单位进行感谢。感谢的方式可以是打电话，也可以是寄送感谢信。

### 【思考与练习】

**请从每道题目下面的选项中选出一个或者多个正确的、符合题目要求的选项。**

1. 当秘书接受为上司安排商务旅行的任务后，应着重了解清楚（　　）。

A. 旅行目的　　B. 旅行地点　　C. 时间安排　　D. 人员安排

2. 选择合适的交通工具是差旅工作的关键一步。目前，可供选择的交通工具主要有三大类，即（　　）。

A. 公路交通工具　B. 水路交通工具　　C. 铁路交通工具　　D. 航空交通工具

3. 一般来说，在上司的商务旅行中，秘书人员应协助上司准备（　　）资料和用品。

A. 商务活动资料　B. 办公用品　　C. 食物　　D. 旅行资料

4. 上司的商务旅行日程表一般要准备3份，一份给（　　），一份给（　　），一份给（　　）存档。

A. 财务部，办公室，档案室　　B. 上司，上司的家人，办公室

C. 上司，上司的朋友，传达室　　D. 秘书，办公室主任，办公室

5. 办理护照一般应携带（　　）。

A. 主管部门的出国任务批件　　B. 出国人员政审批件

C. 所去国有关公司的邀请书　　D. 2寸证件照

6. 国际商务旅行中的出入境检查主要包括（　　）。

A. 边防检查　　B. 海关检查　　C. 安全检查　　D. 卫生检疫

7. 在安排上司的国际商务旅行时，秘书人员应协助和提醒上司做好（　　）等工作。

A. 掌握时差的换算方法　　B. 兑换目的国货币

C. 了解目的国风俗和商业环境　　D. 旅途的安全防范

8. 根据我们课堂上了解到的世界各国时差表和下面的旅行日程表，我们可以计算出CA981次航班从北京到纽约需要飞行（　　），CA982从纽约到北京需要飞行（　　）。

国际商务旅行日程表（2013/07/06–2013/07/09）

| 时间 | 事项 | 备注 |
|---|---|---|
| 7月6日（星期一） | | |
| 上午 9:15 | 乘坐南航 320 次航班从广州飞往北京 | |
| 下午 13:30 | 乘坐 CA981 次航班从北京飞往纽约 | |
| 下午 19:15 | 抵达纽约，下榻谢尔曼大酒店 | 琳达小姐接机 |
| 7月7日（星期二） | …… | |
| 7月8日（星期三） | | |

续表

| 时间 | 事项 | 备注 |
|---|---|---|
| 上午 9:00 | 乘坐 CA982 次航班从纽约飞往北京 | |
| 7 月 9 日中午 12:15 | 抵达北京 | 赵曼小姐接机 |

A. 18小时45分钟，14小时15分钟　　B. 7小时45分钟，10小时15分钟

C. 6小时，8小时　　D. 15小时10分钟，12小时30分钟

9. 在上司外出旅行期间，留在家里的秘书人员主要应做好（　　）等工作。

A. 检查上司遗漏的东西　　B. 抓住机会学习

C. 处理电话　　D. 和朋友聚会

10. 在上司的商务旅行结束后，秘书人员通常要处理好（　　）等工作。

A. 接站　　B. 送站　　C. 汇报　　D. 致谢

# 任务07 会议室和办公车辆管理

【任务目标】

掌握预订会议室和办公车辆管理的工作技巧，能够熟练地进行会议室和办公车辆管理。

【参考学时】

2学时

【知识支撑】

## 一、会议室管理

会议室是一个单位进行集体决策、讨论问题、调查研究、总结表彰等工作的重要场所，也是秘书日常事务管理工作的一个重要管理对象。怎样做好会议室的管理工作，让有限的会议室资源在组织运行中发挥出最大的效用，是一个秘书工作者应该慎重思考的问题。

### （一）会议室的种类

一般来讲，一个中等以上规模的单位会拥有多个会议室。根据不同的分类标准，我们可以把这些会议室作如下分类。

**（1）根据会议室的面积大小和座位数的多少，我们可以把这些会议室分为：**①小型会议室，指那些使用面积在15～30平方米之间，座位数在20座以下的会议室。②中型会议室，指那些使用面积在30～80平方米之间，座位数在20～60座之间的会议室。③大型会议室，指那些使用面积在100平方米以上，座位数在100座以上的会议室。

**（2）根据会议室的功能，我们可以把这些会议室分为：**①接待室，指那些可以用于召开小型会议，也可以用于日常接待工作的小型会议室。②多功能会议室，指那些拥有音响、视频等多媒体设备，可以用于召开会议，也可以用于召开舞会、宴会的中型会议室。③报告厅，指那些专门用于召开人数众多的大型会议，带有主席台等设施，主要用来向全体职工作报告的大型会议室。

## （二）会议室的管理权限和使用范围

### 1. 管理权限

一般来讲，一个组织的会议室的使用由秘书部门统一管理、调配；会议室的安全、卫生、服务由物业公司负责管理；多功能会议室的音响、视频设备由技术部门负责管理。

### 2. 使用范围

在会议室的日常管理和调配中，对于不同类型的会议室，应该有一个相对清晰明确的使用范围，如：

（1）由组织的决策层主持的会议原则上安排在哪些会议室。

（2）由部门领导主持的会议原则上安排在哪些会议室。

（3）接待客人时原则上安排在哪些会议室。

（4）什么类型的会议可以申请使用会议室，什么类型的会议不能申请使用会议室。

## （三）会议室的管理原则

### 1. 内宾让外宾

如果用于外事接待工作的部门和用于日常业务接待的部门同时申请使用同一个会议室，则优先安排给外事部门使用。

### 2. 中层让高层

如果决策层领导主持的会议和执行层领导主持的会议同时申请使用同一个会议室，则优先安排给决策层领导使用。

### 3. 临时让预约

在坚持以上两个原则的前提下，如果提前预约使用某一会议室的部门和临时申请使用某一会议室的部门之间发生冲突，则优先安排提前预约的部门使用。

### 4. 时间有余量

在同一个会议室安排两个时间相邻的会议的时候，要在两个会议的衔接时间上留出足够的余量，以防上个会议拖延时间影响下个会议，并给清理会议室和下个会议的准备工作留出足够的时间。

## （四）会议室的管理办法

### 1. 预约办法

（1）提前预约。凡召开会议的部门至少要提前一天向秘书部门提交“会议室预约登记表”，并在预约登记表上注明要求，包括是否需要使用投影仪，是否需要准备茶水等，由办公室通知物业公司做好服务准备工作，需使用音响、视频设备的，由办公室提前通知技术部门。

**【工具箱】会议室预约登记表示例**

会议室预约登记表

| 预约部门 | | 预约时间 | | 预约地点 | |
|---|---|---|---|---|---|
| 会议名称 | | | | 参加人数 | |
| 会务要求 | | | | | |
| 审批人 | | 审批意见 | | | |

经办人签字：　　　　年　月　日

（2）**冲突处理**。如遇多个部门同时申请使用同一个会议室，秘书部门有权要求申请部门更换使用时间或地点。

（3）**变更预约**。申请部门在预约时间内使用会议室，如有变更或需延长使用，应及时通知秘书部门，以便进行相应的安排。

### 2. 设备操作

（1）**会前操作**。技术部门管理人员接到办公室的通知后，需在会前半小时开启音响、视频设备，并进行调试，确保会议的正常召开。

（2）**会中操作**。会议召开期间，管理人员应根据现场情况随时调整音响、视频等设备，保证会议的正常进行。无关人员不得进入设备操作区。

（3）**会后操作**。会议结束后，会议组织者应和设备管理人员一起检查设备，关闭音响、视频设备。

### 3. 临时使用

因紧急情况需要临时性使用会议室时，必须经秘书部门主管同意，并填写“会议室使用登记表”。

### 4. 使用纪律

（1）**保持安静**。会议室内应保持安静，禁止大声喧哗。

（2）**爱护设施**。使用会议室的单位和部门，要爱护会议室的设施，如造成室内设施、物品损坏丢失的，一律按价赔偿。

（3）**保持卫生**。会议室禁止吸烟，不准乱扔纸屑、果皮等杂物。

### 5. 使用登记

使用结束，使用部门应按要求填写好“会议室使用登记表”，并请责任人签字确认。

**【工具箱】会议室使用登记表示例**

会议室使用登记表

| 使用部门 | | 使用时间 | | 使用地点 | |
|---|---|---|---|---|---|
| 会议名称 | | | | 参加人数 | |
| 使用情况 | | | | | |

经办人签字：　　　　　　　　　　　　　　　　　　　　　　　　年　月　日

## 二、办公车辆管理

办公车辆是一个社会组织公务活动的主要交通工具，为了更好履行服务作用，保证公务用车，秘书需要对本单位的车辆进行科学而严格的管理。

### （一）办公车辆的使用范围

#### 1. 领导用车

领导用车包括每一个领导班子成员的上下班、公务联络和出席会议等用车。

#### 2. 接待用车

接待用车用于公务接待活动中的接站、送站、参观游览、外出就餐等。

#### 3. 重要活动用车

重要活动用车包括周年庆典、开放参观、大型会议等用车。

#### 4. 其他公务用车

其他公务用车包括部门公务用车等上述情况以外所有用于保证组织正常运转的公务活动的用车。

### （二）办公车辆的管理和使用

办公车辆由办公室进行统一管理。管理办法一般为。

#### 1. 用车申请

组织内部各单位因公用车，应填写“用车申请单”，经有关领导审查签字，办公室主任同意后予以安排。

**【工具箱】用车申请单示例**

青海集团用车申请单

| 用车部门 | 用车时间 | 用车理由 | 目的地 | 备注 |
|---|---|---|---|---|
| | | | | |

经办人签字：　　　　　　　　　　　　　　　　　　　　　　　　年　月　日

### 2. 凭单出车

除本组织的高级领导用车外，其他用车均实行出车通知单制。司机拿到出车通知单后方可出车。出车通知单为司机报销费用的基本依据，无出车通知单或超出出车通知单以外的费用办公室不予签字报销。如遇特殊情况，来不及办理出车通知单的，驾驶员必须在出车前征得办公室分管车辆的秘书和出车审批人同意方能出车，完成任务后，主动补办出车通知单。驾驶员擅自出车，一切后果自行承担。

**【工具箱】出车通知单示例**

××集团出车通知单

| 车辆号牌 | 驾驶员 | 出车时间 | 目的地 | 备注 |
|---|---|---|---|---|
| | | | | |

派车人签字： 年 月 日

### 3. 统一缴费

交通强制险、车船使用税、车辆商业险等车辆税费的购买由办公室统一办理。

## （三）车辆调配原则

### 1. 优先保证公务用车

当个人用车和公务用车发生矛盾的时候，优先保证公务用车。

### 2. 先紧急后一般，先高层后中层

当紧急公务和一般公务发生用车矛盾的时候，优先保证紧急公务用车；当高层领导用车与中层领导用车发生矛盾的时候，优先保证高层领导用车。

### 3. 提高车辆利用率

个人因私事用车、非业务范围以外的部门用车，在不影响公务用车的前提下，经办公室主任同意后，可以租用。租用车辆应填写“租用车辆审批表”，经管理部门和办公室审批，并按规定交费后方可派车。

**【工具箱】租用车辆审批表示例**

××集团租用车辆审批表

| 承租人 | 用车时间 | 目的地 | 收费标准 | 备注 |
|---|---|---|---|---|
| | | | | |

审批人签字： 年 月 日

## （四）车辆维修保养

### 1. 日常检修和保养

办公室主管车辆秘书要定期对车辆进行普查。驾驶员对车辆要做到勤检查、勤维护、勤保养，做好日常例行保养，确保车容整洁、车况良好。

### 2. 年审

按规定做好车辆年度审验检修工作。

### 3. 报修审批

建立车辆维修保养鉴定审批制度。需要维修保养的车辆，应先由车辆维修保养鉴定组（由办公室分管车辆的副主任、主管车辆秘书、本车驾驶员组成）鉴定，提出维修保养意见，维修保养费在千元以下由办公室分管车辆的副主任批准，维修保养费在千元以上由办公室主任批准，大修由单位主管领导批准后，方能进行维修。驾驶员自行决定的维修保养项目所支出的费用，办公室不予签字报销。办公室分管车辆的副主任负责对车辆维修保养单位的审核。

### 4. 定点维修

经过审批需要进行维修保养的车辆，必须到指定厂家进行保养或维修。在非指定厂家维修保养车辆产生的费用，一律不予报销。

## （五）油料管理

### 1. 以车定耗

根据不同车型的标准耗油量和每辆车预计的出车里程确定每辆车每个月需要的油料数量。

### 2. 凭卡定点加油

驾驶员须凭加油卡到指定地点加油，特殊情况除外，如远程车辆途中加油。

### 3. 联系里程控制油耗

长途出车根据行车公里数严格控制用油量，公里数与加油量不符者不予报销油费。

## （六）驾驶员管理

### 1. 遵纪守法

严格遵守和执行交通条例和各项法规，严禁疲劳驾驶、酒后驾驶。驾驶公车期间发生的所有违章罚款均由个人自理。

2. 凭单出车

驾驶员由办公室统一管理，凭出车通知单出车，无出车通知单不得出车。

3. 安全准时

驾驶员要做到出车准时，保证安全。

4. 安分守己

驾驶员随领导外出活动，要听从领导安排，随车等候，不得参与与自己无关的公务活动。

5. 保守秘密

驾驶员不得泄露在车上听到的领导间谈话的内容。

6. 定点停放

驾驶员出车完毕，要将车辆停放在指定地点统一管理，不得擅自将车辆开回个人住所或停放在规定地点以外的地方。

7. 爱护车辆

驾驶员要定期对车辆进行检修，保证车辆安全行驶。平时要保持车辆内外的清洁卫生，为乘车者创造一个良好的乘车环境。

8. 严禁以车谋私

驾驶员驾驶公车期间不得私自答应无关人员乘车；不得利用工作之便私拉乘客获取收入；严禁公车私用；严禁将车借给其他单位和个人。

9. 科学奖惩

驾驶员的出车补贴，要通过每月汇总出车记录单，按照实际出车里程计算。一般补贴标准为每公里0.10元。

同时，为了鼓励驾驶员节能减排，可以为驾驶员设立“节油奖”，以车辆生产厂家或国家有关部门公布的特定车型的综合工况油耗为标准，每节约一升燃油，给予市场燃油价格50%的奖励。

## （七）公车改革

2014年7月，中办国办印发《关于全面推进公务用车制度改革的指导意见》和《中央和国家机关公务用车制度改革方案》，备受社会各界关注的公务用车制度改革正式启动。

对于国有企事业单位来说，要严格执行国家的公车改革政策，积极主动地拟定本单位的公车改革方案，杜绝运行成本高、公车私用、超标配车等公务用车弊端。

## 【小贴士】

### 精英座驾三剑客

在中国豪华商务车市场上，以下三款车被誉为最符合商务场合用车法则的车型：

1. 新款奥迪Audi A8L，长宽高5 268mm/1 949mm/1 471mm，排气量2.5～3.0L，价格：87.9万元～92.6万元，被誉为最安静的商务座舱。

2. 新款奔驰Mercedes–Benz S600L，长宽高5 230mm/1 871mm/1 485mm，排气量5.5升，价格259.8万元，被誉为商务级大腕儿。

3. 新款宝马BMW 760Li，长宽高5 221mm/1 902mm/1 498mm，排气量6.0升，价格256.35万元～270.35万元，被誉为驾驶乐趣的不二之选。

## 【思考与练习】

### 一、不定项选择题

1. 根据会议室的面积大小和座位数的多少，我们可以把会议室分为（　　）。

A. 小型会议室　B. 多功能会议室　C. 中型会议室　D. 大型会议室

2. 一般来讲，一个组织的会议室的使用由（　　）统一管理、调配。

A. 物业公司　B. 秘书部门　C. 技术部门　D. 资产管理部门

3. 秘书在协调会议室使用过程中，如果内部会议室使用紧张，应（　　）。

A. 保证先订一方的使用　B. 使参会人数多的一方满意

C. 按轻重缓急安排　D. 使主管满意

4. 一般来说，凡召开会议的部门至少要提前（　　）向秘书部门提交会议室预约登记表。

A. 1小时　B. 2小时　C. 1天　D. 2天

5. 会议室使用纪律主要包括（　　）。

A. 保持安静　B. 保护会议设备　C. 禁止吸烟　D. 不乱扔果皮

6. 办公车辆主要用于（　　）。

A. 领导用车　B. 接待用车　C. 重要活动用车　D. 驾驶员用车

7. 办公车辆的调配原则包括（　　）。

A. 优先保证公务用车　B. 先紧急后一般

C. 先高层后中层　D. 提高车辆利用率

8. 驾驶员随领导外出活动的时候，要（　　）。

A. 听从领导安排　B. 随车等候

C. 参与与自己无关的公务活动　D. 紧随领导

9. 严禁驾驶员以车谋私，主要是指（　　）。

A. 不得私自答应无关人员乘车　B. 不得利用工作之便私拉乘客获取收入

C. 严禁将车借给其他单位和个人　D. 严禁将公车用于本人及其家庭事务

10. 驾驶员的出车补贴，要通过每月汇总出车记录单，按照实际出车里程计算。一般补贴标准为每公里（　　）。

A. 0.10元　B. 0.50元　C. 1元　D. 1.5元

## 二、案例分析题

初萌是天地公司新来的秘书。上班刚刚1个月，许多工作在同事的指导下才摸到点儿门儿。某天一大早，总经理秘书施林打来电话，询问下午2:00的部门经理会议地点是否有变化，初萌忙告知已定好了在5楼会议室召开，不会有问题的。初萌放下电话后，为防万一，又与前台联系确认会议室使用情况，当得知会议室使用确无变化后，她才放了心。

下午1:30，电话再次响起，初萌迅速拿起电话，电话是行政部经理方平打来的："初秘书，今天下午部门经理会议的地点有变动吗?"初萌疑惑地说："没有啊!"方平经理问："没有？我怎么听说公关部下午1:00要在5楼会议室开会。"初萌一听，于是解释说："噢，这事我知道，他们说一会儿就完。"方平经理说："是这样啊，不会影响我们的会吧?"初萌肯定地说："不会的，您放心吧!"

下午1:50，公关部的人员纷纷走出会议室，初萌抱着一摞文件推门走进5楼会议室，会议室里桌椅凌乱，桌上有许多堆满烟头的烟灰缸和一次性口杯。眼看参加部门经理会的经理们就要来了，初萌有点着急了，她手忙脚乱地收拾，把口杯、烟灰缸往门外清理。又发现没有足够的一次性口杯，空调的按钮也坏了。这时施林走进会议室，一顿批评看来是不可少了。

试分析一下，本案例中，初萌在会议室的安排上有哪些地方做得不对？正确的做法应该怎样?

# 项目2

## 设备使用

# 任务08
# 打印机和碎纸机的使用

【任务目标】

了解打印机的种类和使用常识，能够安装和熟练使用各种打印机；了解碎纸机的工作原理和使用技巧，能够正常使用和维护碎纸机。

【参考学时】

2学时

【知识支撑】

## 一、打印机的种类

### （一）针式打印机

针式打印机通过打印头中的钢针打击色带，在打印纸上以点阵形式构成字符。针式打印机的优点是耐用，耗材（包括打印色带和打印纸）便宜，可以打印多种类型的纸张，如穿孔纸、多层纸、蜡纸等。它的缺点是打印速度慢、精度不高，并且噪声大。一般适合于打印报表、记录清单等。

### （二）喷墨打印机

喷墨打印机是在针式打印机之后发展起来的，采用非击打的工作方式，将墨水直接喷到纸上实现印刷。它的优点是机器价格低，打印效果优于针式打印机，噪声小。喷墨打印机还可以打印彩色图像。缺点是打印速度较慢，耗材较贵。喷墨打印机适合打印单页纸，其打印质量很大程度上取决于纸张的质量。由于其可输出彩色图案，常用于广告和美术设计。

### （三）激光打印机

激光打印机是激光技术与电子照相技术相结合的产物，主要是利用电子成像技术进行打印。当调制激光束在硒鼓上沿轴向进行扫描时，根据点阵组字的原理，使鼓面感光，构成负电荷阴影，当鼓面经过带正电的墨粉时，感光部分就吸附上墨粉，然后将墨粉转印到纸上，纸上的墨粉经加热熔化形成永久性的字符和图形。激光打印机的优点是噪声低、分辨率高、打印速度快，在各种打印机中打印效果是最好的。激光打印机也有彩色、黑白之分。其缺点是机器价格高。激光打印机分页输出，所以常用于文档的打印，也可以产生高质量的图像及复杂的图形输出。目前广泛应用于办公系统和桌面印刷系统。

## 二、安装打印机

打印机的安装主要有两个步骤：一是进行硬件连接；二是进行软件安装。

### （一）硬件连接

打印机有信号电缆线与电源线两条连接线。信号电缆用于与计算机的连接。目前打印机信号电缆的接口方式基本上都是USB接口，可以很方便地与计算机连接。连接之前要确认打印机和计算机的电源都已经关闭，否则容易造成设备的损坏。接好信号电缆后，再把电源线连接到打印机上。

### （二）软件安装

硬件连接好后，还必须在计算机上安装打印机驱动程序才能正常使用打印机。具体安装步骤如下：

第一步，单击Windows XP的“开始”菜单，选择“设置”，在弹出的二级菜单中选择“打印机和传真”选项，出现“打印机和传真”窗口。

第二步，单击窗口左侧“打印机任务”栏下的“添加打印机”，出现“添加打印机向导”对话框。

第三步，单击对话框中的“下一步”按钮，在出现的画面中单击选择“连接到此计算机的本地打印机”单选项，取消选择“自动检测并安装即插即用打印机”复选框，然后单击“下一步”按钮，显示选择打印机端口对话框。

第四步，在“打印机端口”对话框中，选择“使用以下端口”单选项，然后选择“LPT1（推荐的打印机端口）”。单击“下一步”按钮，显示“安装打印机软件”对话框。

第五步，在“厂商”列表中选择欲安装打印机的制造厂商，然后在“打印机”列表中选择打印机的型号。如果不知道自己打印机的型号，可以单击“从磁盘安装”按钮，显示“从磁盘安装”对话框，然后将安装盘插入光盘驱动器，使用“浏览”找到驱动程序即可。

第六步，根据打印机型号选择好软件后，单击“下一步”按钮，出现“命名打印机名称”对话框，输入一个打印机名，单击“下一步”按钮，屏幕显示“是否打印测试页”对话框。

第七步，选择好后，单击“下一步”，出现“打印设置完成”对话框，标明了打印机设置状况，单击“完成”按钮即完成了驱动程序的安装。

除上述手动安装打印机驱动程序的方法外，用户还可以使用系统自动检测安装本地打印机。

## 三、设置打印机属性

安装打印机时，系统会按照默认状态进行设置，用户也可以改变打印机的属性，具体操作方法是：

第一步，单击“开始”菜单中的“设置”→“打印机和传真”命令，打开“打印机和传真”窗口。

第二步，右击“打印机”图标，显示快捷菜单。在快捷菜单中选择“属性”命令，屏幕显示“打印机属性设置”对话框。

第三步，在该对话框中可以进行以下设置。

### 1. 常规选项卡

设置打印机的备注和打印测试标准页等。

### 2. 共享选项卡

设置当前打印机是否共享。

### 3. 端口选项卡

添加和删除打印机的端口、安装新的打印机驱动程序等。

### 4. 高级选项卡

设置可使用此打印机的时间、优先级，更改驱动程序、打印质量、页数，打印处理以及打印管理等。

### 5. 设备设置选项卡

可以设置纸张输入盒的纸张类型、手动送纸纸张类型、替换的字体和打印机内存等。

第四步，设置完毕后，单击“应用”按钮，然后单击“确定”按钮。

## 四、在应用程序中执行“打印”命令

安装好打印机后，在各应用程序中就可执行“打印”命令打印文件。不同应用程序的“打印”选项有所不同，但都可以选择打印机、打印内容、打印份数以及进行页面设置等。

## 五、使用打印机的注意事项

为了使打印机保持良好的工作状态，定期检查和清洁打印机是很重要的，虽然打印机不需要周期性维护，但为了打印机的使用寿命和保持在最佳工作状态，有几点是必须要注意的：

### （一）安放空间充足

打印机的安放要合适，周围空间充足。打印机要远离灰尘多、有液体的地方，灰尘和液体对打印机的寿命有很大影响。另外，打印机放置地应避免阳光直射，要避免把打印机放置在有磁铁或能产生磁场的装置附近。

### （二）保持环境清洁

经常保持打印机的清洁和环境清洁，不要在打印机上堆放重物，比如一摞书，这样会妨碍打印机的散热以及可能对打印的机械部分造成压力。

### （三）长期闲置断电

较长时间不用打印机时，应把电源线拔下来。

### （四）避免无纸打印

使用针式打印机时，为了防止对打印头的损害，没有纸或色带时，不要打开打印机。

### （五）注意保养硒鼓

激光打印机的硒鼓在整个激光打印过程中起着重要作用，价钱也较高，因而要注意保养。硒鼓中的墨粉将用完时必须马上加粉或更换硒鼓，否则打印出来的文件将不清晰。

## 六、打印机使用技巧

### （一）指定默认打印机

单击“开始”菜单中的“设置”→“打印机和传真”命令，打开“打印机和传真”窗口。在该窗口中有多台打印机图标，右键单击要作为默认打印机的打印机图标，然后在出现的快捷菜单中单击“设为默认打印机”命令，一个复选标记出现在默认打印机文件夹的旁边。

### （二）打印任务管理

在使用打印机打印文件时，打印机有一个显示其打印状态的窗口。在这一窗口列出了等待打印的任务，其中有一个正处于打印状态。通过打印状态窗口可以对打印任务进行管理，如观察打印队列情况、暂停打印任务以及删除打印任务等。单击“开始”菜单中的“打印机和传真”命令，打开“打印机和传真”窗口。在该窗口中双击“打印机”图标，则显示打印状态的窗口。

### （三）删除打印机

打开“打印机和传真”窗口，选择要删除的打印机图标，单击鼠标右键，在弹出的快捷菜单中选择“删除”，则删除该打印机。

### （四）常见故障排除

#### 1. 不打印故障

在软件中选择“打印”命令，有时打印机不响应，产生此问题的原因有多种：

（1）电源线问题：电源线未接到打印机上或没有电源，应检查电源线连接和电源。

（2）数据线问题：打印机和计算机之间的数据线连接不正确，断开并重新连接打印机和计算机之间的数据线。

（3）送纸方式问题：打印机可能处于手动送纸方式，按一下前面板按钮即可。

（4）操作命令问题：打印机可能被暂停，从状态窗口或打印管理器恢复打印。将“打印机”菜单下的“暂停打印”选项前的对勾取消。

（5）软件配置问题：显示文档的应用软件未配置正确的打印机端口。检查软件中的打印机选择菜单，确保它在访问正确的打印机端口。若计算机有多个并行端口，要确保并行电缆连在正确的端口上。

#### 2. 卡纸故障

打印机最容易出现的故障就是卡纸。卡纸时应打开机门，双手捏住露出纸张的两端，均匀发力，抽取出卡住的纸张。检查取出的纸张是否完整，若是不完整，则应取出夹在机器内的碎纸，然后关闭机门。

#### 3. 污点和阴影

如果打印件上出现污点和阴影，首先应检查文档的电子版本上是否存在这些东西，如果没有，则说明打印机的硒鼓上有墨粉，需要将硒鼓取出用脱脂棉擦拭干净。如果无效果，则应立即报修。

#### 4. 其他故障

如果出现以下情况，必须立即关闭打印机的电源，求助专业的维修人员：打印机内部发出异响；打印机外壳过热；打印机外壳严重损伤；打印机内部进水。

## 七、碎纸机的使用

在办公室中经常需要销毁一些纸质的文件和资料。碎纸机是一种适合各种类型办公室用来销毁纸质机密文件的专用设备。

### （一）碎纸机的工作原理

碎纸机一般由切纸部件和箱体两大部分组成。切纸部件包括锋利的刀具和电动机，电动机带动刀具快速转动，可将文件在片刻时间内粉碎成条状或米粒状甚至更小。箱体主要包括容纳纸屑的容器和机壳，一些碎纸机箱体下部还装有脚轮，以方便使用。

### （二）碎纸机的性能指标

#### 1. 碎纸方式

指被处理过后的纸张的形状。目前主要的碎纸方式有粒状、条状和碎屑状3种。

#### 2. 碎纸效果

指处理后纸屑的大小，一般用毫米为单位衡量，粒状最佳，碎屑状次之，条状相对效果差些，可以根据需要进行选择自己合适的产品。

#### 3. 碎纸能力

指碎纸机一次能处理的纸张的最大数目及纸张厚度。一般碎纸效果越好，则其碎纸能力则相对差些。

#### 4. 进纸宽度

指碎纸机所能容许的纸张的宽度。

### （三）碎纸机的选购原则

一般来说，用于销毁机密文件的碎纸机应首先考虑碎纸的大小是否符合保密的要求，然后再考虑其他指标，而销毁工作量大的单位，则还应同时考虑选择碎纸速度快、自动化程度高的碎纸机。还有一些碎纸机能够处理更多的东西，信用卡、录像带或者软盘都能够被这些机器所粉碎。

### （四）碎纸机的操作步骤

碎纸机的操作比较简单，对环境要求也低，通常采用220V电源，只需插上电源，按下电源开关，机器即处于待工作状态，从进纸口插入纸张，即可自动触发碎纸刀具。

### （五）使用碎纸机的注意事项

#### 1. 断电清洁

清洁机器外壳时，请切断电源，用软布蘸上中性清洗剂轻擦，切勿让溶液进入机器内部。不可使用漂白粉、汽油或稀释液刷洗。

#### 2. 只碎普通纸张

碎纸机一般只能粉碎干燥的标准纸张，如果用于粉碎潮湿的纸张，覆膜纸、胶纸、碳纸等特殊纸张，或者带有订书钉等金属物品的纸张，甚至是纺织品等，则很容易损坏碎纸机。

### 3. 适时润滑保养

要适时地在切割装置上涂抹润滑油以减少磨损，同时还要注意清除积压在刀刃里的灰尘，并注意在纸屑将要充满箱体的时候及时清除，以保证机器的正常运行。

### 4. 避免极限使用

使用前应查看说明书，了解一次最多能处理的纸量。正常使用时，碎纸数量应低于最大碎纸量。

同时，要避免长时间连续使用碎纸机，一般来说，每次连续碎纸时间应控制在10～15分钟以内。

## （六）碎纸机常见故障的处理

### 1. 卡纸

这种故障往往是因为一次放入纸张过多，拿出塞住的纸，清理干净碎纸口即可。如果碎纸张数较少时，机器仍然卡纸，则应检查碎纸箱是否已过满。

### 2. 噪声过大

这种故障往往是因为碎纸机放置不平造成的，应检查碎纸机是否放平。

## 【思考与练习】

**一、不定项选择题**

1. 当前常见的打印机种类有（　　）。

A. 针式打印机　　B. 手动打印机　　C. 喷墨打印机　　D. 激光打印机

2. 下列叙述中属于喷墨打印机特点的是（　　）。

A. 可以打印多种类型的纸张，如多层纸、蜡纸等

B. 可以输出彩色图案，广泛用于桌面印刷系统

C. 适合打印单页纸，其打印质量很大程度上取决于纸张的质量

D. 噪声低，分辨率高，可以进行高质量的图像及复杂的图形输出

3. 安装打印机的时候，打印机上有两条连接线，分别是（　　）。

A. 信号电缆线　　B. 彩色信号线　　C. 黑白信号线　　D. 电源线

4. 在应用软件中选择“打印”命令，有时打印机不响应，产生此问题的原因有（　　）。

A. 电源线未接到打印机上或没有电源

B. 打印机和计算机之间的数据线连接不正确

C. 打印机可能处于手动送纸方式

D. 打印机可能被暂停

5. 就目前来看，碎纸机的主要碎纸方式有（　　）3种。

A. 粒状　　B. 块状　　C. 条状　　D. 碎屑状

6. 使用碎纸机前应查看说明书，了解一次最多能处理的纸量。使用时，正常的碎纸量

以（　　）最大碎纸量为宜。

A. 两倍于　　B. 等于　　C. 高于　　D. 低于

7. 清洁碎纸机的机器外壳时，请切断电源，用软布蘸上（　　）轻擦。

A. 中性清洗剂　　B. 漂白粉　　C. 汽油　　D. 稀释液

8. 碎纸机要避免在极限容量下使用和长时间连续使用。一般来说，连续碎纸时间应控制在（　　）以内。

A. 5～10分钟　　B. 10～15分钟　　C. 15～20分钟　　D. 20～30分钟

9. 碎纸机发生卡纸的原因往往是因为（　　）。

A. 碎纸机放置不平　　B. 碎纸数量过多

C. 碎纸时间过长　　D. 碎纸箱已满

10. 碎纸机噪声过大，往往是因为（　　）造成的。

A. 碎纸机放置不平　　B. 碎纸数量过多

C. 碎纸时间过长　　D. 电压不稳定

## 二、案例分析题

秘书初萌的电脑由于不小心感染了病毒被迫重装了系统。经理指示她马上打印一份劳动合同出来。初萌连接好打印机后开机，进行打印操作，但系统提示未安装打印机，初萌仔细检查了数据线与电源线，都连接好了，但就是打印不出来，难道是打印机坏了？初萌急出了一身汗。

试分析一下，初萌的打印机为什么无法执行打印操作。

## 三、实务操作题

1. 请每位同学进行打印机硬件连接和软件安装的操作，并打印一个测试页。

2. 请每位同学进行一次碎纸操作。

# 任务09
# 复印机的使用

【任务目标】

了解复印机的使用和维护常识，能够熟练使用复印机复印各种规格的文件。

【参考学时】

2学时

【知识支撑】

## 一、复印机的种类

### （一）工作原理分类

#### 1. 模拟复印机

模拟复印机通过光反射原理成像，复印速度慢，复印质量差，一次只能复印1张。

#### 2. 数码复印机

数码复印机利用激光扫描和数字化图像处理技术成像，可一次复印多张文件。不仅能够提供复印功能，还可以作为电脑的输入输出设备，以及成为网络的终端。

目前，市面上的复印机大多数为数码复印机。

### （二）复印速度分类

#### 1. 低速复印机

每分钟可复印A4幅面的文件30份以下，市场价格在0.5万元～3万元之间。

#### 2. 中速复印机

每分钟可复印30～60份，市场价格在4万元～10万元之间。

#### 3. 高速复印机

每分钟可复印60份以上。如东芝E-STUDIO 810的复印速度更是达到了81张/分钟。这类复印机的市场价格通常都在10万元以上。

### （三）复印幅面分类

#### 1. 普及型复印机

一般我们在普通的办公场所看到的复印机均为普及型，复印的幅面大小为A3～A5。

#### 2. 工程复印机

工程复印机复印的幅面大小为A2～A0，甚至更大，不过其价格也非常昂贵。

### （四）复印颜色分类

#### 1. 单色复印机

只能复印黑白图像和文本。

#### 2. 多色复印机

可以复印两种以上颜色的图像和文本。

#### 3. 彩色复印机

可以复印所有颜色的图像和文本。

## 二、复印机的选购

在购买复印机时，必须根据本单位的工作性质、实际需要选择最适合本单位的机型。

### （一）便携式复印机

便携式复印机的特点是机身小巧，可手提携带，复印幅面为A4纸，复印速度一般为5张/分钟左右，一般没有缩放功能。这种机型比较适合家庭或经理办公室自用，但复印成本较高，消耗材料贵。

### （二）中低档办公型复印机

中低档办公型复印机的特点是功能较齐全，复印速度一般在25张/分钟左右，供纸方式一般为双纸盒加手送。这类复印机是办公室的主要机型，可以满足日常的文印需求，还可以偶尔承担小规模的批量复印。

### （三）高速高档办公型复印机

高速高档型机的特点是复印速度快、自动化程度高、功能全，一般具有双面复印功能，适用于大型办公室、小型文印中心等。

### （四）高速柜式生产型复印机

高速柜式生产型复印机的特点是复印速度快、稳定性高、功能齐全、承印量大，功能已经接近了轻型印刷机，适用于大型集团办公室的文印中心，需经常大量复印资料的培训中心、维修中心、资料室等月印量在几万张以上的场合。

## 三、复印机的工作环境

### （一）电源要求

复印机应使用电压为220伏的稳定交流电源，在安装时不要与其他电器设备同时使用一条电源线路，并使用接有地线的三相电源插座。

### （二）防阳光、防高温

要避免让复印机受到太阳直射，以防光学材料和电子元件老化而失去效果；要避开暖气片、空调出风口等热源，以防复印机的工作性能受到影响。

### （三）防尘、防震

复印机周围必须保持整洁、无粉尘，地面要保持干燥。如果粉尘太多，会使复印机的光学系统在使用过程中受污染，使复印件不清晰。不要将复印机放置在不稳定或倾斜的地方。要尽量减少搬动复印机的次数，如果要移动，则一定要水平移动，不可倾斜。

### （四）要适度通风

因为复印机会产生微量的臭氧。

### （五）空间充足

为保证最佳操作，至少应在机器周围留出20厘米的空间。

## 四、复印机的操作步骤

### （一）开机预热

打开电源开关，复印机进入预热状态，此时操作面板上的预热指示灯亮，出现预热等待信号。目前，市场上主流产品的预热时间一般都在30秒左右。

预热结束，复印机就自动进入待机状态，可以随时进行复印。

### （二）装入复印纸

复印机的送纸方式有两种：一种是送纸盒自动送纸；另一种是手动送纸。一般情况下使用自动送纸，纸张较厚时，则使用手动方式送纸。

复印开始前，应确保复印机的纸盒内已经根据复印需要装入了指定规格的复印纸，或已经用手动方式把纸张送入进纸口，否则，复印机将无法进入待机状态。

### （三）检查原稿

拿到需要复印的原稿后，应大致翻阅一下，并注意以下几个方面：原稿的纸张尺寸、质地、颜色，原稿上的字迹色调，原稿装订方式、原稿张数以及有无图片等。这些因素都与复印过程有关，必须做到心中有数。

对原稿上不清晰的字迹、线条应在复印前描写清楚，以免复印后返工。可以拆开的原稿应拆开，以免复印时不平整出现阴影。

### （四）检查机器显示

机器预热完毕后，应检查一下操作面板上的各项显示是否正常。

检查项目主要包括：可以复印信号显示、纸盒位置显示、复印数量显示、复印浓度调节显示、纸张尺寸显示，一切显示正常才可进行复印。

### （五）放置原稿

#### 1. 原稿放置在原稿台玻璃板上

不同型号的复印机有不同放置原稿的方法。一般有两种：一种是将原稿放置在稿台的中间；另一种是靠边放置在定位线上。复印前应对复印机的放稿方式进行了解。原稿正面朝下向着玻璃板放置，轻轻盖紧原稿盖板，以防漏光而出现黑边。

#### 2. 使用原稿自动输送装置

原稿自动输送装置是用来自动输送原稿的器材，它可以连续地、逐一地将原稿输送盒内的原稿送入复印机，提高复印效率。

使用原稿自动输送装置，首先要将原稿对齐放置于原稿输送盒，如果原稿被夹着或钉着，则应先取下订书钉，将原稿正面向上，完全推入输送盒，并根据原稿的尺寸调整侧边导板，选择自动输送模式。

### （六）选择复印纸尺寸

一般复印机具有自动选择纸张模式，在这种模式下，若将原稿放置在原稿输送装置或玻璃板上，复印机会自动检测到原稿的尺寸，并选用与原稿相同的纸张。这种模式只适用于按实际尺寸复印。

当复印尺寸不规则时，例如，复印报纸、杂志时，则复印机不能自动检测到纸张的尺寸，这时，我们可以指定所要的尺寸。方法是：根据所需复印件的尺寸要求，将纸装入相应的纸盒里，按纸盒选择键，选中所需复印纸尺寸的那个纸盒即可。

### （七）设定复印倍率

通常复印机都带有复印缩放功能，复印机的复印倍率有以下方式：

#### 1. 固定的缩放倍率

缩放只有固定的几挡，很容易地将一种固定尺寸纸上的稿件经过放大或缩小后印到另一种固定尺寸的纸上去。例如，A4→A3，即将A4规格的原稿复印到A3纸上。

#### 2. 手动无级变倍缩放

使用这种方式，可对原稿进行50%～200%、级差为1%的无级变倍缩放。

#### 3. 自动无级变倍缩放

使用这种模式，机器会根据原稿和供纸盒内的纸尺寸自动设置合适的复印倍率。

### （八）调节复印浓度

根据原稿纸张、字迹的色调深浅，适当调节复印浓度。

原稿纸张颜色较深的，如报纸，应将复印浓度调浅些；字迹线条细、不十分清晰的，如复印品原稿是铅笔原稿等，则应将浓度调深些。复印图片时一般应将浓度调淡。

### （九）设定复印份数

使用数字键设定复印份数。若设定有误可按“C”键清除，然后重新设定。

### （十）开始复印

按下“复印”键，复印机开始复印操作，自动复印出设定数量的复印件。

复印时，复印数量显示屏的数值将根据事先设定进行递增或递减计数，直至复印结束，显示复位。

## 五、使用复印机的注意事项

### （一）纸张检查

添加复印纸时，先检查一下纸张是否干爽、洁净，然后理顺复印纸，再放到与纸张规格一致的纸盒里。纸盒里的纸不能超过复印机所允许放置的厚度。

为了保持纸张的干燥，可以在复印机纸盒内放置一盒干燥剂，或每天用完复印纸后将复印纸包好，放于干燥的柜子内。

### （二）添加碳粉

当碳粉指示灯显示红灯信号时，应及时给复印机添加碳粉。如果加粉不及时，可能会造成复印机故障。

加碳粉时应摇松碳粉并按照说明书进行操作，切不可使用代用粉，否则会造成飞粉、底灰大、缩短载体使用寿命等故障，而且由于代用粉产生的废粉率高，实际的复印量还不到真粉的2/3。

### （三）盖好盖板

把原稿放置在原稿台玻璃板上复印时，一定要盖好原稿台的盖板，以防止复印副本上出现黑边，减少强光对眼睛的刺激。

### （四）用后洗手

每次使用复印机后，一定要及时洗手，以清除手上残余粉尘对人体的伤害。

### （五）分离扫描

如果复印书籍等装订物，应选用具有“分离扫描”性能的复印机。这样，可以消除由于装订不平整而产生的阴影。

### （六）保持清洁

应保持复印机玻璃台清洁、无划痕，不能有涂改液、指印之类的斑迹，否则会影响复印效果。如有斑迹，应使用软质玻璃清洁物清理干净。

### （七）专业维修

如果出现以下情况，应立即关掉电源，并请维修人员进行维修：

机器里发出异响、机器外壳变得过热、机器部分被损伤、机器被雨淋或机器内部进水。

### （八）“节电”唤醒

目前大部分复印机都具有节电功能。在一次复印操作后，如机器暂时不用，机器将在一定的时间里自动进入节电状态。这时，机器操作面板上除了电源指示灯或节电指示灯点亮以外，其余显示将全部熄灭。在需要重新使用时，只需按一下“节电”键，机器将立即在很短的时间内进入待机状态。

### （九）插入复印

插入复印键也叫暂停键，是用来中断正在复印的多份文件，临时加进一个更为急用的文件的。复印过程中按下此键，机器立即停止复印，复印数量显示变为“1”，重新设定一个复印数值即可复印急用的文件，复印完后机器又回到原来中断时的显示状态，可继续进行原来的多份复印。

## 六、复印机的维护保养

### （一）保养内容

复印机经过一段时间的使用后，其显影部件产生的粉尘、机件的污染和磨损等都会影响到复印机的稳定运转，并使复印品的质量下降。因此，必须定期对复印机进行维护保养，维护保养的内容主要是对感光鼓、显影装置、光学系统、供输纸机构等进行检查、清洁、润滑、调整或更换，以排除故障隐患，确保复印机运转的可靠性。

### （二）保养方法

#### 1. 原稿台的保养

复印机的原稿台要定期使用柔软的湿布进行擦拭，然后再用干布擦干。

#### 2. 感光鼓的保养

感光鼓在使用一定时间后应进行清洁保养，方法是：

（1）用脱脂棉花或高级照相镜头纸将表面擦拭干净，但不能用力，以防将感光鼓表层划坏。

（2）用脱脂棉花或高级照相镜头纸蘸感光鼓专用清洁剂轻轻顺一个方向螺旋划圈式擦拭感光鼓表面，擦亮后立即用脱脂棉花把清洁剂擦干净。

#### 3. 电极的保养

清洁充电、消电和转印电极时，要用脱脂棉擦拭电极金属屏蔽及电极丝。

擦拭电极丝时，不要用力，以免弄断。特别脏的地方，可用浸有少许酒精的棉球擦拭。等完全干燥后，再将电极插入机内，注意不要歪斜，以免划伤感光鼓。

## 七、常见问题及处理

### （一）卡纸

复印机面板上的卡纸信号出现后，需要打开机门或左右侧板，取出卡住的纸张，然后应检查纸张是否完整，不完整时应找到夹在机器内的碎纸。

复印机偶尔卡纸是不能避免的，但是如果经常卡纸，说明机器有故障，需要进行维修。

### （二）纸张用完

纸张用完时，面板上纸盒空的信号灯会亮，需将纸盒取出装入复印纸。但要记住，放入的纸要干燥、清洁，将纸理顺后整齐地放入纸盘，不要超过复印机允许的厚度，一般为纸盒高度的2/3较合适。

### （三）墨粉不足

墨粉不足时，面板上墨粉不足的信号灯就会闪烁，表明机内墨粉已快用完，如果不及时补充，复印机的复印质量将下降，甚至无法工作。

### （四）废粉过多

复印机在成像过程中，会产生很多废墨粉，收集在一个盒中，废粉装满后会在面板上显示信号，此时必须及时倒掉，否则将会影响复印质量。

### （五）复印件有污点或阴影

如果复印件上出现污点或阴影，首先要检查是不是原件上有污点，然后再检查玻璃稿台或者镜头上是否有污损。若是原件上的，及时清理；若是玻璃稿台，就要进行清洁，为避免产生划痕、指印等，可以用软布或者软纸来清洁；若有阴影，则可能是镜头进入了灰尘，需要请专业人员进行清洁。

## 【思考与练习】

**一、不定项选择题**

1. 使用复印机时，当碳粉指示灯显示（　　）时，应及时给复印机加碳粉。

A. 绿灯信号　　B. 指示灯闪烁　　C. 红灯信号　　D. 指示灯熄灭

2. 公司销售部办公室需要购买一台复印机，除承担日常的文印需求外，偶尔还需承担小规模的批量复印，比较合适的机型是（　　）。

A. 便携式个人用复印机　　B. 中低档办公型复印机

C. 高速高档型复印机　　D. 高速柜式生产型复印机

3. 复印机的送纸方式有两种：送纸盒自动送纸和手动送纸。一般情况下使用自动送纸，如果（　　），则使用手动方式送纸。

A. 纸张较薄　　B. 纸张较厚　　C. 纸张较大　　D. 纸张较小

4. 使用复印机的手动无级变倍缩放功能，可对原稿进行50%～200%、级差为（　　）的无级变倍缩放。

A. 1%　　B. 3%　　C. 5%　　D. 7%

5. 如果复印书籍等装订物，应选用具有（　　）性能的复印机。这样，可以消除由于装订不平整而产生的阴影。

A. “超厚扫描”　　B. “分离扫描”　　C. “合并扫描”　　D. “连续扫描”

6. 如果出现（　　）等情况，应立即关掉电源，并请维修人员进行维修。

A. 卡纸　　B. 机器里发出异响

C. 机器外壳变得过热　　D. 机器内部进水

7. 对复印机进行定期保养维护，也就是定期对复印机的（　　）等进行检查、清洁、润滑、调整或更换，排除故障隐患，确保复印机运转的可靠性。

A. 感光鼓　　B. 显影装置　　C. 光学系统　　D. 供输纸机构

8. 清洁复印机的感光鼓时，要用柔软的湿布（　　）擦去表面上的墨粉，可以用酒精或专用剂擦拭，晾干后再使用。

A. 从中心向四周　B. 从四周向中心　C. 朝一个方向　D. 一圈一圈地

9. 复印机使用中的常见故障包括（　　）。

A. 卡纸　B. 纸张用完　C. 墨粉不足　D. 废粉过多

10. 复印过程中按下（　　），机器立即停止复印，复印数量显示变为“1”，重新设定一个复印数值即可复印急用的文件，复印完后机器又回到原来中断时的显示状态，可继续进行原来的多份复印。

A. 复印键　B. 启动键　C. 暂停键　D. 节电键

## 二、实务操作题

为便于会议讨论，需要将A4规格的下一年度工作计划放大20%，复印5份。请你简述使用复印机完成这项工作任务的具体步骤，并进行实际操作。

# 任务10
# 数码相机的使用

【任务目标】

了解数码相机的使用和维护常识，能够熟练使用数码相机拍摄所需的照片资料。

【参考学时】

2学时

【知识支撑】

数码相机也叫数字式相机，是光、机、电一体化的产品。数码相机可以看作是普通照相机和扫描仪的结合体。按下快门，马上就可以从液晶显示屏上看到照片效果。还可以把照片输入到计算机中使用图像处理软件进行润色，然后打印出来。

## 一、数码相机的工作原理

数码相机也叫数字式相机，是一种以数字信号的形式记录客观世界光学影像的光、机、电一体化产品。

数码相机的核心部件是CCD图像传感器，它由一种高感光度的半导体材料制成，在光线作用下，可将光线转化为模拟信号，其作用相当于传统相机的胶卷。

照相的时候，被拍摄物体的光学影像首先通过CCD转化为模拟信号，再通过模数转换芯片转换成数字信号，数字信号经过压缩保存在相机内部的存储器上，并且可以通过数据线传输到计算机上，借助相关软件对图像进行修改或加工。

## 二、数码相机与传统相机的区别

数码相机具有输出功能、即拍即显功能和声音记录功能等。与传统相机相比，数码相机有以下特点。

### （一）感光材料不同

数码相机使用镜头、光圈、快门来聚焦图像，这一点和传统的相机相同。但是，传统的照相机图像聚焦在光敏卤化银胶片上，而数码相机则聚焦在CCD芯片上，将光信号转换成为电信号。

### （二）存储介质不同

数码相机摄取的图像以数字方式存储在磁介质上，而传统相机的影像则是以化学方法记录在卤化银胶片上。

### （三）图像质量不同

用传统相机的卤化银胶片可以捕捉连续色调和色彩，而数码相机的CCD在较暗或较亮的光线下会丢失部分细节，这种现象称为“限幅”，并且有时很难纠正。同时，一个典型的35mm传统相机分辨率一般可轻易达到2 000万像素，而数码相机无法达到传统相机如此高的分辨率。

### （四）后处理方式不同

数码相机拍摄的影像可直接输入计算机，处理后打印出来。传统相机的影像必须在暗房里冲洗，要想进行处理，必须通过扫描仪输入计算机，而扫描得到的图像质量必然受到扫描仪精度的影响。

## 三、数码相机的性能指标

### （一）分辨率

分辨率是数码相机最重要的性能指标之一。分辨率越高，图像的质量就越高。一般拍摄人物景观照片200万像素就够了，拍摄产品300万像素则比较适宜，专业摄影推荐500万像素以上的产品。

【小贴士】

数码相机分辨率与照片冲印规格

数码照片冲印时，采用300dpi（每英寸包含的像素数）的分辨率效果最佳。据此计算，常见数码相机类型与照片冲印规格的对应关系如下：

| 像素数 | 分辨率 | 最大最佳冲印规格（英寸） |
|---|---|---|
| 1 400 万 | 4 536×3 024 | 15 英寸（15 英寸 ×10 英寸） |
| 1 100 万 | 4 080×2 720 | 10 英寸（10 英寸 ×8 英寸） |
| 800 万 | 3 264×2 488 | |
| 600 万 | 3 000×2 000 | |
| 500 万 | 2 560×1 920 | 8 英寸（8 英寸 ×6 英寸） |
| 430 万 | 2 400×1 800 | |
| 310 万 | 2 048×1 536 | 6 英寸（6 英寸 ×4 英寸） |

续表

| 像素数 | 分辨率 | 最大最佳冲印规格（英寸） |
|---|---|---|
| 200 万 | 1 600×1 200 | 5 英寸（5 英寸 ×3.5 英寸） |
| 130 万 | 1 280×960 | 2 英寸（1.9 英寸 ×1.3 英寸） |
| 80 万 | 1 024×768 | |
| 50 万 | 800×600 | |
| 30 万 | 640×480 | |

## （二）变焦方式

数码相机的变焦方式有两种：一种是光学变焦，即通过光学透镜的移动来完成变焦，原理类似望远镜；另一种是数码变焦，即利用软件算法在原有图片细节的基础上放大图片，原理类似画家根据看到的轮廓结合想象描绘相关的细节。因此，只有具有光学变焦能力的数码相机才具有远距离拍摄的实际意义。

## （三）感光灵敏度

数码相机中的感光元件是CCD图像传感器，CCD感光灵敏度的高低对数码相机获取的图像质量有着重要的影响。

为了便于使用者理解，一般的数码相机厂家都会把CCD的感光灵敏度等效转换为传统胶卷的感光度值，称为相当感光度或等效ISO额定值。

ISO值低的相机，适合在光线较亮的场合拍摄；ISO值高的相机，可以在光线较弱的场合拍摄。在相同的拍摄条件下，使用ISO值高的相机拍摄光圈要小一点，或快门速度快一点；使用ISO值低的相机则相反。

## （四）存储格式

一般数码相机为了节省存储空间都使用了JPEG格式，这种格式为有损失压缩格式，有的细节因压缩过度就不明显了，所以某些相机提供了TIFF无损失压缩格式，不过这种格式会占用较多的空间，如一张300万像素（2 048×1 536）大小的照片要占用约9M的空间。

## （五）存储卡类型

存储卡是用于手机、数码相机、便携式电脑、MP3和其他数码产品上的独立存储介质。目前市场上常见的数码相机储存卡有两种类型。

### 1. CF卡

CF卡由美国SanDisk公司于1994年研制成功，有可永久保存数据、无需电源、存取速度快等优点。

目前市面上CF卡的常见容量为1GB、2GB、8GB、16GB、32GB不等，最大容量可达到100GB。

CF卡主要在佳能、柯达、尼康等数码相机上使用。

#### 2. SD卡

SD卡由松下公司、东芝公司和美国SanDisk公司共同开发研制，具有大容量、高性能、安全等多种特点。主要用于松下数码摄像机、照相机，佳能和夏普摄像机、柯达、美能达、卡西欧数码相机等数码产品。

SD卡容量目前有3个级别，分别为：① SD级，有8MB、16MB、32MB、64MB、128MB、256MB、512MB、1GB、2GB等9种。② SDHC级，有2GB、4GB、8GB、16GB、32GB等5种。③ SDXC级，有32GB、48GB、64GB、128GB、256GB、512GB、1TB、2TB等8种。

### （六）取景方式

数码相机的取景一般有两种方式：一种是通过液晶显示屏（LCD）；另一种是通过目镜取景器。其中，目镜取景器又可以分为三种。

#### 1. 光学取景器

光学取景器模仿镜头的视角和焦距取景，工作状态与镜头无关。家用傻瓜型相机和家用级数码相机大都使用这种取景方式。由于相机镜头和取景器是从不同位置观看拍摄对象的，因而看到的景物也是存在一些差异的。一般来说，光学取景器只能显示85%的镜头所拍摄的图像或更少。

#### 2. TTL取景器

这种取景器通过将穿过镜头的光线反射或散射，从而达到取景的目的，通常配备在较昂贵的数码相机上，它可显示镜头所拍摄到的图像。在传统胶卷相机中，绝大多数已经采用这种取景方式。

对于使用TTL光学取景器的数码相机来说，通过液晶屏和取景器看到的图像是一致的。

#### 3. 电子取景器

电子取景器，也可称为单眼LCD取景器。这种取景器可以显示待拍景物的全貌，在日光下可以看到待拍景物，并且可以显示光圈、快门速度等拍摄信息和相机菜单。

### （七）LCD显示屏

几乎每个数码相机都有LCD，LCD的主要功能是拍摄时的取景、照片预览和菜单调整等，LCD尺寸越大、分辨率越高、发热量越小越好。

### （八）闪光灯类型

每个数码相机都有内置闪光灯，闪光灯的作用就是在光线不足的时候进行拍摄补光，来达到足够的曝光量。数码相机可以外接大功率的闪光灯，这样可以为更远的景物照亮，在选购数码相机的时候也可将此考虑进去。

### （九）电池类型

大多数数码相机耗电都比较厉害，其使用的电池一般有两种：一种是普通的AA（5号）电池；另一种是专用锂电池。

普通电池购买成本低，但工作时间短；锂电池购买成本高，但工作时间长。

### （十）输出方式

现今主流的数码相机均使用USB接口输出照片，有些专业相机则使用速度更快的IEEE1394接口输出照片，还有一些相机带有AV视频输出端子，可以直接连接到电视上欣赏图片。

### （十一）白平衡调整模式

白平衡就是对不同光线下拍摄的色彩进行调整控制以还原真实色彩的过程。其调整模式一般有三种：即自动白平衡、分档设定白平衡和精确设定（手动设定）白平衡。

一般普及型数码相机大都采用自动白平衡模式；准专业数码相机则拥有自动和分档设定白平衡两种模式；专业数码相机则全部拥有三种白平衡调整模式。

### （十二）色彩位数

色彩位数又称为色彩深度，是用来表示颜色的二进制数的位数，代表了数码相机的色彩分辨能力。它的值越高，则可以表示的颜色数量越多，照片的图像越细腻，图像质量越高。

一般普及型数码相机色彩位数为16bit或24bit，专业数码相机色彩位数则在24bit以上，有的高达36bit。

### （十三）连拍速度

由于数码相机拍摄要经过光电转换，模数转换及存储记录等过程，因此，所有数码相机的连拍速度都不很快。

目前，数码相机中最快的连拍速度为7帧/秒，而且连拍3秒后必须再过几秒才能继续拍摄。

当然，连拍速度对于摄影记者和体育摄影爱好者是必须注意的指标，而普通摄影场合可以不必考虑。

## 四、数码相机的使用方法

### （一）拍摄照片

在拍摄照片时，数码相机与传统相机的操作基本是一致的。首先，根据拍照的目的和拍摄的条件选择合适的设备，如镜头、滤光镜、三脚架等，并备好充足的电池。其次，调整相机的设置。大部分相机都具有比较高的自动化程度，但有些参数在拍摄前仍需要进行调整，如对焦模式、是否用闪光灯和存储模式等。设置完成后，取好景，按下快门即可。

### （二）输出照片

#### 1. 硬件连接

将随机配备的数据线一端连接在数码相机的数据输出口，另一端连接在计算机的USB接口中，然后打开数码相机的电源开关。

#### 2. 安装驱动程序

如果是第一次与计算机连接，计算机系统会提醒安装数码相机的驱动程序。

装入数码相机随机提供的驱动程序光盘，按照屏幕提示进行安装即可。

#### 3. 输出照片

驱动程序安装完成后，打开“我的电脑”或“资源管理器”，可以看到一个新的移动存储器标志，这就是数码相机存储卡。

打开这个存储卡，把里面的照片复制或者剪切到电脑硬盘中，就可以利用相关软件进行照片处理了。

### （三）编辑照片

导入到计算机中的照片可以通过图片编辑软件进行加工和保存。利用软件，可以改变图片的色泽、亮度、清晰度等，使照片达到最好效果。

目前最常用的图像处理软件是Adobe公司出品的Photoshop，最新版本为CC2015。

## 五、使用数码相机的注意事项

### （一）数码相机不适宜拍摄自然风光

原因主要是数码相机的像素有限。以树为例，假如数码相机只有几百万像素，而树的叶子可能有几万片，平均下来，一片叶子只能有几十个像素，整张照片看上去就会显得乱糟糟的。只有在拍摄外形轮廓分明的物体时，数码照片的效果才比较好。

### （二）拍摄时要尽量靠近被摄体

为得到更好的拍摄效果，使用数码相机时要尽量靠近被摄体，但如果物距太近，光学取景器与所拍摄的图像会有误差，导致拍出来的图像变形。另外，如果近距离拍摄人像，会使被摄者有一些不自然的表情。因此拍摄时要掌握好距离。

### （三）取景要准确

拍摄时，被摄体最好处在顺光的位置。不过数码相机的LCD屏幕在强光下很难看清楚，因此最好购买一个带有取景器的数码相机。另外，不依赖于LCD屏幕的另一个好处是减少电池的消耗。

### （四）在逆光拍摄时要使用闪光灯进行补光

逆光拍摄时可打开闪光灯，对被摄体进行“闪光补充”，闪光灯可照亮物体的表面，并削弱天空的亮度。另外，不要将相机直接对准太阳，这样在取景时可能会灼伤你的眼睛。

## 六、数码相机的保养

数码相机在使用中要注意保养，如果保养合理，一台数码相机至少可以拍摄十万张照片。数码相机的保养要注意以下问题。

### （一）及时清洗

正常工作环境下，相机和镜头并不需要过于频繁地清洗，因为在清洗过程中可能会损坏相机和镜头。只有在相机或镜头上的污物足以影响相机的使用时，才有必要进行清洗。根据清洗部位的不同，清洗的方法和要求也不一样。

#### 1. 机身清洗

机身外部可用柔软的绒布清洗，机身内部可用软刷或吹气球清洗。如果需要，也可用酒精擦洗相机的金属部分。

#### 2. 镜头清洗

镜头上的微量尘埃并不会影响图像的质量，因此镜头只有在影响拍摄效果时才进行清洗。清洗时，先用软刷或吹气球清除尘埃，然后滴一小滴专用清洗液在镜头纸上，用镜头纸反复擦拭镜头面，然后用干净的棉纱布擦净镜头。

### （二）防热防寒

极端的温度会给数码相机和电池带来很大的损害。因此，任何时候都不要把相机直接曝晒在太阳下或把相机放在被太阳晒得炙热的汽车里，要确保相机远离灼热的地方。

相机在低温下可能会停止工作，因此在寒冷环境中应将相机藏于口袋中，让相机保持适宜的温度。

### （三）防止倒汗和压缩

在将相机从寒冷区带入温暖区时，往往会有倒汗现象发生。解决的方法是用报纸或塑料袋将相机包好，直至相机温度升至与室温接近时才使用相机。

在将相机从高温区带入寒冷区时，往往会出现相机压缩现象，虽然肉眼看不出来，但也会造成相关部件的损伤。

在不影响拍摄的情况下，给相机加一个滤色镜，有利于防止倒汗和压缩现象的发生。

### （四）精心防护

在旅行时，要随时用镜头盖保护镜头，放在一起的小器件和配件要用软物隔开，避免碰撞。

相机要保存在远离灰尘和潮湿的地方，并在保存前取出电池。

## 【思考与练习】

### 一、不定项选择题

1. 数码相机图像的存储格式一般为（　　）格式。

A. GIF　　B. JPEG　　C. BMP　　D. AVI

2. 以下关于数码相机保养的叙述，错误的是（　　）。

A. 在正常的工作环境下，相机和镜头并不需要过于频繁的清洗

B. 如果有必要，可以用酒精来擦洗相机的金属部分

C. 要注意保持镜头的清洁，镜头上的微量尘埃会影响图像的质量

D. 相机在低温下可能会停止工作

3. 下列关于数码相机的叙述，正确的是（　　）。

A. 数码相机的图像质量逊于传统相机，达不到传统相机的分辨率

B. 数码相机的分辨率越高，图像的质量就越高

C. ISO值低的相机，适合在光线较弱的场合拍摄

D. 数码相机的色彩位数越高，图像就越细腻

4. 擦洗数码相机的镜头时，应该使用（　　）。

A. 棉纸　　B. 棉布　　C. 砂纸　　D. 棉纱布

5. 数码相机不适宜拍摄（　　）。

A. 人物　　B. 产品　　C. 自然风光　　D. 建筑物

6. 拍摄照片时，被摄体最好处在（　　）的位置。

A. 顶光　　B. 侧光　　C. 顺光　　D. 逆光

7. 清洗相机的镜头时，要先用（　　）清除尘埃。

A. 软刷　　B. 吹气球　　C. 棉纸　　D. 棉纱

8. 极端的温度会给数码相机和电池带来很大的损害。任何时候都不要将相机（　　）。

A. 直接曝晒在太阳下　　B. 放在被太阳晒得炙热的汽车里

C. 放在炙热的暖气片上　　D. 放在抽屉里

9. 在不影响拍摄的情况下，给数码相机加上一个（　　），有利于防止“倒汗”现象和相机压缩情况的出现。

A. 广角镜头　　B. 滤色镜　　C. 镜头盖　　D. 长焦镜头

10. SD卡容量目前有3个级别，分别为（　　）。

A. SD级　　B. SDLC级　　C. SDHC级　　D. SDXC级

## 二、案例分析题

上午的会议结束了，秘书钟苗拿着数码相机回到了办公室。她找出一根信号线，将一端插入数码相机的输出口，另一端插在电脑的USB接口上，然后打开数码相机，再打开电脑，将图片导入计算机。她筛选了一下图片，将会议合影和一些拍得比较好的会议场景图片以附件的形式通过电子邮件发给了与会者。

试分析一下，与使用传统相机相比，钟苗使用数码相机开展相关工作有哪些优势?

## 三、实务操作题

请每位同学分别拍摄3～5张人物或风景照片，并传输到电脑中，然后筛选出自己最满意的一张展示给大家。

# 任务11 扫描仪的使用

【任务目标】

了解扫描仪的工作原理和维护常识，能够熟练使用扫描仪。

【参考学时】

2学时

【知识支撑】

扫描仪作为重要的输入设备，已逐步成为办公和家庭必备的计算机外设之一。它可以把一整幅图形、图片和文字材料快速地输入计算机。

## 一、扫描仪的工作原理

扫描仪的工作原理依不同的种类机型而略有差异，但其基本原理却没有太大区别。扫描仪的基本工作原理是：它把输入的图像划分成若干个点，变成一个点阵图形，通过对点阵图的扫描，依次获得这些点的灰度值或色彩编码值。这样，通过光电部件，就将一幅纸介质的图转换为一个数字信息的阵列，并存入计算机的文件中，然后就可以用相关的软件进行显示和处理。通过光学字符识别软件，可将扫描进来的文字图像处理、识别成为可以再编辑的字符文本。

## 二、扫描仪的种类和作用

根据扫描仪工作原理的不同，扫描仪可以分为以下几种。

### （一）平台式扫描仪（平板式扫描仪）

这是我们最常见到的、也是最常用的一种扫描仪，它的扫描区域是一块透明的玻璃，扫描幅面从A4至A3不等，将扫描件放在扫描区域之内，扫描件不动，光源通过扫描仪的传动机构作水平移动。

普通的平台式扫描仪除了可以扫描照片、文本、杂志、报纸等以外，还可以扫描实物和底片。

### （二）滚筒式扫描仪

滚筒式扫描仪是一种高精度扫描仪，它采用PMT（光电倍增管）传感技术，能够捕捉到任何类型原稿的细微色调，具有很高的光学分辨率（2 500～8 000dpi），是高精度彩色印刷品的最佳选择。其优点是处理幅面大、精度高，扫描效果最好。其缺点是占地面积大且价格昂贵，所以只有专业彩色印刷公司才使用，很难大范围推广。

### （三）手持式扫描仪

手持式扫描仪是最低档的一种扫描仪。它的分辨率低，扫描幅面小，一般只用于在超市里扫描条形码。

### （四）胶片扫描仪

胶片扫描仪是一种高分辨率的专业扫描仪，主要扫描幻灯片和摄影底片。由于采用了高灵敏度的CCD，所以能够捕捉到一般透射稿的全部色调。

## 三、扫描仪的主要性能指标

### （一）扫描精度

扫描仪的扫描精度，就是常说的分辨率，是衡量扫描仪质量的重要参数，体现的是扫描仪扫描时所能达到的精细程度。分辨率反映了扫描仪扫描图像的清晰程度，分辨率越高，对图像的细节表现能力越好。分辨率用dpi来表示，即在扫描图像上每英寸所含有的像素数目。

扫描仪的分辨率不像打印机那样垂直分辨率和水平分辨率是一致的，它的水平分辨率是垂直分辨率的一半。

根据扫描仪获取像素点方式的不同，扫描仪的分辨率又可以分为两种：一种是光学分辨率，又称硬件分辨率、物理分辨率或真实分辨率，是扫描仪硬件水平所能达到的实际分辨率，是决定扫描仪扫描质量的主要指标，通常扫描仪的光学分辨率为从（300×600）dpi到（1 000×2 000）dpi之间；另一种是插值分辨率，是为了提高扫描的质量，采用一定算法并利用相应软件技术在硬件扫描产生的像素点之间插入另外的像素点后产生的分辨率，也是扫描图像时可以调节的分辨率的最大值，通常是光学分辨率的4～16倍，以4倍、8倍、16倍最常见。例如，光学分辨率为（300×600）dpi的扫描仪插值分辨率可达（4 800×9 600）dpi。选购扫描仪时应重点考虑光学分辨率，而不是插值分辨率。

扫描仪的分辨率决定了扫描仪的档次和价格。一般办公使用光学分辨率为（600×1 200）dpi的扫描仪就可以胜任文字和图像的扫描工作。

### （二）色彩位数

扫描仪的色彩位数反映扫描仪所能识别的颜色范围，通常用表示每个像素点上颜色的数据位数（bit）来表示。位数越高，则扫描仪所能反映的色彩就越丰富，扫描的图像效果就更真实而生动。

目前市场上常见扫描仪产品的色彩位数大都已经达到了30bit，高档的甚至达到48bit。对普通用户而言，24bit已经足够。

### （三）灰度级

扫描仪的灰度级水平，反映了它扫描时提供由暗到亮的层次范围的能力，更具体地说，是扫描仪从纯黑到纯白之间平滑过渡的能力。灰度级位数越大，相对来说扫描所得的图像层次就越丰富，效果越好。常见扫描仪的灰度级一般为256级（8位）、1 024级（10位）或4 096级（12位）。

### （四）扫描幅面

扫描幅面是指扫描仪所能扫描的范围，即纸张大小。目前常见的有A4、A4加长、A3三种幅面。一般情况下，要扫描的原稿幅面大都是A4或16开的，所以A4幅面的扫描仪产品一般就能够满足普通用户的工作需要了。

## 四、安装扫描仪

扫描仪的安装一般分为3个部分，即硬件连接、安装扫描仪驱动程序、安装扫描软件。安装的主要步骤是：

第一步，关闭计算机以及与其相连接的所有设备（如显示器、打印机和调制解调器等）。

第二步，将扫描仪信号线的一端连接到计算机主机背面接口上，另一端连接到扫描仪上的数据输出接口。

第三步，将扫描仪电源插头插到合适的电源输出插座上，接通扫描仪电源。

第四步，打开计算机电源，等待计算机启动完毕。Windows XP操作系统将自动检测出扫描仪，弹出一个“找到新的硬件向导”窗口，提示安装驱动程序。

第五步，如果有扫描仪的驱动盘，就把驱动盘放入电脑的光驱里面，单击“下一步”，此时操作系统会自动找到光盘里面的驱动程序并且安装好。如果没有扫描仪的驱动盘，则可以登录这个扫描仪生产厂家的网站，从网络上下载这个扫描仪的驱动程序，并解压到硬盘上。选择好已下载的驱动程序所在的路径后，单击“下一步”按钮，系统会自动在刚才指定的路径下查找驱动程序，找到后就开始自动安装软件。

第六步，驱动程序安装完毕后，再安装扫描软件。购买扫描仪时一般都附赠有扫描应用软件，这些软件的安装非常简单，跟着向导按回车就可以了。

## 五、扫描图像

驱动程序装好后，可以使用多种应用软件来获得扫描仪扫描的图像。最简单方便的就是用Windows 系统自带的“画图”软件来进行。当然，也可以用专业的图形图像软件（如Photoshop）来获得扫描的图像。下面就用“画图”软件为例来讲解如何获得扫描的图像。

第一步，在Windows XP操作系统下，单击“开始”→“所有程序”→“附件”→“画图”，弹出“画图”软件的窗口。

第二步，单击“文件”菜单栏上的“从扫描仪或照相机”命令，弹出扫描仪的窗口。

第三步，窗口里面有4个选项（彩色照片、灰度照片、黑白照片或文字、自定义设置），分别对应我们要扫描的原稿类型。如果要扫描一张彩色照片，就选择“彩色照片”项，把照片放到扫描仪中，盖上盖子，并单击“预览”按钮。此时扫描仪就开始预览，预扫描的图片出现在右侧的预览框中。 其中的自定义设置选项用来帮助我们根据工作需求和打印机等输出设备的精度指标来自主设置扫描分辨率，一般来说，普通的黑白文本文档设置150dpi即可，彩色图片或者照片可选择（300～600）dpi。

第四步，移动、缩放预览框中的矩形取景框至合适大小、位置，选择要扫描的区域。选择好后，单击“扫描”按钮，此时扫描仪就开始扫描，屏幕显示扫描进度。

第五步，扫描完成后，图片就出现在“画图”软件窗口中的图片编辑区域，就可以对图片进行修改、保存等操作。

## 六、文字识别

扫描仪还有一个非常有用的功能，即文字识别功能（Optical Character Recognition，缩写为OCR，即光学字符识别），把印刷品上的文章通过扫描，转换成可以编辑的文本，这样大大方便了文字录入工作者。要实现文字识别，除了安装好扫描仪的驱动程序和图片处理的应用软件外，还要安装OCR文字识别软件才可以。目前市场上的中英文文字识别软件很多，比如清华紫光的OCR、丹青、尚书、汉王等文字识别软件，以及“Office2003工具”中的“Microsoft Office Document Imaging”。OCR软件的种类虽然很多，但其使用方法大同小异，首先要对文稿进行扫描，然后进行识别。一般说来，有以下几个步骤。

### （一）扫描文稿

为了利用OCR软件进行文字识别，可直接在OCR软件中扫描文稿。运行OCR软件后，会出现OCR软件界面。将要扫描的文稿放在扫描仪的玻璃面上，使要扫描的一面朝向扫描仪的玻璃面并让文稿的上端朝下，与标尺边缘对齐，再将扫描仪盖上，即可准备扫描。点击视窗中的“扫描”键，即可进入扫描驱动软件进行扫描，其操作方法与扫描图片类似。扫描后的文档图像出现在OCR软件视窗中。

### （二）适当缩放画面

文稿扫描后，刚开始出现在视窗中的要识别的文字画面很小，首先选择“放大”工具，对画面进行适当放大，以使画面看得更清楚。必要时还可以选择“缩小”工具，将画面适当缩小。

### （三）调正画面

各类OCR软件都提供了旋转功能，使画面能够进行任意角度的旋转。如果文字画面倾斜，可选择“倾斜校正”工具或“旋转”工具，将画面调正。

### （四）选择识别区域

识别时选择“设定识别区域”工具，在文字画面上框出要识别的区域，这时也可根据画面情况框出多个区域。如果全文识别则不需设定识别区域。

### （五）识别文字

单击“识别”命令，则OCR会先进行文字切分，然后进行识别，识别的文字将逐步显示出来。一般识别完成后，会再转入“文稿校对”窗口。

### （六）文稿校对

各类OCR软件都提供了文稿校对修改功能，被识别出可能有错误的文字，用比较鲜明的颜色显示出来，并且可以进行修改。有些软件的文字校对工具可以提供出字形相似的若干字以供挑选。

### （七）保存文件

用户可以将识别后的文件存储成文本（TXT）文件或Word的RTF文件。

## 七、使用扫描仪的注意事项

### （一）不要忘记锁定扫描仪

由于扫描仪采用了包含光学透镜等在内的精密光学系统，使得其结构较为脆弱。为了避免损坏光学组件，扫描仪通常都设有专门的锁定／解锁机构，移动扫描仪前，应先锁住光学组件。但要特别注意的是，再次使用扫描仪之前，一定要首先解除锁定。否则，很可能因为一时的疏忽而造成扫描仪传动机构的损坏。

### （二）注意扫描仪的清洁

扫描仪内如果有灰尘或污痕，就会影响扫描时的反射光线的强弱，从而直接影响扫描的效果。清洁时注意不要用有机溶剂来清洁扫描仪，以防损坏扫描仪的外壳以及光学元件。

### （三）不要带电接插扫描仪

在安装扫描仪，特别是采用EPP并口的扫描仪时，为了防止烧毁主板，接插时必须先关闭计算机。

### （四）注意更新扫描仪驱动程序

许多用户平时只注重升级显卡等设备的驱动程序，却往往忽略了升级扫描仪的驱动程序，而驱动程序又直接影响扫描仪的性能，并涉及各种软、硬件系统的兼容性，为了让扫描仪更好地工作，应该经常到其生产厂商的网址下载更新的驱动程序。

### （五）不要使用太高的分辨率

使用扫描仪工作时，不少用户把扫描仪的分辨率设置得很高，希望能够提高识别率。但事实上，在扫描一般文稿时选择300dpi左右的分辨率就可以了，过高的分辨率反而可能降低识别率。这是因为过高的分辨率会更仔细地扫描印刷文字的细节，更容易识别出印刷文稿的瑕疵、缺陷，导致识别率下降。

### （六）不要让扫描仪工作在震动的环境中

如果摆放不平稳，扫描仪在工作的过程中就需要消耗额外的功率来寻找理想的扫描切入点，即使这样也很难保证达到理想的扫描仪垂直分辨率。

### （七）不要频繁开关扫描仪

有的扫描仪要求比较高，在每次使用之前，要先确保扫描仪在计算机打开之前接通电源。这样的话，频繁开关扫描仪的直接后果就是要频繁启动计算机，而且频繁的开关对扫描仪本身也是极为不利的。

## 八、扫描仪常见故障及其解决方案

### （一）扫描时发出的噪声很大

这是扫描仪工作时机械部分的移动产生的，与扫描速度密切相关。根据各品牌机器的具体软件指标，把扫描速度设置成中速或低速就可以解决问题。

### （二）找不到扫描仪

确认是否是先开启扫描仪的电源，然后才启动计算机的。如果不是，可以按“设备管理器”的“刷新”按钮，查看扫描仪是否有自检，绿色指示灯是否稳定地亮着。假若答案肯定，则可排除扫描仪本身故障的可能性。如果扫描仪的指示灯不停地闪烁，表明扫描仪状态不正常。先检查扫描仪与电脑的接口电缆是否有问题，以及是否安装了扫描仪驱动程序。此外，还应检查扫描仪是否与其他设备冲突（IRQ或I/O地址），若有冲突可以更改SCSI卡上的跳线。

### （三）扫描仪指示灯为橘黄色

若打开扫描仪后，其指示灯一直呈橘黄色，则应关闭扫描仪电源，并检查扫描仪电源是否插紧在插座上，以及是否接地。大约60秒后再打开扫描仪电源开关。

### （四）扫描仪的“Ready”灯不亮

打开扫描仪电源后，若发现“Ready”灯不亮，应先检查扫描仪内部灯管。若发现内部灯管是亮的，可能与室温有关。解决的办法是让扫描仪通电半小时后，关闭扫描仪。1分钟后再打开它，问题即可迎刃而解。若此时扫描仪仍然不能工作，则先关闭扫描仪，断开扫描仪与电脑之间的连线，将SCSI ID的值设置成7，大约1分钟后再把扫描仪打开。在冬季气温较低时，最好在使用前先预热几分钟，这样就可避免开机后“Ready”灯不亮的现象。

### （五）扫描仪扫描出来的画面颜色模糊

如果扫描仪扫描出来的画面颜色模糊，可以从以下方面找找原因。

#### 1. 扫描仪的平板玻璃

如果扫描仪的平板玻璃脏了，应将此玻璃用干净的布或纸擦干净。注意不要用酒精之类的液体来擦，那样会使扫描出的图像呈现彩虹色。

#### 2. 扫描仪的分辨率设置

如果扫描仪的分辨率设置过低，会导致图像颜色模糊，因为它相当于把原稿的多个像素点合并成了一个像素点；如果扫描仪的分辨率设置过高，超过了它的光学分辨率的最大值，比如把光学分辨率为（300×600）dpi的扫描仪设置为（1 200×2 400）dpi以上的分辨率，影像也会比较模糊，因为这样等于把一个真实像素点放大了四倍。

#### 3. 显示器设置

检查显示器的色彩位数设置是否为16位或以上。

### 【思考与练习】

**一、不定项选择题**

1. 下列各种扫描仪中，扫描效果最好，但价格较高的是（　　）扫描仪。

A. 手持式　　B. 平台式　　C. 滚筒式　　D. 胶片

2. 扫描仪的安装一般分为3个部分，即（　　）。

A. 硬件连接　　B. 安装扫描仪驱动程序

C. 安装扫描软件　　D. 安装打印机驱动程序

3. 扫描仪的驱动程序装好后，需要用相关的应用软件来获得扫描仪扫描的图像。最简单方便的就是用Windows系统自带的（　　）软件来进行。

A. “画图”　　B. “记事本”　　C. “系统工具”　　D. “扫地雷”

4. 要实现文字识别，除了安装好扫描仪的驱动程序和图片处理的应用软件外，还要安装OCR文字识别软件才可以。目前市场上的中英文文字识别软件很多，比如（　　）、尚书等文字识别软件，以及“Office2003工具”中的“Microsoft Office Document Imaging”。

A. 清华紫光的OCR　　B. 丹青　　C. 汉王　　D. 绘声绘影

5. 在用扫描仪扫描文字时，分辨率在（　　）dpi时扫描效果最好。

A. 200　　B. 300　　C. 400　　D. 600

6. 如果扫描仪在工作时发出的噪声很大，通常的解决方法是（　　）。

A. 将扫描仪摆放平稳　　B. 降低扫描速度

C. 提高扫描分辨率　　D. 更新驱动程序

7. 下列关于扫描仪的叙述，正确的是（　　）。

A. 扫描仪的色彩位数反映了扫描仪所能识别的颜色范围

B. 要实现文字识别，必须要安装文字识别软件

C. 用户应注意升级扫描仪的驱动程序

D. 在每次使用扫描仪之前，最好在计算机打开之前接通扫描仪的电源

8. 若打开扫描仪后，其指示灯一直呈橘黄色，则应关闭扫描仪电源，并检查（　　），大约60秒后再打开扫描仪电源开关。

A. 扫描仪电源是否插紧在插座上　　B. 扫描仪电源是否接地

C. 指示灯灯泡是否损坏　　D. 扫描仪的电源线是否断开

9. 打开扫描仪电源后，若发现“Ready”灯不亮，应先检查扫描仪内部灯管。如果内部灯管没有问题，则应先关闭扫描仪，断开扫描仪与电脑之间的连线，将SCSI ID的值设置成（　　），大约1分钟后再把扫描仪打开就可以了。

A. 5　　B. 6　　C. 7　　D. 8

10. 扫描仪扫描出来的画面颜色模糊，通常是由于（　　）。

A. 扫描仪的平板玻璃脏了　　B. 扫描仪的分辨率设定过低

C. 电脑显示器的色彩位数设定过低　　D. 扫描仪的电源电压不稳定

## 二、案例分析题

这天钟苗刚上班，经理就拿来一大堆报纸杂志，上面有关于本公司以及产品的介绍，要求钟苗整理一下，录入计算机中。这要是一个字一个字地敲，不知得录几天呢！看着这一大堆资料，钟苗突然想起储藏室有一台扫描仪。于是她找出扫描仪，在电脑中安装好驱动程序和扫描软件，将所有资料扫描进计算机，然后进行了整理，很快就完成了工作。

试分析一下，钟苗利用扫描仪的什么功能帮助自己高效率地完成了资料整理工作？此外，利用扫描仪还能帮助秘书人员高效率地完成哪些工作？

# 任务12
# 投影仪的使用

【任务目标】

了解投影仪的性能指标、使用方法、注意事项和维护常识，能够熟练使用投影仪。

【参考学时】

2学时

【知识支撑】

在数码技术迅猛发展的今天，投影仪已经成为多媒体教室、多功能会议厅以及大中型会所等演示场所的标准配置。目前，投影仪的技术越来越完善，功能越来越强大，体积越来越小巧，已成为许多公司日常办公讲座、演示活动不可缺少的时尚配置。

## 一、投影仪的性能指标

### （一）分辨率

投影仪的分辨率通常指该投影仪内部核心成像器件的物理分辨率。当前投影仪的物理分辨率（又称真实分辨率）一般为SVGA（800×600像素）、XGA（1 024×768像素）、SXGA（1 280×1 024像素），其兼容分辨率一般比其物理分辨率高一个台阶。

分辨率越高，表示投影仪显示精细图像的能力越强。一般选择物理分辨率为XGA标准以上的投影仪可以达到较好的效果。

### （二）亮度

投影仪的亮度就是指投影灯泡输出到屏幕上的光线强度，也是投影图像的明亮程度，用流明来表示。一般情况下，投影仪的亮度越高，投射到屏幕上的相同尺寸的图像越明亮，图像也就越清晰。

现在主流投影仪亮度能达到1 600流明，甚至更高，可以满足大多数使用环境的要求。

### （三）对比度

对比度是亮区对暗区的比例，对比度反映了一个画面明暗变化的范围大小。如果一个画面只能显示白色和黑色，而不能显示出阴影区域或黑暗区域的细微层次变化，就失去了画面的精细效果，因此好的对比度使得画面显得有很高的分辨率。对比度越大，效果越精微，好的投影仪可以达到300：1的对比度。

### （四）带宽

就是投影仪视频通道总的频带宽度。投影仪带宽越大，图像越清晰，画面分辨率越高，聚焦效果也越好。反之，如果投影仪带宽过窄，则容易引起图像模糊、画面分辨率不高、聚焦不良等现象的出现。

常见的800×600分辨率的图像需要43兆赫兹的带宽，而1 280×1 024的分辨率则需要118兆赫兹的带宽。

### （五）均匀度

任何投影仪射出的画面都会有中心区域与四角的亮度不同的现象。均匀度就是反映边缘亮度与中心亮度的比值，均匀度越高，画面的一致性就越好。在此，投影仪的光学镜头起着关键的作用。

### （六）灯泡的类型和寿命

灯泡作为投影仪主要的消耗材料，也是选购投影仪时必须考虑的重要因素。特别需要注意的是，不同品牌投影仪使用的灯泡一般是不能互换使用的。由于灯泡作为投影仪主要的消耗材料，其寿命直接关系到投影仪的使用成本。因此，一定要了解清楚灯泡寿命和更换成本。

### （七）接口配置

投影仪的接口包括数据接口、控制接口、视频信号接口、音频信号接口和计算机接口等。在选择投影仪时，一定要考虑与投影仪连接的音视频设备和计算机设备与投影仪接口之间的兼容性和可连接性，同时也要考虑现在流行的或未来几年即将流行的接口方式。

## 二、投影仪的使用方法

投影仪用途非常广泛，可与电脑、电视、影碟机相连，以满足不同的需要。除了台式电脑，投影仪更多的是连接笔记本电脑，特别是出现了便携式投影仪之后，笔记本电脑+投影仪的组合已经成为移动办公人士的另一选择。下文以与电脑的连接为例说明使用投影仪的操作步骤。

### （一）安放投影仪

常见的投影仪按照其使用方式一般可以分为吊装式投影仪和便携式投影仪。吊装式投影仪一般由专业人员进行安装，秘书日常使用的主要是便携式投影仪。便携式投影仪重量较轻，便于移动。在安放时应注意桌面与地面的连线，以免不小心中断电源造成非正常关机；在投射画面倾斜或出现变形的情况时，可调整机器的支架并固定位置使画面正常；机器工作时，不要有文件或其他物体遮挡住通风口，以免影响机器的散热。

## （二）连接投影仪与电脑

与投影仪接触最密切的是电脑，包括台式电脑和笔记本电脑。在投影仪附带的连接线中，VGA信号线和信号控制线都是用来直接和电脑连接的。VGA信号线连接电脑的视频输出接口和投影仪的VGA输入接口，信号控制线则连接投影仪的主控制端口与计算机的COM口。在日常的应用中，为了方便计算机与投影仪的屏幕切换，通常使用视频分配器进行中转连接，这样从分配器上就能引出两路VGA信号，其中一路信号传输到投影仪中显示，另一路信号传输到显示器中显示。演示者只需通过计算机的显示器操作，而不需要站在投影幕布前面看着投影内容进行讲解了。

笔记本一般都提供了VGA输出接口，再加上自身的LCD显示器，因此没必要使用视频分配器连接。连接时只用与投影仪配套的RGB视频电缆，将其一头接在笔记本电脑用来外接显示器的VGA显示端口上，另一头接在投影仪的RGB输入端口上即可。

## （三）接通电源，设置好输出方式

接通电源，投影仪处在待机状态，橙色的指示灯亮。按遥控器或投影仪操作面板上的电源按钮，此时投影仪进入预热状态，电源指示灯的绿灯闪烁。预热完成，绿灯停止闪烁，保持灯亮。这时，可通过遥控器激活投影仪的菜单设置，选择输入源为RGB。

完成投影连接并开启投影仪后，还需要切换好输出方式。因为电脑的输出方式有3种，可以同时按住Windows徽标键与“F5”键（与笔记本电脑相连接时，可以按下“Fn”键与“F8”键），来选用合适的屏幕输出方式。

## （四）调整图像

接着就是将图像投射到墙壁或者幕布上，一面移动投影仪使图像投射到正确位置，一面调整投影仪镜头旋钮进行对焦就行了。同时，投影的图像要尽量充满整个幕布。如果出现图像呈梯形或者平行四边形，那么还可以借助投影仪内置的梯形纠错功能进行调整。除此之外，用户还可以使用投影仪操作面板或遥控器调整投影仪的图像位置、大小、亮度、对比度和色彩等。

## （五）设置分辨率

为了能够获得更佳的投影效果，用户还需对投影仪进行一番调整设置。首先是分辨率的调整，目前电脑最常用的分辨率是1 024×768，如果选择的投影仪支持1 024×768分辨率，基本就不需要调整了。但如果使用的投影仪支持最高分辨率为800×600，但是计算机设置的分辨率为1 024×768，甚至更高，在这种情况下将会出现电脑屏幕显示与投影屏幕显示不一致的情况，在电脑屏幕上能够正常显示的图像在投影屏幕上有可能会有一些边缘部分显示不出来。因此，要根据投影仪所支持的分辨率来设定视频源的分辨率，使之相互吻合来获得最佳效果。

### （六）关闭投影仪

投影仪在长时间使用的情况下直接关机会严重影响投影仪灯泡的使用寿命。因此，投影仪使用完毕后，不能马上切断电源。正确的关机顺序是：先按下“Lamp”按钮，当屏幕出现是否真的要关机的提示时，再按一下“Lamp”按钮，随后投影仪控制面板上的绿色指示灯不亮，橙色指示灯闪烁。过2～3分钟后，等到投影仪内部散热风扇完全停止转动，黄色信号灯停止闪烁时，再将投影仪关闭，切断电源。

## 三、使用投影仪的注意事项

由于投影仪的价格一般都非常昂贵，而且集机械、液晶、电子电路技术于一体，属于高精密仪器，因此在使用时必须注意以下事项。

### （一）保持投影仪镜头的清洁

投影仪镜头干净与否，将直接影响投影屏幕上内容的清晰程度。发现屏幕上出现各种圆圈或斑点时，多半是投影镜头上的灰尘造成的。同时，投影仪镜头非常娇贵，在不用的时候需要盖好镜头盖避免粘落灰尘，清洁时应该使用专业镜头纸或其他专业清洁剂来清除投影仪镜头上的灰尘。

### （二）投影过程中不能用镜头盖遮挡画面

在演示过程中，有时可能需要暂时遮挡住某些画面，这时正确的做法应该是使用投影仪的“黑屏”功能进行屏蔽，最好不要用镜头盖进行遮挡，因为这样可能造成投影仪内部温度升高，最终导致元器件损坏。

【小贴士】

“黑屏”功能

“黑屏”功能是一些投影仪厂家为了延长灯泡寿命、节省能源而专门设置的，在演示的过程中，按下遥控器或者投影仪操作面板上的“AV MUTE”键，可随时将投影仪切换到“黑屏”状态。

### （三）不要关机后立即断电

大多数投影仪都使用金属卤素灯，处于点亮状态时，灯泡两端的电压一般在60～80伏，灯泡内的气体压强至少在10千克/厘米$^2$以上，而温度则高达上千度，灯丝处于半熔状态。因此，按下关机按钮后，散热风扇仍然会高速旋转，这是出于保护投影仪的需要而特别设计的。按下关机按钮后，不要立即关闭电源，更不能去搬动投影仪，否则很容易导致投影仪的周边元器件过热而损坏，更有可能对灯泡寿命产生不良影响。注意要等待2～3分钟，以便让投影仪有一个缓冲的过程，从而让它在散热后自动停机。

### （四）不要带电插拔电缆

有些用户为了省事，经常带电插拔电缆信号线，其实这是很危险的。因为当投影仪与信号源连接不同电源时，两根零线之间可能存在较高的电位差，带电插拔时可能导致插头与插座之间发生打火现象，其后果可想而知。

### （五）不要频繁开、关机

在每次开、关机操作之间，最好保证有3分钟左右的间隔时间，目的是为了让投影仪充分散热。开、关机操作太频繁，容易造成投影仪灯泡炸裂或投影仪内部电器元件被损坏。

## 四、投影仪常见简单故障

### （一）投影仪RGB端口无输入信号

投影仪在切换到RGB输入时，有时会提示RGB端口无信号输入。这种情况下，首先应检查VGA连接线是否连接正常。若正常，说明电脑VGA输出口无信号输出，问题出在电脑上。一般而言，VGA端口损坏的几率比较小，这种情况主要是输出模式有误，尤其是笔记本电脑经常会出现这种问题。笔记本电脑一般存在3种输出模式，分别为：液晶屏幕输出，VGA端口无输出模式；VGA端口输出，屏幕无输出模式；VGA端口与屏幕都有输出模式。其中，第一种为默认模式。

所以，必须把笔记本电脑切换到第三种输出模式，才能在电脑屏幕和投影仪上同时输出相关内容。一般笔记本电脑的切换方式为“Fn+F8”，用户可以查阅笔记本电脑自带的手册进行查询。

### （二）投影仪有信息输入，但无图像

遇到这种情况，先检查笔记本电脑的输出模式，如果输出模式正确，那么问题出在电脑的分辨率和刷新频率上，多是由于电脑的分辨率和刷新率与投影仪不匹配造成的。如果电脑所能达到的分辨率和刷新频率均较高，超过了投影仪的最大分辨率和刷新频率，就会出现以上现象。解决方法很简单，通过电脑的显示适配器调低这两项参数值，一般分辨率不超过600×800，刷新频率在60～75赫兹之间，可参考投影仪说明书。另外，有可能碰到无法调整显示适配器的情况，请重新安装原厂的显卡驱动后再行调整。

### （三）投影图像偏色

这主要是VGA连接线的问题，检查VGA线与电脑、投影仪的接口处是否拧紧。如

果拧紧后问题仍未解决，则可更换连接线。另外，连接了VGA信号线后，如果需要使用遥控器来操作计算机的话，还必须连接信号控制线。

## 【思考与练习】

### 一、不定项选择题

1. 分辨率越高，表示投影仪显示精细图像的能力越强。一般选择物理分辨率为（　　）标准以上的投影仪可以达到较好的效果。

A. SVGA　　B. XGA　　C. SXGA　　D. VGA

2. 投影仪的亮度指标用（　　）来表示。

A. 分辨率　　B. 流明　　C. 带宽　　D. 均匀度

3. 带宽就是投影仪视频通道总的频带宽度。投影仪带宽越大，图像越清晰，画面分辨率越高，聚焦效果也越好。常见的800×600分辨率的图像需要（　　）的带宽。

A. 43兆赫兹　　B. 86兆赫兹　　C. 118兆赫兹　　D. 256兆赫兹

4. 投影仪带宽过窄容易引起（　　）现象。

A. 图像模糊　　B. 画面分辨率不高

C. 聚焦不良　　D. 端口无输入信号

5. 在演示过程中，有时可能需要暂时遮挡住某些画面，这时正确的做法应该是使用投影仪的（　　）功能进行屏蔽，最好不要用镜头盖进行遮挡，因为这样可能造成投影仪内部温度升高，最终导致元器件损坏。

A. “黑屏”　　B. “白屏”　　C. “静音”　　D. “暂停”

6. 在日常的应用中，为了方便计算机与投影仪的屏幕切换，通常使用（　　）进行中转连接，这样从（　　）上就能引出两路VGA信号，其中一路信号传输到投影仪中显示，另一路信号传输到显示器中显示，演示者只需通过计算机的显示器操作，而不需要站在投影幕布前面看着投影内容进行讲解了。

A. 音频分配器　　B. 视频分配器　　C. 信号控制器　　D. 调制解调器

7. 投影仪不能频繁地开关机。在每次开、关机操作之间，最好保证有（　　）左右的间隔时间，目的是为了让投影仪充分散热。

A. 1分钟　　B. 3分钟　　C. 10分钟　　D. 15分钟

8. 笔记本电脑一般存在3种输出模式，分别为液晶屏幕输出，VGA端口无输出模式；VGA端口输出，屏幕无输出模式；VGA端口与屏幕都有输出模式。其中，（　　）为默认模式。

A. 第一种　　B. 第二种　　C. 第三种　　D. 第一种或第二种

9. 投影仪有信息输入，但没有图像，产生这种故障的原因可能有（　　）。

A. 电脑的输出模式不匹配　　B. 电脑的分辨率不匹配

C. 电脑的刷新率不匹配　　D. VGA连接线有问题

10. 如果投影仪的投影图像偏色，则表明（　　）出现了问题。

A. 投影仪的灯泡　　B. 电源线　　C. VGA连接线　　D. 音频线

## 二、案例分析题

（一）

会议结束了，秘书钟苗忙着清理会议室。她关掉了计算机、投影仪，却没有切断投影仪的电源，就忙着去清理文件、整理桌椅、名签等，等其他事情都处理完后，她才过来切断了投影仪的电源，将投影仪搬走。

试分析一下，钟苗的做法是否正确？为什么？

（二）

一天，公司领导安排钟苗在会议室布置一台投影仪，用来为客户介绍公司的相关情况。钟苗提前一个小时就来到了会议室，开始安放并调试投影仪。在调试过程中，钟苗发现，在笔记本电脑上能够正常显示的图像，到了投影屏幕上却无法全部显示，四周的边缘部分莫名其妙地被截掉了。这是怎么回事儿呢？钟苗感到十分困惑。

试分析一下，出现这种情况的原因是什么？应该怎么解决？

## 三、实务操作题

请同学们轮流完成投影仪的安放、与电脑的连接、开机、图像调整、关机等过程。

# 项目3

## 组织协调

# 任务13 值班工作

【任务目标】

了解值班工作的方法和要求，能够独立胜任和安排值班工作。

【参考学时】

2学时

【知识支撑】

值班工作是保证组织及时获得准确信息，进行正确决策，以及出于安全防范的需要而开展的经常性工作，是秘书部门的常规工作之一。秘书值班工作除本人轮值期间按要求做好具体值班工作外，还包括做好值班管理工作。

## 一、值班的概念

值班，是指一个组织在正常工作时间以外安排有关人员轮流交替坚守岗位，负责处理组织一些临时性的综合事务或专项性的特定事务。

## 二、值班工作的任务

### （一）及时准确传达信息

包括接听并记录电话，接受并登记紧急文件，收受并转送电报，答复上级单位对有关情况的询问等。值班室应保证各种通信器材畅通无阻，并备有各部门领导人和交通、公安、消防、急救等常用电话号码表，密切保持与机关、单位负责人的联系；应掌握领导人的活动和去向，保证在遇到特殊情况的时候能够及时地通知他们，但是未经领导人的同意，不能将领导的活动和去向告知无关人员。

### （二）做好接待工作

对于外地来访者，要协助安排好食宿，并通知有关单位做好接待工作；对于本地公务来访或询问事情，要视情况予以答复；对于找领导人解决问题的，要根据问题的性质，做出适当处理。在接待来访人员之后，应填写好接待记录。

### （三）承办临时事项

#### 1. 承办上级通知事宜

接到上级重要指示、通知后及时向相关领导报告，并根据领导批示和处理情况，按要求向上级报告。

#### 2. 承办下级请示报告的事宜

对下级来的一般性电话请示、报告，可根据有关精神给予明确的答复。比较重要的要向领导报告，并根据领导的指示进行相关处理或者转有关部门处理。

#### 3. 承办领导交办的事宜

包括传达领导对某一问题的指示、意见，下达临时性的会议通知，向上级机关或者外单位询问有关事项等。

### （四）处理突发事件

如果遇到发生事故、火灾、盗窃或暴雨、地震等突发事件，值班人员应该做到遇事不慌、处变不惊，能够沉着、冷静、机智、果断地加以处理，譬如立即向领导报告，就近组织人力救灾抢险，或向邻近机关、单位、部队求援，或保护事故现场，或紧急转移机要文件和贵重物资等。

### （五）安全保卫

这和机关、单位保安人员的任务不同。保安人员的任务事关整个机关、单位里里外外的防火、防盗，而值班室主要是负责夜间和节假日机关内部机密文件资料和器材的保护。当然，这两方面的人员和任务是密不可分的。节假日和非工作时间要做好或者协助做好安全保卫、保密、紧急文书处理、印信等管理工作。

## 三、值班工作的基本要求

### （一）值班服务守岗守时

值班人员在规定的值班时间内，必须做到人不离岗。因为值班期间要处理来自四面八方的函电信息，必须随时准备应付复杂情况和处理突发性事件。因此，值班室人员必须坚守岗位，有事要提前请假，如无临时接班人，不得离开岗位。

### （二）上传下达及时准确

对于值班过程中需要传达的各种信息，要及时准确地予以传达。

### （三）来访接待文明热情

对来联系公务的人员，值班人员要热情接待，了解来意，不得敷衍、推诿。对群众来访要主动做好接待、解释、说服工作，并及时报告单位领导。

### （四）文件资料注意保密

领导呈阅件、值班记录、重要传递件以及其他文件资料等，值班人员都要随时放入专用抽屉或保险柜内，不得让无关人员翻阅。

### （五）应急处理审慎果断

接到重大突发性事件的情况报告后，值班人员要沉着冷静，按程序及时报告，并审慎果断地协助领导进行处理。值班人员要时刻与重大突发性事件现场及处理负责人保持紧密联系，密切注视事态发展和处理工作进展情况，及时、准确地将有关情况报告有关领导和上级有关机关办公室。

### （六）详细填写值班日志

值班日志是值班期间有关情况的简要记录，对于值班期间处理的每一件事，包括电话处理、来人接待、突发事件处理等都要予以记录。

详细填写并妥善保存值班日志，具有十分重要的意义：首先，值班日志有利于下一班值班人员了解情况，有利于保持上下班工作的连续性；其次，值班日志有利于上司了解、检查、考核值班工作；最后，值班日志有利于编写情况反映、工作简报、大事记等。

**【工具箱】值班日志示例**

青海集团机械设备公司值班日志

| 值班时间 | 年 月 日（星期 ） | 值班人 |
| --- | --- | --- |
| 值班记录： | | |
| 备注： | | |

## 四、值班工作制度

值班制度是要求值班人员共同遵守的规程或行为准则，是保证做好值班工作必不可少的措施。值班制度应该根据本机关、本单位的工作性质和具体情况制定，主要包括。

### （一）信息处理制度

包括对各种渠道传递过来的信息的基本处理程序，比如下级单位用电话报送一条信息，值班工作人员应当如何记录、登记，哪一类信息应报哪一级领导。

### （二）岗位责任制度

规定值班工作人员在值班期间所拥有的权利、义务和应承担的责任。

### （三）安全保密制度

包括各种涉密信息材料的保管方式，不同密级的信息材料的传递方式等。

### （四）交接班制度

由于值班工作是轮流进行，有些事在一个班次内办理不完，则要交给另一个班次办理。因此，值班人员必须认真做好值班记录，并严格执行交接班制度。

1. 交接时间和内容

接班人员应提前20分钟左右到达，双方进行认真的交接。交接的内容包括值班日志、相关设备、器材、资料以及钥匙等。

2. 交接方式

（1）集体交接班。即所有值班人员集中在一起进行交接班。交班人员汇报值班时间内发生了哪些事情、领导有什么批示、办理到何种程度、需要接班人员做些什么工作等。这种交班方式一般在高级党政机关或者召开大型会议时使用。

（2）单独交接班。值守同一岗位的相邻的两个值班人员根据本部门或本岗位的具体情况进行单独交接班。

3. 交接纪律

接班人员如果迟到，上一班人员应继续坚守岗位，并电话询问接班人，不得擅自离岗。如果联系不到接班人，应电话向主管请示如何处理。

### （五）请假制度

由于值班工作多在夜间和节假日，人员安排往往紧缩到最低限度，值班人员必须严格执行请假制度。当班人员如有病或有事，应提前向主管请假，以便安排替代。

**【阅读材料】**

运通公司值班管理制度

第一条　本公司于节假日及工作时间外应办一切事务，除由主管人员在各自职守内负责外，应另派值班人员值班处理下列事项：

1. 临时发生事件及各项必要措施。

2. 指挥监督报案人员及值勤人员。

3. 预防灾害、盗窃及其他危机事项。

4. 随时注意清洁卫生、安全措施与公务保密。

5. 公司交办的各项事宜。

第二条 本公司员工值班，其时间规定如下：

1. 自星期一至星期六每日下午下班时起至次日上午上班时间止。

2. 例假日：日班上午八时起至下午五时止（可随办公时间的变更而变更），夜班下午五时半起至次日上午八时止。

第三条 员工值班安排表由各部门编排，于上月底公布并通知，值班人员按时值班，并应配置值日牌，写明值班人员的姓名悬挂于明显地方。

第四条 值班人员应按照规定时间在指定场所连续执行任务，不得中途停歇或随意外出，并须在本公司或工厂内所指定的地方食宿。

第五条 值班人员遇有事情发生可先行处理，事后方可报告；如遇其职权不能处理的，应立即请示主管领导。

第六条 值班人员收到电文应分别依下列方式处理：

1. 属于职权范围的可及时处理。

2. 非职权所及，视其性质应立即联系有关部门负责人处理。

3. 密件或限时信件应立即原封保管，于上班时呈送有关领导。

第七条 值班人员应将值班时所处理的事项填写报告表，于交班后送主管领导转呈检查，报告表另定。

第八条 值班人员如遇紧急事件处理得当，使公司减少损失，公司视其情节给予嘉奖。

第九条 值班人员在值班时间内擅离职守，应给予记大过处分；因情节严重造成损失，从重论处。

第十条 值班人员因病和其他原因不能值班的，应先行请假或请其他员工代理并呈准，出差时亦同，代理者应负一切责任。

第十一条 本公司员工值班可领取值班津贴，其表另定。

【思考】这个值班管理制度中包含了哪些方面的内容？分别位于第几条？

## 五、编制值班表

值班表是将某一时间段中已经确定的值班人员姓名清晰地记载和标明的表格，是提醒人们按照值班表的要求值班，以保证组织整体工作连续和完成的表格。

### （一）值班表的主要项目

值班表通常包括以下项目：

（1）具体值班时间和值班期限。

（2）值班人的姓名。

（3）值班的地点。

（4）值班电话。

（5）负责人或带班人的姓名、电话。

（6）备注。

## （二）值班表的种类

根据值班任务的不同和面向范围的不同，我们通常可以把值班表分为以下3类。

### 1. 节假日部门值班表

这类值班表通常用于公司的某一个部门，如财务部、营销部、生产部等，值班时段通常相当于非节假日的上班时段。

**【工具箱】部门值班表示例**

青海集团机械设备公司财务部2015年国庆节值班表

| 值班时间 | 值班人 | 值班地点 | 值班电话 | 带班领导 | 联系方式 | 备注 |
|---|---|---|---|---|---|---|
| 10/01 | 赵一 | 财务部 | ××××2538 | 田娅 | ××××3721 | 1. 值班时间为每天的8点到17点；2. 值班人员要坚守岗位，认真负责，不准擅自脱岗。 |
| 10/02 | 钱二 | 财务部 | ××××2538 | 魏律 | ××××3722 | |
| …… | …… | …… | …… | …… | …… | |
| …… | …… | …… | …… | …… | …… | |
| …… | …… | …… | …… | …… | …… | |

### 2. 节假日总值班表

这类值班表通常用于公司的秘书部门，用来统筹安排各部门的值班事宜，值班时段与节假日部门值班表相同。

**【工具箱】总值班表示例**

青海集团机械设备公司2015年国庆节总值班表

| 值班时间 | 部门名称 | 值班地点 | 值班电话 | 值班人 | 带班领导 | 联系方式 | 备注 |
|---|---|---|---|---|---|---|---|
| 10/01 | 办公室 | 办公室 | ××××2538 | 赵一 | 田娅 | ××××3721 | 1. 值班时间为每天的8点到17点；2. 值班人员要坚守岗位，认真负责，不准擅自脱岗。 |
| | 生产部 | 生产部 | ××××2539 | 钱二 | | | |
| | 营销部 | 营销部 | ××××2540 | 孙三 | | | |
| | …… | …… | …… | …… | | | |
| …… | …… | …… | …… | …… | …… | …… | |

### 3. 夜间值班表

这类值班表通常仅用于各个组织的秘书部门，是一个组织为了保证自身的不间断运转和应对夜间的突发事件而设立的值班制度，值班人员通常为该组织秘书部门的秘书人员，实行轮流值班制，值班时间为前一天的下班时间至第二天的上班时间。

**【工具箱】夜间值班表示例**

青海集团机械设备公司办公室2015年3月份夜间值班表

| 值班时间 | 值班人 | 备注 |
|---|---|---|
| 3/1-3/2 | 赵一 | 1. 值班时间为前一天的17点到第二天的8点； |
| 3/2-3/3 | 钱二 | 2. 值班地点为公司夜间值班室，值班电话为85898896； |
| 3/3-3/4 | 孙三 | 3. 值班人员要坚守岗位，认真负责，不准擅自脱岗； |
| 3/4-3/5 | 李四 | 4. 遇有突发事件，随时报告办公室主任和相关公司领导； |
| …… | …… | …… |

**【思考与练习】**

一、不定项选择题

1. 上级单位询问本公司经理行踪及本公司工作情况，值班人员如果对情况清楚，应（　　）。

A. 直接报告　　B. 灵活应对　　C. 避而不答　　D. 拒绝回答

2. 值班日志有利于（　　）。

A. 下一班值班人员了解情况　　B. 保持上下班工作的连续性

C. 上司了解、检查、考核值班工作　　D. 编写情况反映、工作简报、大事记等

3. 交接班的时候，接班人员应提前（　　）到达，双方进行认真的交接。交接的内容包括值班日志、相关设备、器材、资料以及钥匙等。

A. 1个小时左右　　B. 5分钟左右　　C. 20分钟左右　　D. 2个小时左右

4. 值班表通常包括（　　）等项目。

A. 值班时间　　B. 值班人姓名　　C. 值班电话　　D. 值班报酬

5. 值班工作的任务主要包括（　　）。

A. 及时准确传达信息　　B. 做好接待工作

C. 承办临时事项　　D. 处理突发事件

6. 值班制度是要求值班人员共同遵守的规程或行为准则，是保证做好值班工作的必不可少的措施。值班制度应该根据本机关、本单位的工作性质和具体情况制定，主要包括（　　）。

A. 信息处理制度　　B. 岗位责任制度　　C. 安全保密制度　　D. 交接班制度

7. 集体交接班即值班机构的工作人员在一起交接班。交班人员汇报值班时间内发生了哪些事情、领导有什么批示、办理到何种程度、需要接班人员做些什么工作等。这种交班方式一般在（　　）使用。

A. 中小型企业　B. 私营企业　C. 高级党政机关　D. 召开大型会议时

8. 交接班的时候，接班人员如果迟到，上一班人员应（　　）。

A. 继续坚守岗位，不得擅自离岗　B. 给接班人员打电话询问情况

C. 在值班日志上说明接班者迟到，并锁门离开

D. 向主管电话请示怎么办

9. 根据值班任务的不同和面向范围的不同，我们通常可以把值班表分为（　　）3类。

A. 节假日部门值班表　B. 节假日总值班表

C. 夜间值班表　D. 工作时间值班表

10. 夜间值班表通常仅用于各个组织的（　　），是一个组织为了保证自身的不间断运转和应对夜间的突发事件而设立的值班制度，值班时间为前一天的下班时间至第二天的上班时间。

A. 决策部门　B. 业务部门　C. 财务部门　D. 秘书部门

## 二、案例分析题

这天，鸿运公司行政部门秘书小刘值班。凌晨2点刚过，小刘突然闻到一股烧焦的味道，他立即顺着味道传来的方向查去，看到一个仓库的门缝冒出浓烟，“不好，失火了！”他飞快地跑回值班室，拨打119报警，接着拨打行政部门经理的电话，报告了情况，然后找出值班室的灭火器，拔出插销，严阵以待，防止火势向值班室方向蔓延。5分钟后，消防车赶到，迅速将火扑灭。事后经过调查，起火原因是老鼠咬断电线造成短路，引燃了仓库里的衣服。就这事，公司总经理在大会上表扬了小刘。

试分析一下，秘书小刘为什么会得到总经理的表扬？从这个案例中可以看出，要想做好值班工作，至少需要具备哪些方面的知识和技能？

# 任务14 保密工作

【任务目标】

了解保密工作的内容和要求，能够从事保密工作。

【参考学时】

3学时

【知识支撑】

## 一、秘密的概念

所谓秘密，是指组织或个人为保护自身的利益和安全，在一定时间内仅限一定范围人员知悉的事项。

## 二、秘密的类别

### （一）从秘密的性质（秘密事项产生的主体）来看，秘密可分为

1. 国家秘密

所谓国家秘密，按照我国1988年9月5日颁布的第一部保密法的规定，是指“关系国家的安全和利益，依照法定程序确定，在一定时间内只限一定范围的人员知悉的事项”。

根据国家秘密与国家安全和利益关系的大小，可把国家秘密分为3个等级：

（1）绝密。这是国家秘密的核心部分，一旦泄密，就会使国家的安全和利益受到严重危害和重大损失。

（2）机密。这是重要的国家秘密，一旦泄密，会使国家的安全和利益受到较大的危害和损失。

（3）秘密。这是一般的国家秘密，一旦泄密，会使国家的安全和利益受到一定的危害和损失。

不同的密级有不同的保密期限。我国《保密法》规定，秘密级不超过10年，机密级不超过20年，绝密级不超过30年。超过以上期限的，应报上级批准。

#### 2. 组织内部秘密

组织内部秘密是指组织内部在一定时间内只限一定范围的人知悉，不对外公开的事项。如正处于酝酿状态的干部任免事项、未曾最后决定的组织机构的调整等，这类秘密一旦泄露出去，不利于组织领导工作的正常开展，甚至会使组织的社会形象受到影响。

#### 3. 商业秘密

商业秘密是指“不为公众所知悉，能为权利人带来经济利益，具有实用性并经权利人采取保密措施的技术信息和经营信息”。从某种意义上来说，商业秘密属于组织内部秘密，之所以把它作为一个专门的类型来看，是因为随着商品经济的进一步发展，企业组织的商业秘密越来越受到人们的关注。

#### 4. 个人秘密

个人秘密是指涉及个人利益、并受到国家法律保护的一些不宜公开的事项。

### （二）从秘密的存在方式来看，秘密可分为

#### 1. 有形秘密

这是指以实物作为载体的秘密，如音像类秘密、文献类秘密等。

#### 2. 无形秘密

这是指不以实物为载体而实际存在的秘密，如口头性秘密、设计方法等。

### （三）从秘密的内容来看，秘密可以分为

政治秘密、军事秘密、经济秘密、科技秘密、涉外秘密等。

## 三、保密工作的方针和原则

《中华人民共和国保密法》规定：“保守国家秘密的工作，实行积极防范，突出重点，既确保国家秘密又便利各项工作的方针”。根据这一指导思想，商务秘书的保密工作要坚持以下原则。

### （一）积极防范

“积极防范”，就是要求把预防作为保密工作的立足点和着力点，未雨绸缪，以防为主，防患于未然，将保密工作贯彻落实到日常的工作中去。

#### 1. 加强宣传教育

要不断加强保密宣传教育工作，增强保密法制观念，提高保守秘密的自觉性。

### 2. 健全法规制度

必须建立健全保密法规和保密制度，比如文件保密制度、会议保密制度、通信保密制度、新闻报道保密制度、计算机使用保密制度、工作人员（秘书）保密培训制度等。

### 3. 建立健全监督检查机制

要建立健全监督检查机制，加强对保密制度执行情况的检查监督。

### 4. 充分利用先进技术

充分利用先进的保密技术，加强防范措施，严防泄密和窃密。

## （二）突出重点

面对越来越多的保密事项，保密工作应坚持“突出重点”的原则，有的放矢地采取措施，做到既有保又有放，只有这样，才能使保密工作与业务工作两不误。

对于企业来说，“突出重点”就是要根据企业的实际情况，确定保密工作的重点环节、重点部位和重点人员，加强经常性的教育和监督检查。一般说来，企业的秘书人员、技术人员、财务人员和销售人员都是保密工作的重点人员。

## （三）有保有放

企业要正确划定保密工作的范围，确定秘密与非密、核心秘密与一般秘密的界限。划密范围过大，不利于信息的交流；划密范围过小，又容易造成泄密。因此，要做到宽严有度，保放结合，该保的秘密一定要保好，不该保密的信息一定要公开。在过去计划经济条件下，保密是常例，开放是特例；而在现代市场经济条件下，开放是常例，而保密是特例。

## （四）内外有别

所谓“内外有别”，实质上就是要求区别保密对象。

对于党务来说，“内外”指的是党内党外，即只需党内知悉的事项，绝不要扩大到党外；对于政务来说，“内外”主要指的是国内国外，即在涉外活动中，要处理好保密与友好的关系；对于组织内部来说，“内外”主要指组织内部和外部。

我国实行对外开放，提倡的是在平等互利原则上的经济、技术合作和交流。因此，应在建立健全保密组织、加速保密技术的现代化、绝对保住国家核心秘密的前提下，有领导、有组织地适当放宽秘密的控制范围，以此换取一些先进的技术和先进的管理经验。

# 四、保密工作的纪律

为了防止泄密、窃密，确保国家秘密的安全，早在1979年，中共中央、国务院就制定了“十不”保密工作守则。

一是不该说的机密，绝对不说；二是不该问的机密，绝对不问；三是不该看的机密，绝对不看；四是不该记录的机密，绝对不记录；五是不在非保密本上记录机密；六是不在私人通信中涉及机密；七是不在公共场所和家属、子女、亲友面前谈论机密；八是不在不利于保密的地方存放机密文件和资料；九是不在普通电话、明码电报、普通邮局传达机密事项；十是不携带机密材料游览、参观、探亲访友和出入公共场所。

## 五、新时期保密工作的特点

### （一）失密范围扩大化

“对外开放，对内搞活”国策的实行，使得我国的对外交往越来越多。在这种情况下，我们原来的保密范围无形中缩小，这也是我们引进外资和技术，发展壮大自己必须付出的代价。比如，过去我国对沿海大陆架结构、地质资源等情报绝对保密，但为了与外方合作或合资开发海洋资源，像石油资源，我们就不得不向外方提供一些必要的我国沿海的地质、海流、潮汐、气象等方面的资料。

### （二）泄密渠道多样化

比如，对需要保密的文件资料，没有按规定予以严格的管理；宣传报道时，缺乏严格的“内外有别”的保密原则；在科技合作和贸易过程中，急于求成及缺乏保密意识，没有加以适当的防范；通信联络过程的大意不慎；更有为经济大潮冲击得利令智昏的人，在金钱、物质和享受的诱惑下，不顾民族尊严，沦为专向海外情报机关出卖国家秘密的间谍。

### （三）窃密手段诡秘化

在人员上，他们有的以驻我国使馆为指挥联络中心，以外交官身份作掩护，搜集我国情报；有的则以旅游为名，行窃我秘密之实；有的利用新闻记者的合法身份四处钻营，刺探秘密……

在物力上，外国间谍情报机关除把先进的电子、遥控等技术应用于窃听、窃照外，还大力发展激光、光纤和定向话筒等窃听技术。过去无法拍照的地方，现在借助人造卫星、激光、红外线遥感等技术，便可如愿以偿。敌特使用的窃听器已很难被发现，因为他的体积非常小，有的甚至只有一块糖或一粒米那么大。

当前，标志着信息革命的最新技术，如电子计算机、光导纤维等也被应用到窃密活动中。据查，我国引进的大型电子计算机中，就有一些是被装上了窃听装置的。鉴于此，目前我国已做出决定，主要部门一律不准使用进口的电子计算机。这是一项非常有效的防范措施。

### （四）保密难度增大化

失密范围和内容的扩大化，泄密渠道的多样化，窃密手段的诡秘化，所有这些，无疑大大增加了保密工作的难度。政府管理、企业经营、对外合作还要向纵深发展，科学技术也仍在迅猛地发展，如何才能既确保我们的核心秘密，又能有效地开展工作，这是保密工作的新课题，也是时代对秘书工作、保密工作的新挑战。

### （五）保密范围缩小化

随着我国对外开放程度的不断深化，国际惯例对我国的影响也不断扩大，特别是2003年4月SARS在国内肆虐之时，大力推行政务公开，重新设立保密制度底线，已经成为当务之急。因为按国际惯例，除国家安全、商业秘密和个人隐私外，其余的都应该公开。为适应这种时代的要求，我国有关保密制度的修订工作正紧锣密鼓地进行着，像如何重新划定保密范围和保密机构，细化简化解密程序等保密工作的关键问题将可能得到更合理的规范。

**【情景案例】**

**外交部档案解密试点**

2004年1月16日，外交部举行“外交部开放档案借阅处”揭牌仪式，向国内外开放新中国成立以来形成的部分外交档案。这被视为国务院下属部委政务解密的试点。

外交部档案馆馆长廉正保介绍，首批开放的外交档案形成于1949年至1955年，数量上万份。第二批涉及1956年至1960年的8 000卷也将于年内开放。到时总开放率达30%。

数据显示，美国对1975年以前的档案实行95%对外开放，俄罗斯的开放率在80%～90%，而日本已经分13批对1976年以前的档案采取了开放措施。

## 六、企业的保密范围和密级确定

### （一）企业的保密范围

企业的保密范围主要包括以下几个方面：

（1）公司重大决策中的秘密事项。

（2）公司尚未付诸实施的经营战略、经营方向、经营规划、经营项目及经营决策。

（3）公司内部掌握的合同、协议、意向书及可行性报告、主要会议记录。

（4）公司财务预决算报告及各类财务报表、统计报表。

（5）公司掌握的尚未进入市场或尚未公开的各类信息。

（6）公司员工人事档案、工资性和劳务性收入资料。

（7）其他经公司确定应当保密的事项。

### （二）密级的确定

（1）公司经营发展中，直接影响公司权益的重要决策文件、资料为绝密级。

（2）公司的规划、财务报表、统计资料、重要会议记录、公司经营情况为机密级。

（3）公司人事档案、合同、协议、职员工资性收入、尚未进入市场或尚未公开的各类信息为秘密级。

## 七、秘书的保密工作

### （一）文件保密

文件是秘密事项最主要的载体，文件保密工作贯穿在从秘密文件的产生到秘密文件的管理诸多环节当中。

#### 1. 产生

秘密文件，包括组织内部的秘密性公文和商业秘密等，在酝酿、拟稿、讨论、定稿等过程中，要适当控制参与人数，注意严加保密，并确定密级和保密期限，在规定或适当的地方做出明显的识别标志。

#### 2. 缮校

密件校对必须实行专人负责制，不得私自找他人代校。校对时不能大声朗读，并应选择安全的地方。

#### 3. 印刷

密件在付印前要检查是否已标明密级和保密期限，是否已规定了发放范围。印刷应指定专人负责，批量印刷应到指定的专门印刷厂，由专人监印，并严格按照批准的份数印制，不得擅自多印多留。印制后，原稿及清样等必须妥善保存，衬纸、废页等应及时销毁。绝密文件应尽量减少接触人员。

#### 4. 传递

密件应通过机要交通或派专人专程传递，减少中间环节。传递时，信封上必须标明密级并加盖密封章。使用现代通信设备传达秘密事项时，必须使用保密电话和有加密装置的传真机、计算机。绝密件不得用传真机和计算机传输。

#### 5. 处理

密件收发应严格实行签收、登记制度。收到秘密文件后，要及时送领导阅批。密件传阅应指定专人统一跟踪管理，不得随意扩大阅读范围，阅读文件应在办公室内进行。

#### 6. 管理

秘密文件要由专人专管，并放在有保密保障的文件柜内或保密室、档案室内，不准随身携带，也不得将密件带回家。外出工作确需携带的，要经领导批准并采取相应的安全措施。秘密文件应定期清查，分发和借出的应按时清理回收，回收时应注意检查文件是否完整，若有丢失的，要及时予以追查处理。清理后的文件，该保存的应整理归档，余下的登记造册后，经领导批准，到指定地点监督销毁。

## （二）会议保密

对于重要会议，秘书必须对会议进程的各个方面及相关步骤进行必要的保密安排，并会同保卫、保密部门共同制订有关的保密措施。

### 1. 会前保密

（1）**会议地点选择**。秘密会议应选择具备保密条件，如相对隐蔽的地方进行，并且不能对外公开。会议的地点必须有良好的隔声和屏蔽效果，以避免声音和信号的外泄。

（2）**器材管理检查**。对会场的扩音、录音设备、电话机、计算机等必须预先进行仔细的保密检查，并派专人进行管理。会场内严禁使用无线话筒。与会人员不得携带手机等移动通讯工具进入会场，入场前通讯工具应交工作人员统一保管。

（3）**人员管理**。人员管理包括与会者与必要的工作人员。秘密会议要严格控制与会人员，并在会前对与会人员予以资格审查及进行严格的保密纪律教育。

（4）**信息管理**。有关会议的信息，如会议的时间（包括开始和结束的时间）、议题、议程、日程安排，会议的出席者、列席者和工作人员，会议的具体活动、讲话、发言和反映等，在未正式公开之前，不得泄露。

### 2. 会中保密

（1）**严格出入场检查制度**。与会者必须携带证件，否则不得入场。会议期间原则上与会人员不得外出，确需外出者，必须经过批准并记录在案。

（2）**加强对会议文件的管理**。秘密程度较高的会议，应设有保密室，配备保密柜（箱），并有专人管理文件资料等。会议文件须由主管领导审查批准后才可印发，非经允许不得摘抄，不得带走；严禁滥印乱发会议秘密文件资料。凡会议期间印发的秘密文件一律应标明密级，统一编号，登记分发，并限时收回。

（3）**加强会议讲话管理**。领导在秘密会议上的讲话，未经批准，不得录音、录像；准许录音、录像的，音像载体要同文件一样严加管理。其他与会议内容有关的录音、录像、摄影和通讯设备等也应妥善保管。

### 3. 会后保密

（1）**清场**。会议结束后，秘书应组织有关人员立即做好清场工作。清场的重点有两个地方，即会场和与会者住宿的房间，应细致检查有无遗留的文件、笔记本以及其他可能造成泄密的物品和痕迹，有关的废纸要作粉碎处理。

（2）**文件清退**。如数收回会议期间下发的文件密级较高的文件，如需下发，应通过机要交通递送，不得由与会人员自行携带。借出和需保留的文件，要及时归还和归档。

（3）**器材检查**。在会议结束之后，秘书在归还有关的器材之前，一定要对其再作认真的检查，确保器材上没有会议信息痕迹的留存。

## （三）通讯保密

### 1. 采用技术措施

（1）防窃听技术。对通讯线路和设备采取防窃听措施，可以有效减少泄密事件的发生。如采用电话警示器，能自动检查用户的电话是否被非法窃听和盗用。

（2）低辐射技术。使用低泄射传真机，可以有效降低或避免传真机在接送密件过程中因电磁辐射而造成的可能泄密的危险。

### 2. 强化保密意识

（1）境外通讯不涉密。向国外打电话、拍电报、发信件以及邮寄资料等，要注意不要涉及秘密事项。

（2）传真密件现场收。在传真机上传送密件时，要确认接收方密件负责人在现场接收，完成操作后应及时取回原件。

### 3. 密件专门投递

发往我国驻外使馆、机构的内部函件，不得通过普通邮局投寄，应通过内部信使或内部交通机构递送。

## （四）计算机保密

随着办公自动化程度的不断提高，各类电子计算机为单位组织的管理服务提供了极大的便利，与此同时，计算机泄密事件也时有发生。因此，计算机信息的保密也就成为保密工作以及秘书所必须面对的新课题。

### 1. 技术方面的主要措施

（1）使用低辐射计算机设备。这些设备在设计和生产时，已对可能产生信息辐射的元器件及部位采取了防辐射措施，把信息辐射抑制到最低限度，这是防止计算机辐射泄密的根本措施。

（2）屏蔽或干扰。对计算机房或主机内部件加以屏蔽或采用电磁辐射干扰器加以干扰，达到防止电磁辐射泄密的目的。不具备上述条件的，也可将计算机辐射信号的区域（30m半径）控制起来，不许外部人员接近，或者在处理重要信息的计算机四周放置处理一般信息的计算机，这样也可降低辐射信息被接收还原的可能性。

（3）加密存储和身份鉴别。对联网泄密的技术防范，最简单的方法是将信息加密存储，或者采用口令和使用磁性卡片、指纹、声音、视网膜图像等方法对用户身份进行鉴别，还可以通过监视报警的方法，详细跟踪记录网络内合法用户的工作情况，追寻非法用户的下落。

### 2. 使用方面的主要措施

（1）隐蔽屏显。使用计算机处理密件时，显示屏不要对着门窗和通道，以免不慎泄密。

（2）随手关机。在密件处理过程中，有事要离开计算机时，一定要关闭系统或加密后休眠。

（3）加密传输。使用计算机传递密件时，一定要使用加密器。

（4）专用专管。存有秘密信息的计算机，一般应专人专用，或有专人负责保管。

（5）定点使用。装有密级数据的计算机不能随便携带外出。

（6）定点维修。计算机需维修时，一定要到指定的维修地点或指定的维修商处，可能的话，应先对数据作转移或用其他方式作处理。

## 【思考与练习】

### 一、不定项选择题

1. 从秘密的性质（秘密事项产生的主体）来看，秘密可分为（　　）。

A. 国家秘密　　B. 家庭秘密　　C. 组织内部秘密　　D. 个人秘密

2. 根据国家秘密与国家安全和利益关系的大小，可把国家秘密分为3个等级，即（　　）。

A. 绝密　　B. 机密　　C. 特密　　D. 秘密

3. 商务秘书的保密工作要坚持（　　）原则。

A. 积极防范　　B. 突出重点　　C. 有保有放　　D. 内外有别

4. 秘书经常性的保密工作是（　　）。

A. 说话保密　　B. 行动保密　　C. 文件保密　　D. 法律保密

5. 飞鸿公司丁秘书将要把标有“机密”字样的一份文件发传真给利达公司，其操作过程正确的是（　　）。

A. 利达公司传真机处于自动接收状态，丁秘书马上发了过去

B. 丁秘书先打电话给利达公司，听见有人接收，就发了过去

C. 先打利达公司电话，确认是利达公司主管在接收，就发了过去

D. 丁秘书委托同事，随便什么时间发过去

6. 发往我国驻外使馆、机构的内部函件，应该（　　）。

A. 通过普通邮局投寄　　B. 通过内部信使传递

C. 通过内部交通机构递送　　D. 通过电子邮件传送

7. 为了防止电磁辐射造成信号泄密，可以采取的保密措施包括（　　）。

A. 计算机机房或主机内部件加以屏蔽

B. 采用电磁辐射干扰器进行干扰

C. 将计算机辐射信号的区域（30m半径）控制起来，不许外部人员接近

D. 在处理重要信息的计算机四周放置处理一般信息的计算机，降低辐射信息被接收还原的可能性

8. 对联网泄密的技术防范，通常采用的方法包括（　　）。

A. 将信息加密存储

B. 采用口令对用户身份进行鉴别

C. 通过监视报警的方法，详细跟踪记录网络内合法用户的工作情况

D. 使用磁卡、指纹、声音、视网膜图像等方法对用户身份进行鉴别

9. 在密件处理过程中，有事要离开计算机时，应该（　　）。

A. 关掉计算机屏幕　　B. 关闭操作系统

C. 加密后休眠　　D. 把处理密件的程序关掉

10. 装有秘密数据的计算机需维修时，应该（　　）。

A. 送到指定的维修地点维修　　B. 送到指定的维修商处维修

C. 可能的话，先把秘密数据转移出来　　D. 可能的话，先把秘密数据进行加密处理

## 二、案例分析题

### （一）

1979年，原国务院国防工办一位副主任是赴某国参观团成员，出发前他到该国驻华大使馆听取使馆人员介绍情况。与会时，他将一份有关我国驻该国外交机构年度全面工作情况和下年的工作设想以及我国对国际形势总的估计和分析，对该国工作的战略方针、斗争策略、重要意向和一些工作对象等重要秘密资料放在文件包里带往会场，会后又粗心地把文件包丢失在大使馆内，一时泄露了国家秘密，这是中华人民共和国成立以来发生的最严重的外事泄密事件之一，我们必须引以为鉴。

试分析一下，这起泄密事件发生的原因是什么？今后应该在哪些方面引以为鉴？

### （二）

2006年5月，百事可乐公司向可口可乐公司提供了一封信的复印件，那封信的原件装在可口可乐公司的商业信封中，收件人是百事可乐公司。寄信人在信中自称是“可口可乐公司高层工作人员”，能向百事可乐公司提供可口可乐公司的商业机密——新产品配方。可口可乐公司立即报告了联邦调查局。经调查发现，泄密者是可口可乐公司执行行政助理何亚·威廉斯。2007年5月，威廉斯被判处有期徒刑8年。

试分析一下，行政助理威廉斯为什么能够掌握新产品配方？百事可乐公司为什么要向可口可乐公司揭发威廉斯的泄密行为？

### （三）

2001年年初，宝洁公司和联合利华公司之间爆发了情报纠纷事件。宝洁公司聘用专业人员扮成清洁工人，进入联合利华公司内部，收集和整理从新产品研发部门抛弃的办公室垃圾，从中得到了数十份关于洗发和护发产品的文件。被联合利华公司发现后，随着事情越闹越大，宝洁公司主席约翰·派佩不得不在当年8月飞往联合利华公司总部，归还文件，保证不会使用其中的情报内容，并赔偿了1 000万美元现金后，才了结此案。

试分析一下，宝洁公司的“间谍”为什么能够从办公室垃圾中获得联合利华公司的机密文件？联合利华公司在保密工作中有哪些做得不够的地方？

### （四）

据新华网上海2009年8月11日电，日前，上海市检察机关以涉嫌侵犯商业秘密罪对澳大

利亚力拓公司上海办事处胡士泰等4人做出批准逮捕决定。经初步查明，胡士泰等4人涉嫌以不正当手段获取我国钢铁企业商业秘密，他们通过贿赂我国钢铁企业的有关人员，获取钢铁企业的生产安排、炼钢配比、采购计划、毛利率、库存量等内部资料，甚至铁矿石谈判的对策和底线等极为关键的信息，从而据此推算出我们对铁矿石的需求量，进而在谈判的过程中掌控价格的降幅。6年的时间里，力拓的商业间谍“迫使中国钢企在近乎讹诈的进口铁矿石价格上多付出7 000多亿元人民币的沉重代价”，而这相当于“澳洲10%的GDP”。

试分析一下，商业机密对于企业生存和发展的重要性？

# 任务15 处理突发事件

【任务目标】

了解突发事件的种类、特点以及处理技巧，能够妥善处理各种突发事件。

【参考学时】

2学时

【知识支撑】

## 一、突发事件的概念和种类

突发事件通常指突然发生的、具有很大危险性、需要立即采取应对措施、尽力控制的事件。这种事件的最大特点就是不可预见性，我们无法知道它什么时候发生，在哪里发生，发生到什么样的程度。而每一个社会组织都有责任保证在其办公地点的工作人员以及来访者的安全，使所有突发事件的危险最小化。

一般来说，可能出现的突发事件通常包括四种，即火灾、伤害、疾病、炸弹威胁或恐慌。

## 二、突发事件的预防措施

### （一）制定预案

以书面形式确定紧急情况处理程序，准确而详尽地描述出发生火灾、人员受伤、突发疾病或发生炸弹威胁等恐怖活动时的具体处理程序。

### （二）加强培训

用上述紧急情况处理程序培训所有工作人员，如健康、安全培训，急救培训，保安人员的特殊培训。

### （三）大力宣传

利用各种形式宣传突发事件处理程序，让所有人员了解有关情况发生该如何疏散，让所有人员知道有关急救人员的姓名和联系方式。

### （四）模拟演练

加强紧急情况模拟演练，如定期进行消防演习或疏散演习来测试制定的应急预案是否合适，并逐步提高员工在各种紧急情况下的应急反应能力。

### （五）明确责任

明确各级管理人员在紧急情况下应承担的任务和职责，一旦有情况，由他们担当处理。

### （六）保障有力

要配备相关的设备和资源以保证能够随时处理各种紧急情况，如报警装置、灭火器、急救包等，并通过定期检查和更新，保证这些设备时刻处于有效状态。

**【情景案例】**

汶川地震中的桑枣奇迹

2008年5月12日，汶川大地震，天崩地裂，山河移位，安县桑枣中学2 200多名师生却无一伤亡，该校校长叶志平因此被网友誉为“最牛校长”。

地震波骤然袭来的短短1分36秒后，桑枣中学31个班级的2 200多名师生分别从8栋教学楼集中到操场上，以班为单位紧挨着站好，教师围在四周，师生无一伤亡。

从2005年起，桑枣中学每学期都进行一次紧急情况演习，从模拟停电、垮塌到暴雨、地震，2008年3月13日刚刚进行过火灾演习。2005年第一次演习的时候，全校师生花了9分钟才集中到操场上，而2008年3月13日则用了三四分钟。地震这次实战，师生表现最好，只用了1分36秒。

地震发生的那一刻，师生们突然感到大楼摇了一下。那时候，31个班的授课老师已经进了教室，因为学校规定老师提前5分钟进教室。老师们赶忙按照演习过的流程，先命令“所有人蹲在桌子下！”学生们立刻钻到桌子下。

震波刚过。副校长立即冲向教学楼，大喊：“紧急疏散！”如演习时一般，楼梯口老师到位，班主任组织学生撤离，孩子们潮水般跑了出来。从第一次震动到后来剧烈震动，足足有40秒时间。这宝贵的40秒，已让一半学生疏散到操场上。随后，剩下的学生也顺利疏散。

（根据网络资料综合整理）

## 三、处理突发事件的原则

### （一）快速反应，控制事态发展

及早发现、及时应对，是处理突发事件的第一要务。按照危机管理的理论，任何危机的发生和发展过程均可分为突发期、扩散期、爆发期、衰退期4个阶段，并随着危机事件的扩展和深化，处理和平息危机的成本也将呈几何级数增长。因此，及早发现问题，并采取有效措施控制事态的发展，化解危机，不仅能减少事件所造成的消极影响，而且投入的成本也比较低。而一旦任其发展，事情就会像决堤的洪水一样难以控制，就有可能造成致命的伤害，并极有可能引起连锁反应。

【情景案例】

汶川地震中的快速反应

5月12日14:28发生地震。

15:00许，我们就从CCTV上获悉："四川汶川发生7.8级地震，胡锦涛做出重要指示。"随后国家各部委组织各种专业救灾人员、人民解放军奔赴灾区。

5月12日晚，中共中央政治局常务委员会召开会议，全面部署当前抗震救灾工作。

12日晚—13日各抢险救灾人员陆续抵达抗震救灾一线，投入救灾当中。

13日各大媒体都大篇幅地报道了四川汶川地震发生发展情况，CCTV新闻频道基本上是现场直播，不仅让广大受众及时了解情况，同时也极大地稳定了人民的情绪，特别是为灾区社会稳定做出了不可估量的作用。

截至2008年9月25日12时，汶川地震已确认69 227人遇难，374 643人受伤，失踪17 923人。(2008年9月25日国务院新闻办公室根据国务院抗震救灾总指挥部授权发布)而在1976年的唐山大地震中，死亡人数高达242 769人，另有164 851人受伤。

### （二）以人为本，保护公众利益

当自然灾害发生时，保护人的生命安全是最高利益、最大原则。要在第一时间内组织人员迅速撤离危险地带，而不要组织非专业人员进行抢救，以致造成更大的和无谓的人员伤害。当人为的事件发生时，要最大限度地维护公众利益，努力降低公众的损失，以取得公众的理解和信任，维护企业的良好形象。在很多突发事件的处理中，企业的态度是最重要的，事实有时还退居其次，因为舆论总是保护弱者。如果可以预见到客户所受到的损失，主动地表示承担责任，比被动地应付的成本要低，效果也要好。

### （三）公开透明，真诚面对公众

企业一旦发生突发事件，无论什么性质，无论多么严重，企图封锁消息、隐瞒事实真相都是最愚蠢的做法。到头来，不仅掩盖不住真相，还会造成舆论上的混乱，延误救援的最佳时机，极大地损害组织形象。正确的态度应是及时与新闻媒体联系，披露事实真相和企业所采取的态度及应对措施，争取公众的理解和支持。企业无论是否有错，都需要有一个正确的心态，增强透明度，向公众做出坦诚的解释。人们会为"敢于认错，知错就改，勇于负责"的态度叫好，却不能原谅不负责任的遮掩和逃避。事实上，出了问题并不可怕，重要的是化解危机的手段和过程。只要采取积极的态度和措施，给大家一个明确的交代，公众是会通情达理的。

近年发生的“×××牌婴儿奶粉碘超标”事件和“×××回炉奶”事件，都是由于企业领导的沉默应对和隐瞒事实真相，其傲慢的态度引发了社会公众的不满，结果导致了一场信任危机，产品的市场占有率急剧下降，企业的经济效益迅速下滑。

### （四）重塑形象，置之死地而后生

企业遭遇风险、出现危机并不可怕，可怕的是因为惧怕挫折、困难、失败和危机而一蹶不振，痛失企业发展的良机。世界上许多优秀的大企业也都曾遭遇过危机，但由于平时的精细管理，由于在危机来临时应对得当，都能够化险为夷，使危机变成转机。

1985年，在世界范围内连续发生3起波音飞机空难事件，使波音公司备受打击，有人借机对波音飞机的质量提出了质疑。当时，波音公司正在与欧洲“空中客车”争夺日本市场。面对如此不利的局面，波音公司一方面对内采取“危机激励法”，使全体员工有不战即亡的危机感，激发斗志；另一方面对外采取超常的市场开拓措施，让利于对方，终于战胜了西欧对手。在空难5个月后，正式与日本签订了超过10亿美元的合同，化解了危机。

可见，危机是一场考验，也是一次机遇，关键是要有良好的心态和能够化解危机的举措。

## 四、处理突发事件的工作流程

### （一）及早发现，马上报告，保护现场

企业发生重大突发性事件时，务必在第一时间向有关部门和当地政府报告情况，由政府统一组织和调动各种资源进行抢救。这时企业的主要任务是组织人员有序撤离危险地带，提供真实准确的情况，组织并配合专业人员进行抢救。

### （二）查找问题原因

在突发事件面前，企业领导者要临危不乱，沉着应对。首先要搞清楚问题的原因。是竞争对手所为，还是消费者的行为主导；是政府机构发起，还是媒体的主动行为；是由于客观环境的冲击，还是企业管理上的失控。不同的原因意味着风险的性质不同，意味着需要调动的资源不同，意味着采取的对策和投入的成本不同。只有找准主要矛盾和矛盾的主要方面，才能选准主攻方向和突破口，迅速地化解危机。

### （三）成立临时指挥中心

企业一旦发生危机，不管是什么性质，都要成立临时指挥中心，调动一切可以调动的资源，进入紧急状态。指挥中心应由企业的第一责任人担任总指挥，并组建抢救组、调查组、善后处理组、接待组、宣传组、物资供应组等临时组织，明确各自的责任，统一指挥，集中资源，分工负责，做到忙而不乱。

### （四）控制源头，釜底抽薪

在找到问题的原因后，最要紧的是尽一切努力与问题的“源头”直接取得联系，争取彼此达成谅解，满足对方的要求，防止事态的扩大。即使无法达成和解，也能够了解对方的态度，有助于问题的解决。对在危机中受到损失的客户，要主动与之进行联系，表示理解和问候，尽量满足客户的合理要求，采取积极的措施帮助他们解决实际困难，并视情况给予合理的补偿。如采取产品召回措施、冻结措施、用户补偿措施等，以表明本企业是个负责任的企业。

### （五）召开新闻发布会

发生危机后，企业要设立新闻发言人，统一口径，一个声音对外。要向公众坦诚地说明情况，避免因公众不了解情况而听信传言，损害组织形象。如果确实是企业自身的问题，除了诚恳道歉外，还要同时公布补救的措施，以获得公众的谅解和支持。要保持与媒体的紧密联系，必要时开通社会公众热线，正面回答媒体和公众的问讯，随时通报事件的进展情况。

## 五、突发事件的记录

不管什么样的突发事件，也不管有没有发生实质性的伤害或者损失，都应该报告和记录。这是相关法律的要求，也是安全教育的案例资料。这样做，既能监督事故，保证采取措施消除事故隐患，又可提供准确的记录，用于应对有关赔偿的法律案件。

### （一）事故情况记录表

突发事件一旦发生，必须立即报告给上司或安全主管，并按照要求填写“事故情况记录表”。“事故情况记录表”通常需要记录事故时间、事故地点、涉及人员、证人、过程概述等内容。

**【工具箱】事故情况记录表示例**

××公司事故情况记录表

| 事故时间 | 年　月　日　时　分 | 事故地点 | |
|---|---|---|---|
| 涉及人员 | | 证人 | |
| 记录人 | | 记录时间 | |

事故过程概述：

### （二）工伤情况报告表

如果事故中有人受伤，涉及的每一个人都要填写一张“工伤情况报告表”，准确记录受伤人的基本信息、事故发生过程、救治情况和证明人等情况。

记录在“工伤情况报告表”上的信息主要有：工伤人员姓名、出生日期、住址、职务；发生事故的日期、地点；事故的细节及对事故的看法；进行的急救行动和医疗处理的情况，包括由谁进行。如果受伤人员送往医院，则要记清医院的名称和地址。必要时还要记录事故证人的姓名和职务，填写表格的人员签名和日期。

**【工具箱】工伤情况报告表示例**

××公司工伤情况报告表

| 1. 工伤人员基本情况 | | | |
|---|---|---|---|
| 姓名 | | 出生日期 | |
| 住址 | | 职务 | |
| 2. 事故情况 | | | |
| 发生时间 | | 发生地点 | |
| 事故细节描述： | | | |
| 3. 救治情况： | | | |
| 4. 证明人情况 | | | |
| 姓名 | | 职务 | |

填表人：　　　　填表时间：　　年　　月　　日

## 六、突发火灾事故的应对措施

火灾是各种突发事件中最常见的一种。了解突发火灾事故的应对措施，对于减轻企业的财产损失、保障企业员工的人身安全具有十分重要的意义。

一般来说，火灾有初起、发展、猛烈、下降和熄灭5个阶段，建筑物起火后5～7分钟内是灭火的最好时机，超过这段时间，要设法逃离火灾现场。

### （一）初期应对措施

发现初期火警，在场人员要按照以下步骤进行处理：

（1）即时报告行政部，报告内容应包括火警地点、燃烧物质、火势蔓延方向等。

（2）立即利用附近的灭火器械扑救，尽量控制火势发展。在可能的情况下，关闭门窗以减缓火势的蔓延速度。

（3）行政部消防主管收到现场报告后要即时向上级负责人报告情况。上级行政负责人接到火警报告后，应在第一时间向主管领导汇报，并带领保安消防人员，携带灭火器械以最快的速度到达火警现场。

（4）立即实施消防预案，指挥火警现场及可能受影响范围内的人员使用消防通道疏散。灭火后，当值负责人安排人员留守火警现场，等待调查。

（5）若扑救无效，当值负责人应即时将灭火人员撤离至安全区域，并进行火灾紧急处理程序。

### （二）紧急应对措施

（1）初期火警扑救无效，火势无法控制并进一步蔓延时，在场当值负责人应该第一时间向主管领导汇报，并在第一时间向消防局报警。报警时要讲清楚发生火灾的地点及火势等。

（2）立即关闭防火分区的防火门或卷闸；安排人员携带灭火工具检查相邻房间和上下楼层通道是否有火势蔓延；检查电梯内有无被困人员。

（3）立即成立灭火指挥小组，指挥现场人员疏散，并指派专人清除路障，引导消防队伍进入火灾现场。

（4）做好火灾善后处理工作，包括协助调查起火原因、火灾现场清理等。

## 【思考与练习】

**一、不定项选择题**

1. 突发事件的预防措施包括（　　）。

A. 制定预案　　B. 加强培训　　C. 祈求上帝保佑　　D. 模拟演练

2. 处理突发事件应遵循的原则有（　　）。

A. 快速反应，控制事态发展　　B. 以人为本，保护公众利益

C. 保守秘密，防止信息外泄　　D. 重塑形象，置之死地而后生

3. 企业一旦发生突发事件，无论什么性质，无论多么严重，企图封锁消息、隐瞒事实真相都是最愚蠢的做法。正确的态度应是（　　）。

A. 通过媒体披露事实真相　　B. 通过媒体表明企业的态度

C. 通过媒体公布企业采取的应对措施　　D. 争取公众的理解和支持

4. 当自然灾害发生时，（　　）是最高利益、最大原则。要在第一时间内组织人员迅速撤离危险地带，而不要组织非专业人员进行抢救，以致造成更大的和无谓的人员伤害。

A. 保护财产安全　　B. 保护国家的公共财产

C. 保守国家秘密　　D. 保护人的生命安全

5. 及早发现、及时应对，是处理突发事件的第一要务。按照危机管理的理论，任何危机的发生和发展过程均可分为（　　）等几个阶段，并随着危机事件的扩展和深化，处理和平息危机的成本也将成几何级数增长。

A. 突发期　　B. 扩散期　　C. 爆发期　　D. 衰退期

6. 处理突发事件的工作流程主要包括（　　）等环节。

A. 及早发现、马上报告、保护现场　　B. 查找问题原因

C. 成立临时指挥中心，控制问题源头　　D. 召开新闻发布会

7. 企业一旦发生危机，不管是什么性质，都要成立临时指挥中心，由企业的（　　）

担任总指挥，调动一切可以调动的资源，进入紧急状态。

A. 第一责任人　　B. 分管负责人　　C. 办公室主任　　D. 秘书

8. 突发事件一旦发生，应该立即报告给上司或安全主管，并按照要求填写（　　）。

A. “安全隐患排查表”　　B. “事故情况记录表”

C. “工伤情况报告表”　　D. “设备故障登记表”

9. 如果突发事件中有人受伤，涉及的每一个人都要填写一张“工伤情况报告表”，准确记录（　　）。

A. 受伤人的基本信息　　B. 事故发生过程

C. 救治情况　　D. 证明人情况

10. 火灾有初起、发展、猛烈、下降和熄灭5个阶段，建筑物起火后（　　）是灭火的最好时机，超过这段时间，要设法逃离火灾现场。

A. 半小时内　　B. 1小时内　　C. 15～20分钟内　　D. 5～7分钟内

## 二、案例分析题

2003年2月15日，吉林省吉林市中百商厦发生一起特别重大火灾事故，造成54人死亡、70人受伤，直接财产损失426万多元。事故的直接原因是中百商厦伟业电器行员工于洪新在事发当日向3号库房送纸板时，将正在燃烧着的香烟掉落在库房中，没有将其熄灭就离去，香烟引燃地上的纸屑、纸板等可燃物，致使库房起火燃烧，并蔓延到商厦，造成特别重大火灾事故。

这一惨痛的火灾事故带给我们的教训是深刻的：

（1）漫不经心导致恶果。2月15日9时左右，于洪新将柜台内的纸包装箱送往楼台仓库的途中点燃香烟。当他到达仓库内摆放纸包装箱时，不慎将吸剩下的烟头掉落在地上，随意踩了两脚，在并未确认烟头是否被踩灭的情况下，离开了仓库。当日11时左右，烟头将仓库内物品引燃。

（2）报警不及时。大火是从2月15日11时左右开始燃起的，但此后近半个小时，商厦只顾自己灭火，没有任何人报警。直到11时28分，一位过路人发现商场冒烟才报了火警。4分钟后，离商厦最近的长春路消防支队的5台消防车赶到了现场。11时50分，到场的消防车多达60台，有1 100余名干警抵达现场进行抢险。但此时，火场内部的部分人员已经遇难或处于昏厥状态，给搜救工作带来较大困难。

（3）消防设备形同虚设。中百商厦背后有一排临时仓库，这排仓库中的临时电器仓库为起火点。在起火仓库西侧约10米的地方，有一个消防设备存放处，里面立着二十五六个便携式干粉灭火器，火魔肆虐的时候，它们没有派上用场。在得知商场起火后，没有人去拉消防栓，大家只知道疯狂地跑。

（4）逃生通道被阻断。商厦的一楼、二楼一共有34个窗户，其中有30个装着铁栅栏，给出楼逃生造成困难。一些人被迫往三楼、四楼跑，被困人员无法从窗口逃生。另外，消防通道也非常狭窄，而且没有逃生指示标志。

（5）错误指令带来致命后果。据部分生还人员回忆，火灾发生后，商厦有穿着保安服装的人喊道：“快上楼躲！快上楼躲！”一部分正在犹豫是否冒火冲下一楼的人毫不犹豫地往楼上跑去。其实，当时最明智的选择是冒火冲下楼，跑出商厦就安全了。越往上跑，逃生的希望就越小，因为起火后烟往上冒。

虽然这次火灾带给我们的是深刻的教训，但其中两个成功逃生的案例也带给了我们非常宝贵的火灾逃生经验:

（1）八旬老汉伏地呼吸2小时。“2·15”事故生还者中有一位在商场四楼呆了两个多小时才被消防队员救下来的老大爷——78岁的毛凤久。据老人介绍，火灾发生时，他正在商场四楼。火灾发生后，他没有像其他人那样楼上楼下跑，而是趴在地上，爬着寻找可以呼吸的地方。就这样，毛凤久在楼上坚持了2个多小时，直至被消防队员救下后送到医院进行治疗。据吉林市第三医院急诊部医生介绍，送到医院的死者绝大部分都是因烟熏窒息、中毒而死的。

（2）床单救出6条人命。2003年2月15日，尹女士和丈夫李先生两人到中百商厦三楼的浴池洗澡。李先生正在洗澡时突然停电，一分钟后，浴池的服务生跑来大喊：“着火了！”大家想办法纷纷逃离，不少女浴客慌乱中甚至跑到了男浴室。李先生找到妻子，两人用浴室内的竹枕头打碎更衣室的玻璃，李先生又找来四五条床单，把它们系在一起，对尹女士说：“试试吧，你先走。”李先生在上面拉住床单把尹女士从三楼放下，中间因为尹女士没有抓住，从半空中摔下，造成腰部骨折。李先生在放下尹女士之后，又用同样的办法把旁边的两个孩子和两名女士放下楼。看到身边没有其他人了，李先生才把床单系在窗框上，自己慢慢往楼下滑，在快到二楼的时候床单突然断裂。李先生摔下楼来，幸好只是腿受了点伤，没什么大问题。

试分析一下，为了防止火灾的发生，企业平时应做好哪些工作？为了最大程度减少火灾发生时的损失，在发现火灾时，企业相关人员应果断采取哪些措施？一旦遭遇火灾，怎样才能有效地逃生？

# 任务16 办公设备采购与办公资源调配

【任务目标】

了解办公设备采购程序、采购预算制定方法和办公资源调配方法，能够主持购买或租用办公设备，能够有效调配办公资源。

【参考学时】

2学时

【知识支撑】

## 一、办公设备的采购程序

### （一）获得设备使用权的方式

#### 1. 购买

购买是指从组织外部购买该设备，从而获得设备的使用权。购买的优点在于设备归购买者所有，使用方便。缺点在于一次性付款费用较高，而且过了保修期后，需要额外支出设备的维护与修理费用。另外，设备还可能很快过时。

#### 2. 租用

通过租用的形式也可以取得设备的使用权，根据合同，每月或每年向所有者支付一定的租金即可。租用的优点在于最初的费用较低，费用可以由不断获得的利润进行补偿；一般租用协议都包括了维护和修理的费用；另外，在新的设备上市时，可以随时进行更换和升级。缺点在于如果租期较长（例如几年），支出的费用将会较多，甚至超过购买的费用；另外，如果在租赁合同到期之前终止合同，违约金将会很高。

### （二）政府采购常识

政府采购被界定为各级国家机关、实行预算管理的事业单位和社会团体以购买、租赁、委托或雇用等方式获取货物、工程和服务的行为。

我国政府采购的主要方式有5种，即公开招标、邀请招标、竞争性谈判、询价、单一来源采购方式。

公开招标采购是指采购机关或其委托的政府采购业务代理机构（统称招标人），以招标公告的方式邀请不特定的供应商（统称投标人）投标的采购方式。一般情况下，达到财政部及省级人民政府规定的限额标准以上的单项或批量采购项目，应实行公开招标采购方式或邀请招标采购方式。

国家财政部及省（自治区、直辖市）级政府财政部门为政府采购管理机关，负责合同的监督管理。

## （三）采购程序

### 1. 提出购买申请

由需要购买设备的人或部门填写“办公设备申购表”，并由部门领导签字，说明需要该设备的理由及具体的型号、数量等内容。

**【工具箱】办公设备申购表示例**

办公设备申购表

日期：　　　　　　　　　　　　　　　　　　　　编号：

<table>
<tr><td colspan="2">申购人</td><td></td><td></td><td>申购部门</td><td></td><td></td></tr>
<tr><td rowspan="4">设备清单</td><td>序号</td><td>设备名称</td><td>规格型号</td><td>数量</td><td>单价</td><td>备注</td></tr>
<tr><td></td><td></td><td></td><td></td><td></td><td></td></tr>
<tr><td></td><td></td><td></td><td></td><td></td><td></td></tr>
<tr><td></td><td></td><td></td><td></td><td></td><td></td></tr>
<tr><td>申购理由</td><td colspan="6"></td></tr>
<tr><td>部门意见</td><td colspan="6">主管签字（或盖章）：<br>年　月　日</td></tr>
<tr><td>财务部门意见</td><td colspan="6">主管签字（或盖章）：<br>年　月　日</td></tr>
<tr><td>领导意见</td><td colspan="6">签字（或盖章）：<br>年　月　日</td></tr>
</table>

### 2. 审批、落实经费

申请表填好后，交由财务部门进行综合平衡，确认采购经费来源。财务主管签字后交采购人员。

### 3. 招标、选择供应商

采购人员向供应商发出购买需求，各供应商提供报价单。采购人员进行比较、筛选，最终选定供应商。若是大额采购，一般实行招标采购，按以下程序进行：

（1）在报刊或网络上发布招标公告，接受投标报名。

（2）起草招标文件，交领导审定。同时，由招标领导小组根据投标报名情况确定入围投标供应商名单。

（3）向入围供应商发招标文件，并在规定时间、地点接受投标文件。

（4）组织开标、评标，由使用部门、财务等部门派人负责评标，确定中标单位。

### 4. 签订供货合同

选择好供应商后，与其签订供货合同。合同中应详细规定所订购货物的型号、规格、数量等细节，约定交货方式与付款方式等，由双方签字盖章。同时，采购方向供应商出具正式的订货单。

**【工具箱】订货单示例**

订货单

订单号：

<table>
<tr><td colspan="5">供货单位：<br>联系人：<br>电话：<br>地址：</td><td colspan="4">购货单位：<br>联系人：<br>电话：<br>地址：</td></tr>
<tr><td>序号清单</td><td>设备名称</td><td>规格型号</td><td>单位规格型号</td><td>数量</td><td>单价</td><td>总价</td><td>付款周期</td><td>备注</td></tr>
<tr><td></td><td></td><td></td><td></td><td></td><td></td><td></td><td></td><td></td></tr>
<tr><td></td><td></td><td></td><td></td><td></td><td></td><td></td><td></td><td></td></tr>
<tr><td></td><td></td><td></td><td></td><td></td><td></td><td></td><td></td><td></td></tr>
<tr><td>合计</td><td colspan="4">人民币小写：</td><td colspan="4">人民币大写：</td></tr>
<tr><td rowspan="4">收货资料</td><td colspan="3">收货人：</td><td colspan="3">电话：</td><td colspan="2" rowspan="2">提货方式：□自提<br>□送货上门</td></tr>
<tr><td colspan="6">交货时间：</td></tr>
<tr><td colspan="8">收货单位：</td></tr>
<tr><td colspan="8">交货地址：</td></tr>
<tr><td>备注</td><td colspan="8"></td></tr>
<tr><td colspan="3">经办人：</td><td colspan="3" rowspan="3">购货单位公章：<br>年 月 日</td><td colspan="3" rowspan="2">供货方确认：</td></tr>
<tr><td colspan="3">审批签字：</td></tr>
<tr><td colspan="3">审批日期：</td><td colspan="3">回复时间：</td></tr>
</table>

5. 货物入库

合同签订后，采购人员负责催促交货，确保货物能够按申购部门要求的时间及时入库。收到供应商的货物后，要对照交货单和自己的订货单检查货物。使用部门要及时组织验收，确认采购的物品是否符合要求。采购人员要根据收到的货物填写入库单，库房人员要签字表示货物进库。

【工具箱】交货单示例

交货单

送货单位名称：______

客户名称：______

送货日期：______　　收货日期：______

| 序号清单 | 品名 / 规格 | 采购 / 订单号 | 交货数量单价 | 实收数量 | 备注 |
|---|---|---|---|---|---|
| | | | | | |
| | | | | | |
| | | | | | |

送货人：　　签收人：

随货发票：□有　□无　　发票号码：

6. 支付货款

会计部门收到发票后，对照交货单、入库单和订货单，三单货名、数字应当相符，经财务主管签字批准，支付货款。

### （四）注意事项

其一，在自己的职权范围内，依照规定的程序进行购置，要多征求使用者的意见；其二，按照采购程序与供方确定购货内容、总费用、交货和售后服务等事宜，形成整套购买文件；其三，按照进货、验货程序检查所购设备和办公用品的型号、质量、数量、价格及相应单据；其四，若发现提供的货物或票据不符合要求，要立即与供应商联系；其五，最后按单位规定与财务部门办理或存放购买货物的相关文件及单据。

## 二、采购预算方案的制订

### （一）采购预算方案的制订原则

1. 真实性原则

采购费用的预测必须以实际的市场调查为依据，对每一项目的数字指标运用科学合理的方法测算，力求各项数据真实准确。

2. 重点性原则

预算编制要做到合理安排各项资金，在兼顾一般的同时，优先保证重点支出。预算安排要先保证基本支出，后安排项目支出；先重点、急需项目，后一般项目。

3. 目标相关性原则

采购的用品应与办公活动的任务目标相关。

4. 经济合理性原则

预算应经济合理，在不影响任务目标的前提下提高资金的使用效率。

### （二）采购预算方案的编制程序

1. 确定预算的核算基数

确定预算的核算基数实际上是要确定采购费用的总额。根据办公活动的实际需要、具体项目的目标、公司的财力等统筹安排，可以参考上一年度以及类似项目的实际支出，确定一个核算基数与比例。有些办公设备高、中、低档差价是非常大的，确定了总额之后，基本上就能定位所购设备的档次。

2. 进行市场调研

可以通过上网等各种方式了解所要采购产品的型号、价格、功能等详细信息，根据实际需要进行确定。对于以前从未购置过的某种办公设备、大型专用办公设备或批量购买，要对多家供应商进行比较，调查的信息要考虑周全，例如，可比较设备的性能、功效、价格、付费方式、供货时间、交货方法、售后服务以及供应商的信誉等。

3. 确定采购产品的种类及型号、价格

根据总额与调研结果，确定购买何种产品以及产品的型号及价格。在选定购买产品时要注意明确以下问题：

（1）此次采购是要解决什么问题？

（2）这些采购的产品是不是必需的？

（3）可选择的产品有哪些？有没有比目前的方案更经济、更高效的方案？

（4）各项产品的重要次序是什么？

（5）从实现办公目标的角度看到底需要多少资金？

4. 编写预算方案

预算方案要进行科学的可行性论证，提出项目的效益目标、技术标准、动用的公共资源、支出标准和测算依据等。

5. 征求意见，完善方案

制订好的预算方案要交使用部门征求意见，进行协商。对预算方案进行修改完善后，交上司审批，然后再执行。

### （三）编制预算方案的注意事项

其一，编制预算方案一定要进行调查研究，根据本单位以及市场实际情况认真进行测算；其二，不要一味追求购买高档的办公设备，要根据单位的实际工作需要选配合适的产品；其三，要购置的办公设备必须是当前或预期所必需的，并且要考虑与原有设备的匹配关系；其四，事先安排好要购置的设备所放置的位置，要安全可靠且有利于工作流程的进行；其五，慎重选择供应商，对不同的供应商要在各个方面进行认真地比较；其六，预算方案的编制要注意征求各方面的意见，方案应切实可行。

### （四）常用预算编制方法

1. 传统预算法

传统预算法是指承袭上年度的经费，再加上一定比例的变动。这种预算法核算比较简单，核算成本也较低，国内的很多企业都采用这一方法。但是这一方法的逻辑前提是上年度的每个支出项目均为必要，而且是必不可少的，因而在下一年度里都有延续的必要，但这种逻辑实际上是存在问题的。

这种预算方法容易导致一些不良倾向：每次开始做预算时，往往会以上年实际支出为基础，再增加一笔金额，然后作为新的预算提交领导审批；主持审批的领导，明知预算里有水分，但因无法透彻了解情况，只好不问青红皂白，大砍一刀；这种“砍一刀”的做法，使有经验的人员有意把预算造得大大超过实际需要，以便“砍一刀”后还能满足需要，而那些老老实实者则叫苦不迭，下一次恐怕就要狮子大开口了；最终的结果常常是预算确定下来，但几乎人人都不满意，钱花了不少，却效果平平。

2. 零基预算法

零基预算是以零为基数编制的预算。这种方法在编制预算时以零为起点，根据组织目标，重新审查每项活动对实现组织目标的意义和效果，并在费用—效益分析的基础上，重新排出各项管理活动的优先次序。资金和其他资源的分配是以重新排出的优先次序为基础的，而不是采取过去那种外推的办法。

不难看出零基预算的优势在于：① 有利于管理层对整个活动进行全面审核，避免内部各种随意性费用的支出。② 有利于提高主管人员计划、预算、控制与决策的水平。③ 有利于将组织的长远目标和具体目标以及要实现的效益三者有机结合起来。

但是零基预算法的缺点也影响了其广泛推广，这种预算方法需要花费大量的人力、物力和时间，而且在安排项目的优先次序上难免存在着相当程度的主观性。

## 三、调配办公资源

### （一）办公资源管理概述

办公资源包括的范围比较广，包括各类办公设备、办公家具、车辆、会议室、日常用品、图书等。办公资源管理就是实行办公资源统一规范管理，减少资源浪费，合理地调配与利用办公资源，提高办公资源的使用效率。

办公资源的管理一般由单位的行政部门负责。在实际工作中，办公资源的管理方式依单位规模大小的不同而不同。一般而言，规模较小的单位人员少，涉及的办公资源较少，一个称职的秘书人员就可以对单位的办公资源如数家珍，科学调配；而规模较大的单位员工众多，办公资源也较多，秘书不可能对所有的办公资源烂熟于心，这就需要借助一些其他的管理手段进行管理。建立办公资源档案和运行记录是办公资源管理的有效手段。

办公资源档案和运行记录是进行办公资源管理的核心，依据档案记录，秘书就能有效地调配办公资源。目前，不同的软件公司开发了各种各样的办公资源管理软件，实现了办公资源管理的计算机化，进一步提高了办公资源的调配与利用的效率。

### （二）办公资源管理的基本程序

不论是使用人工还是计算机，办公资源管理的基本程序都是基本一致的。

#### 1. 了解情况

了解本单位所有办公资源的基本情况，包括名称、放置的地点、功能情况等。

#### 2. 分类管理

对单位所有办公资源进行分类，对不同资源进行分类管理。分类可根据办公资源的实际情况进行，如设备类、日常用品类、行政用房类、车辆等，每一类都要单独建册。

#### 3. 建立档案

对办公资源建档，记录应用情况。就办公设备来讲，建档内容如下：

（1）**设备的购买信息**。包括该设备的订购、采买、发票信息，常见资料为订货单、交货单等资料的复印件。

（2）**设备的保修信息**。包括该设备的保修文件复印件。

（3）**设备的维护合同**。包括该设备的定期、非定期维护保养合同复印件。

（4）**设备的操作指南**。包括该设备制造商编制的操作指南和相关手册。

（5）**设备的基本信息**。包括该设备购买日期、设备编号、供应商、安全检查和维修日期等，应做成相应的卡片索引存储在卡片索引盒中，并在计算机数据库中记录该设备的基本信息，这些数据信息应安全地存储在计算机、磁盘或网络服务器上。

（6）**所有设备情况列表**。所有设备要按照购买日期、设备编号等做出目录列表，安全地放在文件柜保存，该目录列表应定期更新，如每年整理一次。

（7）**设备的日志记录和故障登记**。包括办公设备发生故障的日期、故障情况、报告人、维修情况等应清楚地记录在故障登记本上，该本应放在设备旁；各类设备也应有日志记录，将定期进行的检查情况记录在上，该本也应放在设备旁。

#### 4. 定期进行数据分析

根据记录的情况，定期对办公资源的利用率进行分析，分析时要注意以下问题：

（1）办公资源是否因为管理不明而导致不必要的流失？

（2）办公资源使用效率如何？是否达到了最大的效益？

（3）办公资源运行维护状态如何？是否有足够的备件？

（4）办公资源是否需要保养维护？它们下一次维护应是什么时候？

（5）办公资源购置计划如何？是否超出预算？

（6）办公资源相关合同执行状况如何？资产保修状况如何？

在分析中要注意发现问题，及时进行资源的调配。

### （三）办公资源管理的注意事项

#### 1. 无缝建档

必须要对单位所有的办公资源进行建档，明确每一项资源所在的位置，在需要的时候能够迅速找到它们。

#### 2. 及时更新

要注意及时更新记录，办公资源的变动情况要记录在案，能够真实地反映目前的实际使用状况。

#### 3. 及时清退

要注意按规定清退办公用品，员工离开本单位，应退回领用的办公用品。

#### 4. 掌握信息

公司员工的流动影响着办公资源的调配与利用，应随时掌握员工的变化信息。

### （四）办公资源管理软件简介

办公资源的管理是办公自动化管理的一个重要内容，在许多公司开发的办公自动化管理系统中都具有办公资源管理的功能。利用软件可以详细登记办公资产编号、名称、配置、单价、数量、金额、购买单位、存放位置和资产图片信息等，可以登记办公资产的使用人，可以查询办公资产的借、领、还历史记录。大多数软件还提供详细的人事档案管理功能，按部门登记员工资料，这样能够做到办公资产和人员之间调配的自动化更新。

以日常办公用品的管理为例，软件一般包括登记、领用、盘存3大功能。办公资源登记模块主要用于登记各种办公资源的入库情况。记录每次购进了哪些物品、各分哪几个品种、品种名称、品种数量、价钱、购买日期及地点、有效期限、经办部门、经办人等相关信息；办公资源领用模块主要用于登记各种办公资源的领用情况。它需要记录被领走的每样办公资源的种类、名称、数量、领用日期、有效期限、领用部门、领用人等相关信息，便于以后对办公资源进行季度、年度的领用盘存；办公资源盘存模块主要是对办公资源作领用盘存，采购部门根据领用盘存数据，决定何时该购买何种办公资源及其购买数量等。

总之，办公资源管理软件能够有效地控制内部办公资源的管理和调用，大幅度地提高办公效率和水平，有效地减少资产的浪费和流失，是单位正常运作和管理中不可缺少的工具。

## 【思考与练习】

### 一、不定项选择题

请从每道题目下面的选项中选出一个或者多个正确的、符合题目要求的选项。

1. 获得办公设备使用权的主要方式有（　　）。

A. 租借、购买　　B. 赠送、租借　　C. 购买、赠送　　D. 租用、购买

2. 制订采购预算方案首先要（　　）。

A. 确定采购产品的种类及型号价格　　B. 编写需求方案

C. 确定预算的核算基数　　D. 征求技术人员的意见

3. 承袭上一年度的经费，再加上一定比例的变动的预算方法称为（　　）。

A. 传统预算法　　B. 零基预算法　　C. 增效预算法　　D. 比例预算法

4. 办公资源的管理方式依单位规模大小而有所不同，一般而言，规模较小的单位主要由（　　）来负责。

A. 经理　　B. 秘书　　C. 财务主管　　D. 人事主管

5. 在对办公设备建档时，设备的购买日期、设备编号、供应商等信息应该归入设备的（　　）中。

A. 购买信息　　B. 维护合同　　C. 日志记录　　D. 基本信息

6. 零基预算法的优势主要有（　　）。

A. 能够避免内部各种随意性费用的支出

B. 有利于将组织的长远目标和具体目标以及要实现的效益有机结合起来

C. 可以节约大量的人力、物力和时间

D. 有利于提高主管人员的控制与决策水平

7. 通过购买方式获得设备的使用权，其特点是（　　）。

A. 一次性付款费用较高　　B. 设备归购买者所有，使用方便

C. 可以随时更换和升级设备　　D. 设备很可能很快过时

8. 在编写预算方案时，应包括（　　）等内容。

A. 效益目标　　B. 支出标准　　C. 测算依据　　D. 技术标准

9. 各类办公资源调配管理软件对日常办公用品的管理一般包括（　　）等模块。

A. 登记　　B. 领用　　C. 盘存　　D. 人员管理

10. 下列项目中，属于办公设备建档内容的有（　　）。

A. 设备的购买信息　　B. 设备的保修信息

C. 设备的操作指南　　D. 设备的故障登记

## 二、实务操作题

背景说明：你是宏远公司行政秘书高叶，下面是行政经理苏明需要你完成的任务。

| 便　条 |
| --- |
| 高叶：<br>公司目前需要编制下一年采购预算，请你介绍一下编制采购预算的一般程序。<br>行政经理 刘明<br>二〇一〇年二月六日 |

## 三、案例分析题

（一）

公司要在一个新的地点设立销售二部，经理要求秘书高叶制定一个办公设备和家具的采购预算方案。

试分析一下，高叶需要先做好哪些工作才能制定出让领导满意的采购预算方案？

（二）

公司客服部新招了一名客服人员，需要一套办公桌椅。客服部交来一份要求购买一套办公桌椅的申请。

试分析一下，这个时候高叶应该怎么做？

# 任务17 办公室布局和办公室布置

【任务目标】

掌握办公室布局和办公室布置的基本知识和操作方法，能够根据企业需要选择适宜的办公室布局，并进行办公室布置。

【参考学时】

2学时

【知识支撑】

## 一、合理进行办公室布局的作用

办公空间是一个组织开展经营活动所必需的，也是一种必须支付的资源，费用通常是按平方米来计算的。如何在适当面积的空间中获取组织的最大效益是一个组织在选择和设计办公结构和布局时必须考虑的。

### （一）合理布局有利于形成有效率的工作流程

合理的办公室布局，可以使一项协同性工作任务的完成在一个最小的空间范围内实现，简化工作流程，提高工作效率。

### （二）合理布局有利于员工的工作分配

合理的办公室布局，可以使需要相互配合的岗位之间在空间上得以相邻，从而实现工作中的配合默契与协作攻关。

### （三）合理布局有利于工作顺利完成

合理的办公室布局，可以使具有内在联系的工作岗位之间实现最大程度的互相协作，有利于复杂工作任务的顺利完成。

## 二、办公室布局的种类及其特点

### （一）开放式办公室

#### 1. 开放式办公室的概念

开放式办公室是一个大的办公空间，内设多个工作位置，每一个工作位置通常包括办公桌、纸张和文具的存放空间、文件的存放空间、椅子、电话、计算机等。工作位置可以用屏风分开，以吸收噪声和区分不同的工作组。

#### 2. 开放式办公室的优点

（1）灵活多变。每一个工作位置都可以随着工作需要而移动位置或者改变配置。

（2）节省费用。相对于封闭式办公室来说，开放式办公室所需要的面积和门、墙等都较少，从而可以节省许多相关的费用，也能容纳更多的员工。

（3）易于沟通，便于交流，也便于监督。由于所有的员工以及主管都集中在一个大的办公空间内，所以员工之间、员工和主管之间交流沟通起来都非常方便。同时，也便于主管对员工工作状态的监督，以及员工之间的相关监督。

（4）便于集中化服务和共享办公设备。开放式办公室，可以使打印机、传真机等大型贵重办公设备得以最大程度实现共享，也便于提供集中化的饮水、阅览等支撑性服务。

#### 3. 开放式办公室的缺点

（1）保密性差。由于大家都处在一个透明的空间内，相互之间毫无秘密可言，因此，不适合需要保密的机要、财务等部门。

（2）干扰因素多。由于相互之间没有任何的物理屏障，所以，电话铃声、人员走动声等声音，往往使员工很难集中注意力。

（3）没有私人空间。在开放式办公室中，每一个员工的一举一动都置于其他人的监督之下，很难找到属于自己的私人空间。

### （二）封闭式办公室

#### 1. 封闭式办公室的概念

封闭式办公室是按照办公职能设置分隔而成的若干个相对独立的办公室，每个办公室之间互不干扰，相安无事。

#### 2. 封闭式办公室的优点

（1）安全保密性好。由于办公室面积较小，人员较少，有独立的门窗，可以随时锁闭，所以办公室的安全保密性比较好。

（2）干扰因素少。由于每个办公室之间相互独立、互不干扰，所以员工工作起来容易集中注意力。

（3）**保护隐私**。由于室内人员相对较少且相对固定，所以有利于保护员工的个人隐私。

3. 封闭式办公室的缺点

（1）**费用高**。占用空间多，装修材料多。

（2）**难于监督**。相互独立，难以了解别人的工作状态。

（3）**不便交流**。相互隔离，不利于协作精神的培养。

## 三、设计办公室布局的工作程序

### （一）分析需求

分析不同部门业务特点对办公条件的要求，包括所需空间的大小、人员流动的频率、环境噪声要求、需要设备及家具量的多少等。

### （二）设计办公室布局平面图

指定专人或委托他人设计办公室布局平面图，并征询各使用部门的意见，根据意见修改设计，完善办公室的功能。

### （三）选择办公家具和设备

办公室中使用的所有家具应符合健康要求和安全标准。大多数办公室通常提供给每一个工作人员下列的家具和设施。

1. 办公桌

这是日常工作的空间，应根据工作需求和企业的经济条件确定办公桌的大小和档次。

2. 办公椅

用于支撑工作时的身体，样式根据工作类型而变化。

3. 存储柜

通常用于存储文件、办公用品、设备。

4. 办公设备

完成工作任务的必要手段。

### （四）设计装饰和美化效果

办公室的装饰应该满足以下要求。

1. 营造良好印象

能够给来访者和客户一个良好的企业印象，如企业形象标识、产品模型、经营理念和发展目标挂图等。

2. 给人安全感

能够给工作人员以安全感，如有质地良好的防盗门和护窗网，牢固的座椅和橱柜。

3. 给人愉悦感

能够让工作人员感到愉快，如特定的颜色、绿色的植物、精美的图片等。

### （五）设计采光、控温和通风设施

1. 采光设施

采光效果良好的窗户、用来调节光照强度的百叶窗和人工照明设施等。

2. 控温设施

封闭良好的门窗以及性能优良的空调设备。

3. 通风设施

可随意打开的门窗和机械通风设备。

## 四、设计办公室布局的注意事项

设计办公室布局的时候，需要考虑以下因素。

### （一）职工人数

职工人数少，可采用封闭式办公室布局；职工人数多，可采用开放式办公室布局。

### （二）业务性质和内容

商贸类企业的接待区一般安排在离大门较近的区域，总经理办公室一般安排在离大门较远的区域。

生产类工业企业的办公区一般安排在离大门较近的区域，车间则一般安排在离大门较远的区域。

零售类商业企业的商品陈列区一般安排在离大门较近的区域，而把办公区安排在离大门较远的区域。

### （三）部门间的工作联系

工作联系较多的部门要安排在邻近的位置，以确保科学有效地实施工作流程，减少或避免不必要的重复与浪费。

### （四）工作需要

办公室的布局方式应符合工作的需要，如需要强化交流，就选择开放式办公室，如需要强化保密，就选择封闭式办公室。

## 五、办公室布置的原则和要求

### （一）办公室布置的三大原则

#### 1. 利于沟通

办公室作为一个工作系统，必须保证工作人员之间充分的沟通，才能实现信息及时有效地流转，系统内各因子、各环节才能协调地运行。

#### 2. 便于监督

办公室的布置必须有利于监督，特别是有利于员工的自我监督与内部监督。自我监督就是进行自我约束和控制，自觉遵守公司的规章制度等；内部监督就是工作人员之间相互约束和控制。

#### 3. 协调舒适

协调，主要是指办公室的布置和办公人员之间配合得当；舒适，主要是指人们在布置合理的办公场所中工作时，身体各部位没有不适感。协调是舒适的前提，只有协调，才会有舒适。

### （二）办公室布置的具体要求

#### 1. 桌椅橱柜整齐划一

应选用样式、规格、风格一致的桌椅橱柜，以增进美观，营造协调的环境，并增强职员的相互平等感。

#### 2. 设备安装便捷高效

常用的办公设备应安装在使用者近处。特别是电话，最好是5平方米空间范围一部，并安装在使用者左手边方便拿到的位置。

电脑、打印机等办公设备宜集中安装在同一个区域，以方便电源接线和管理。

#### 3. 方便工作有利健康

办公桌应按照直线对称的原则和工作流程的顺序的排列，以防止任务处理中的逆流与交叉现象。

同室工作人员应朝向同一个方向办公，以免相互干扰和闲谈。主管的办公桌应位于员工座位的后方，以便监督掌控工作场面。

自然光应来源于桌子的左上方或斜后上方，同时，避免让员工面对窗户、靠近热源或堵住通风口。

#### 4. 预留弹性便于扩容

应预留充足的办公空间和电源、电话、网络负荷，以应对公司规模扩大时增加办公位置和设备。

## 六、办公室布置的工作程序

### （一）考察分析工作要求

对各部门的业务工作内容与性质加以考察与分析，明确各部门及各员工间的关系，以此为依据确定每位员工的工作位置。

### （二）合理分配工作空间

列表将各部门的工作人员及其工作分别记载下来，按工作人员数量及其办公所需的空间来设定其工作空间的大小。

通常办公空间的大小因各人工作性质而异，但一般而言，每人的办公空间，大者可3～10 平方米，普通者1.5～8 平方米即可，人均办公面积应不低于3.5平方米。

### （三）精心选配办公家具

根据工作需要，选配相应的家具、桌椅等，并列表分别详细记载。

### （四）绘制座位分布图表

绘制办公室座位布置图，然后依图布置。

### （五）合理安放办公设备

布置办公室之前，秘书人员应对设备的安放提出合理建议。

### （六）装饰美化办公空间

在公司前台的后面，应装饰一个带有公司标志的形象墙。它是公司理念、宗旨的象征及表现，也是客人了解公司产品或服务的开始。

在办公空间的地面上，应根据公司的性质选择铺设适当质地、花色、图案的地毯。这样，不仅能够减小走路的声音，吸收各种噪声，还能增加办公区域的美感。

在办公空间的墙壁上，应装饰一些反映公司发展历史、远景规划、主导产品或重大成就的宣传画。这样，既能增加美感，又能强化员工的归属感和主人翁意识。

同时，应根据办公空间的大小、朝向、光照等情况，选择摆放一些合适的绿色植物。

## 【思考与练习】

### 一、不定项选择题

1. 合理进行办公室布局的作用包括（　　）。

A. 有利于形成有效率的工作流程　　B. 有利于员工的工作分配

C. 有利于提高员工的思想觉悟　　D. 有利于工作顺利完成

2. 开放式办公室的优点包括（　　）。

A. 灵活多变　　B. 保密性好　　C. 节省费用　　D. 干扰因素少

3. 大多数办公室通常会提供给每一个工作人员（　　）等家具和设施。

A. 办公桌　　B. 办公椅　　C. 文件柜　　D. 必要的办公设备

4. 设计办公室布局需要考虑的因素包括（　　）。

A. 职工人数　　B. 业务性质　　C. 部门间联系　　D. 工作需要

5. 布置办公室的基本要求有（　　）。

A. 使用同样大小的桌子　　B. 柜子的高度一致

C. 主管座位位于员工座位的前方　　D. 装设充足的电源插座

6. 办公室布置的三大原则是（　　）。

A. 有利于节省费用　　B. 有利于沟通

C. 便于监督　　D. 协调、舒适

7. 排列办公桌的时候，要（　　）。

A. 按照直线对称的原则排列　　B. 按照工作程序的顺序排列

C. 同室工作人员应朝同一个方向办公　　D. 围成一个圆圈

8. 为了缩短工作流程，降低办公空间成本，便于沟通联系和控制监督，便于环境控制，应尽量设置（　　）办公室。

A. 较大的　　B. 封闭的　　C. 开放的　　D. 较小的

9. 专用的电话一般应放在（　　）。

A. 左手边方便拿到的位置　　B. 右手边方便拿到的位置

C. 正前方　　D. 抽屉里

10. 通常办公室的大小因各人工作性质而异。但一般而言，每人的办公空间，（　　）即可以。

A. 大者可3～10平方米，普通者1.5～8平方米

B. 大者可20～30平方米，普通者10～20平方米

C. 大者可30～50平方米，普通者20～30平方米

D. 小者可0.1平方米，普通者0.2平方米

### 二、案例分析题

（一）

某公司准备再开办一个销售分公司，租用了某写字楼一层的大厅，其中，大门左边用作

产品展厅，大门右边作为销售分公司办公区，包括正副经理办公区、接待区、销售部、财务部。该销售分公司的负责人将整个一层大厅全部设计为当今很流行的全开放式办公室和半开放式办公室，用站立并能够移动的间隔物来分隔，没有门，所有人的工作都清楚可见。

试分析一下这种办公室布局的利弊得失。

（二）

许总的办公室在最里间，王琳的办公室就在许总办公室的外面，两屋有一扇门相通。

王琳先进入了自己的办公室，首先映入眼帘的是窗台上的各式盆景和竞相开放的各色鲜花。进门，在右边是棵高大的绿色灌木，很清新的感觉。

许总的办公室要比王琳的办公室大一些，基本的摆设没有很大的差异。宽大的办公桌上也有一台电脑，另外只简单地摆着电话和一些文件夹，有两个并列的靠墙立式柜，在另一面靠墙的地方环形摆开的是沙发。

试分析一下该案例中这种办公室布局的类型和办公室布置的特点。

# 任务18 办公室安全检查和办公环境管理评估

【任务目标】

掌握办公室安全检查和办公环境管理评估的内容、要求和工作程序，能够进行办公室安全检查和办公环境管理评估。

【参考学时】

2学时

【知识支撑】

## 一、办公室安全检查的内容与要求

### （一）建筑物

办公区建筑必须坚固安全，地面、墙面、天花板完好整洁，门窗开启灵活且能够锁闭，室内有基本装修。

### （二）空间

办公室空间及座位空间要适当，座位间要留有通道，力求员工工作舒适。

### （三）家具

办公家具要满足工作所需并符合健康、安全要求，包括工作台面、座椅、各种存储设备及配套的锁具等。

### （四）设备与物品

办公设备、办公用品和易耗品要满足工作所需并符合健康、安全要求，包括工作台面上的电话、计算机、文具及公用设备和物品。办公设备的安装、操作要符合要求，操作指南和注意事项要明晰展示。

### （五）光线

光线应充足、稳定而柔和，符合办公室照度标准的要求。有直射光的窗户应安装窗帘，使光线不足以引起计算机屏幕的反射。

### （六）温度

温度要适宜，根据天气变化安装冷暖调节设备，使室温处于一个适宜的范围。

### （七）空气质量

办公场所应注意通风，保持空气流通，使空气的新鲜度和洁净度符合办公室空气质量控制标准。因此，办公室应禁止吸烟，必要的时候可在工作区外设立吸烟区。

### （八）噪声

办公室噪声要满足办公室噪声控制标准，噪声超标时应采取相应的隔音措施，如隔音门窗、地毯、设备隔音罩等。

### （九）饮水

办公室提供的饮水要符合健康、安全要求，不能损害员工的身体健康或者给员工的身体健康留下隐患。

### （十）报警装置

办公场所要设置相应的消防设施、设备及必要的消防报警和防盗报警装置，以便及时发现情况，减少事故损失。

### （十一）急救用品

办公区域办公室应设置急救包，并时刻保持急救用品的有效性。

### （十二）规章制度

办公区域应建立严格的人员进出规章制度，保证办公区域的人身和财产安全。

## 二、办公室常见安全隐患

### （一）建筑物隐患

如地板太滑，墙体潮湿，天花板脱落，门、窗无法关闭牢固，锁具容易开启等。

### （二）自然环境隐患

如室内光线不足或过强，室内温度过低或过高，室内通风不好，空气质量太差，环境噪声超标，办公通道狭小等。

### （三）办公家具隐患

如办公桌椅过高或过低，家具的制作材料含有有害物质，家具摆放不稳定等。

【小贴士】

办公桌椅的合适高度

办公椅的高度，应该等于或略低于工作人员小腿的高度；办公桌的高度，应该是在工作人员坐好后，平直伸出双臂，双臂离桌面约15厘米。

### （四）办公设备隐患

如设备电器插头打火或电线磨损裸露，办公设备操作规程错误，办公设备老化，办公设备安装不当等。

### （五）工作习惯隐患

如不按操作规程操作办公设备，站在带轮的椅子上举放物品，下班的时候不关闭电源，在办公室抽烟并乱扔烟头，在灭火器前堆放物品等。

## 三、办公室安全检查的工作程序

### （一）确定安全检查周期，定期检查

企业办公室在进行安全检查时要做到确定检查周期，定期对办公环境和办公设备进行安全方面的检查。

### （二）发现隐患，立即排除或报告

对于检查中发现的在自己职权范围内可以排除的安全隐患，应立即排除；对于检查中发现的在自己的职权范围内无法排除的隐患，应立即向主管负责人报告、跟进，直到解决。

### （三）做好记录

不管是可以立即排除的，还是需要继续跟进的，只要是在检查中发现的隐患，都要做好相应的记录，并跟踪记录最后的处理结果。

【工具箱】安全隐患排查表和设备故障记录表示例

1. ××公司安全隐患排查表

| 检查项目 | 隐患记录及整改情况 |
| --- | --- |
| 1. 楼层、楼栋门是否牢固 | |
| 2. 门锁是否完好可用 | |
| 3. 窗户是否有破损 | |
| 4. 报警设备是否正常 | |
| 5. 自动消防灭火装置使用是否正常 | |

续表

| 检查项目 | 隐患记录及整改情况 |
|---|---|
| 6. 有无乱搭电线、乱丢烟头 | |
| 7. 走道、消防通道是否畅通 | |
| 8. 其他治安隐患 | |
| 9. 其他消防隐患 | |

检查人员签字：　　　　检查时间：　__年__月__日

2. ××公司设备故障记录表

| 设备名称 | 故障描述 | 处理情况 |
|---|---|---|
| 1. 复印机 | | |
| 2. 传真机 | | |
| 3. 计算机 | | |
| 4. 扫描仪 | | |
| 5. 碎纸机 | | |
| 6. 投影仪 | | |
| 7. 打印机 | | |
| 8. 其他设备 | | |

检查人员签字：　　　　检查时间：　__年__月__日

## 四、传统商务组织办公环境中的主要问题

### （一）色彩单调，光线不足

单调的色彩，昏暗的光线，容易造成压抑的心态甚至视觉污染，影响办公人员的工作效率。

### （二）布局不合理

大大小小的科室封闭分割，不利于部门之间进行有效的沟通与协作。领导办公室位于走廊的幽幽尽头，会给人一种高深莫测的感觉。

### （三）布置不规范

脚下的布线千头万绪，坛坛罐罐杂处一室，一边密不透风，另一边却疏可走马，都会影响工作人员的有效活动能力与正常的工作心态。

### （四）没有企业标识系统

企业标识系统缺乏统一的规划设计与维护管理，就难以给人留下深刻而美好的印象。

## 五、理想办公环境的要求

### （一）配套设施齐全

要求大厦内部保安24小时监视，户内有报警系统、有可以开启的外窗、有员工餐厅，大厦外部拥有绿化广场及休闲场所。

### （二）建筑装修精美

对于户内装修标准，大部分公司以普通精装修（不含家具、需自己隔断及布线）为主要需求，其次为完全毛坯房。对于户外装修标准，大部分公司以较为豪华的装修为首选，次之为普通装修标准。

### （三）通信线路充足

从需求数量方面来看，大部分商务组织（89%）以平均每人一部电话和一个IP地址为主要需求趋势。

### （四）配套服务周全

大部分公司期望大厦配有公共茶水间，能够配送桶装纯净水；期望电梯数量充足，运行速度快捷，平均等候时间不超过1分钟。

【小贴士】

五A级智能化写字楼

一般指装备了以下五种自动化系统的写字楼：楼宇设备控制自动化系统（BA），可对全楼的供排水设备、制冷设备、供电系统和电梯、自动扶梯进行监视及控制；安全防范系统（SA），主要包括闭路监视系统、防盗报警系统和停车场管理系统；通信自动化系统（CA），主要包括综合布线系统和无线通信转发系统（用于增强楼层移动信号）；办公自动化系统（OA），主要包括以物业管理、公用信息服务、智能卡管理为主的应用软件系统；火灾自动报警和消防联动控制系统（FA），主要包括设有智能类比功能的火灾自动报警及自动灭火和消防联动控制，以及既可用于火灾紧急广播，也可用于公共广播的广播音响系统。

## 六、办公环境管理评估工作程序

### （一）办公空间规划

#### 1. 利于沟通

办公空间的规划应有利于尽量缩短信息沟通的距离，各个工作位置的安排应根据工作需要而不仅仅是根据级别高低。

2. 合理利用空间

除特殊需要外，设备机具和每个工作人员所占的空间均不能过大或过小，以免增加开支或妨碍有效工作。各种共用设备尽可能置于共用办公区域并靠近窗户。

3. 留有余地

留有重新规划和扩展的余地，适时根据工作的变化和需要调整空间分配比例，不断完善规划方案。

### （二）辅助空间规划

1. 适用美观

即要使辅助空间各区域适合于人们方便地使用和维护，以充分发挥其支持、承载、服务、保护的功能。同时，要使辅助空间整洁、朴素、卫生，充分绿化，能产生较好的视觉效果，有利于人们的身心健康。

2. 有序和谐

即要使辅助空间的各区域有满足功能需要的适当位置和区域范围，各区域归置有方、错落有致，相互之间能紧密配合、协调一致。同时，要使辅助空间各区域的外形、布局、颜色等与办公空间保持和谐一致，以更好地服务于工作。

3. 便于维护

即要有利于对辅助空间内建筑物及其附属设施，以及其他各种设备、线路、装饰物、覆盖物、林木等进行维护保养，保证它们能完好存在、有效运行，充分实现功能。

### （三）标识系统管理

通过制定和组织实施统一标准，以及统一制作、配置、专人监管等方式，使企业标识系统管理达到以下标准。

1. 数量充足

要求一切为工作有效性所需要的项目均要使用统一的企业标识系统。

2. 外观醒目

要求使用的企业标识系统显眼、醒目，便于人们发现和记忆。

3. 形式简明

即标识系统的形式要简单明了，便于人们及时、清楚地了解和理解。

4. 表意准确

即标识系统的内容要准确反映客观实际，情况发生变化时，必须及时更改，保证其有效性。

5. 符合标准

即标识系统的内容与表达形式（使用的标记符号、图形等）要统一规范，符合相关的国际标准、国家标准或专业标准。

## （四）办公设备的选择与放置

### 1. 办公设备的选择要求

（1）适用可靠。办公设备的功能、性能、形体尺寸等都应适合工作需要。办公设备的质量应符合规定的质量标准。

（2）经济有效。办公设备的性能价格比应适当，批量购进时应能降低价格。各种办公设备必须在一个或几个方面确有效益，如能取代人做单调的重复性操作并比人效率更高、更精确，在紧急情况下更迅速等。

（3）通用友好。办公设备应有较强的通用性，便于配套，便于相互之间的衔接配合。办公设备的形体、尺寸应有利于人与设备之间正确地传递信息，尽可能减少操作疲劳，以提高工作质量与效率。

（4）环保协调。办公设备应不对环境产生污染或污染很少。办公设备的色彩应与办公室环境气氛相协调，能起到一定的美化作用，并使操作者在操作时感到轻快自如。

### 2. 办公设备的放置标准

（1）必须够用。办公设备的放置要做到必须有的一个不少，用不着的一个不要。

（2）便于工作。办公设备的摆放位置应与工作程序的需要相一致，尽可能缩短工作人员在工作中移动的距离，便于各级工作人员之间的信息沟通。同时，设备的安置应有利于减少工作人员操作动作的幅度，使动作自然而有节奏。

## （五）照明环境控制

有效控制办公室的照明环境，应注意以下几点。

### 1. 正确选择光源

在办公室照明中应尽量采用自然光做光源，这不仅有利于节约能源和费用，更重要的是自然光明亮柔和，对人体的生理机能有良好的影响。人工光源在办公室照明中只应作为补充性的照明光源，与自然光源结合运用。

### 2. 正确选择照明方式

在人工照明的情况下，常用的照明方式有四种：

（1）**一般照明**。一般照明，也称全面照明，是一种不考虑局部特殊需要，为照顾整个被照面而采用的照明方式。一般性的会议室、接待室和没有特殊照明要求的办公室可采用这种方式。

（2）**局部照明**。局部照明，指为增加某一指定位置的照明亮度而在这一位置增加人工光源（台灯）的照明方式。通常在有写作、计算等精细操作需要的办公室采用这种照明方式。

（3）**综合照明**。综合照明是指工作面上的照明需要由一般照明和局部照明共同构成时所采用的照明方式。常用于照明度要求不一或要求相同照明度的办公点分布不集中的情况。

（4）**特殊照明**。特殊照明是指彩色照明、不可见光照明等特殊的照明方式。这种照明方式通常只用于有特殊、专门照明要求的办公室。

#### 3. 防止眩光

在视野内有过高的亮度或过大的亮度比时，使人们感到刺眼的光线就是眩光。

防止眩光的措施主要是合理分布光源和限制光源亮度，如使光源在视线45度范围以上，形成保护角；用不透明材料挡住光源；适当提高环境亮度、减少亮度比等。

#### 4. 使光照度均匀

应通过灯具的合理布置等方式，使照明度接近均匀或比较均匀，这通常需要使办公室内的最大、最小光照度与平均照度之差均小于平均照明度的1/3。

### （六）色彩环境控制

#### 1. 平静舒适

办公环境中的色调应在人的生理反应方面接近中性，能给人以平静感，有利于保护视力。

#### 2. 明亮自然

办公室的色彩明度指标应在6.5以上，给人以阳光感、前进感和轻快感。常需搬动的沉重机具的明度应更高一些。狭小办公室应用明度高的绿色，以产生宽大感。

【小贴士】

**明 度**

明度，即色彩的明暗程度。明度一般采用上下垂直的竖轴来标示，最上方的是白，最下方的是黑，其间分为若干级别。在P.C.C.S制中，最下方的黑为1，然后依次是2.4、3.5、4.5、5.5、6.5、7.5、8.5，最上方的白就是9.5。通俗的划分，有最高、高、略高、中、略低、低、最低七级。

### 3. 和谐淡雅

办公室的彩度不宜过高，基本彩度应在4以下，除警戒色彩度很高外，房间内用色的彩度都应较低，以减少颜色对人眼的刺激，降低视觉疲劳。

【小贴士】

彩 度

彩度，也叫色彩饱和度，是指色彩的纯度，通俗点讲，就是颜色的鲜艳程度。通常以某彩色的同色名纯色所占的比例来分辨彩度的高低，纯色比例高为彩度高，纯色比例低为彩度低。彩度的高低，一般用水平横轴来标示。以无彩色竖轴为原点，在色相环某一色相方向伸展开去，由低至高分作若干级。越靠近无彩竖轴，彩度便越低，越远离无彩竖轴，彩度便越高，端点便是纯色，即是光谱上该色之色相。常用的P.C.C.S制把彩度分为9级，以S为其标度单位，最低为1S，最高为9S。通俗的分法与九级彩度相对应，分别用高、略高、中、略低、低五级来标示。

## （七）微气候环境控制

### 1. 隔热良好

要在建筑物内外采取各种有利于隔热的措施，以减少外部气候环境对办公室微气候的不利影响。比如，可以在建筑物四壁和顶部铺设各种隔热层，增设各种遮阳、防风设备等。

### 2. 准确调节

在可能的条件下，在办公室内安装各种冷暖调节设备、通风设备、湿度调节设备等，以便使室内微气候的各个指标均达到规定的标准。

### 3. 合理分配办公空间

要合理分配办公室的空间，使单位面积办公处所内工作人员的数量保持在一定限度之内，防止人员拥挤造成的空气污浊。

【思考与练习】

**一、不定项选择题**

1. 办公室安全检查的内容包括（　　）。

A. 建筑物　　B. 理论水平　　C. 急救用品　　D. 报警装置

2. 办公室常见安全隐患包括（　　）。

A. 室内光线不足　　B. 环境噪声超标

C. 工作积极性不高　　D. 室内通风不好

3. 在办公室安全检查中，经常要填写（　　）。

A. 电话记录表　　B. 安全隐患排查表

C. 接待记录表　　D. 设备故障表

4. 商务组织办公环境存在的主要问题包括（　　）。

A. 头顶上的灯光昏暗　　B. 一边密不透风，另一边却疏可走马

C. 脚下的布线千头万绪　　D. 领导办公室位于走廊的幽幽尽头

5. 大部分公司期望写字楼配有公共茶水间，能够配送桶装纯净水；期望电梯数量充足，运行速度快捷，平均等候时间不超过（　　）。

A. 15分钟　　B. 30分钟　　C. 1分钟　　D. 10分钟

6. 正确的办公环境管理评估的工作程序为（　　）。

A. 办公空间规划与辅助空间规划→统一使用企业标识系统→办公物品的选择与放置→照明、色彩、微气候环境控制

B. 辅助空间规划与办公空间规划→统一使用企业标识系统→办公物品的选择与放置→照明、色彩、微气候环境控制

C. 统一使用企业标识系统→办公空间规划与辅助空间规划→办公物品的选择与放置→照明、色彩、微气候环境控制

D. 办公空间规划与辅助空间规划→照明、色彩、微气候环境控制→统一使用企业标识系统→办公物品的选择与放置

7. 办公设备的摆放位置应该（　　）。

A. 与工作程序的需要相一致

B. 尽可能缩短工作人员在工作中移动的距离

C. 便于各级工作人员之间的信息沟通

D. 有利于减少工作人员操作动作的幅度

8. 办公室的照明控制要通过灯具的合理布置，使办公室光照度接近均匀和比较均匀，通常需要使办公室内的最大、最小光照度分别与平均光照度之差小于平均光照度的（　　）。

A. 1/2　　B. 1/3　　C. 70%　　D. 90%

9. 办公室的色彩明度指标应在（　　）以上，给人以阳光感、前进感和轻快感。常需搬动的沉重机具的明度应更高一些。狭小办公室应用明度高的绿色，以产生宽大感。

A. 2.4　　B. 3.5　　C. 4.5　　D. 6.5

10. 办公室的彩度不宜过高，基本彩度应在（　　）以下，除警戒色彩度很高外，房间内用色的彩度都应较低，以减少颜色对人眼的刺激，降低视觉疲劳。

A. 1　　B. 2　　C. 4　　D. 8

## 二、案例分析题

### （一）

华泰集团小王秘书在董事会结束后把废弃的选票用碎纸机处理，在操作过程中，一不小心把戴在胸前的长丝巾卷入了碎纸机，幸亏她及时关闭电源，没有造成大的事故，但那条美丽的丝巾已经无法再用了。事后，行政经理在部门会议上对小王提出了批评，并指出，这次卷进去的如果不是丝巾，而是长发，结果将会怎样？

试分析一下，小王在碎纸操作中哪些地方存在失误？类似的错误还有哪些？

（二）

一天下午，天地公司秘书钟苗发现销售部在他们办公室门外的走廊上堆放了很多空纸箱，妨碍了公司及外来人员的通行。

试分析一下，这个时候，钟苗应该怎么做？

# 项目4

## 参谋助手

任务 19　随从工作

任务 20　信息的收集

任务 21　信息的整理

任务 22　信息的传递和存储

任务 23　信息的开发、利用和反馈

# 任务19 随从工作

【任务目标】

了解随从工作的类型、特点和要求，掌握随从工作的方法和技巧，能够做好日常随从工作。

【参考学时】

2学时

【知识支撑】

## 一、随从工作的类型

### （一）调查研究型

多见于在制定方针政策、规章制度、起草重要文件、安排阶段性工作时，或某项大的工作展开前，秘书要跟随上司深入基层，调查研究，听取反映，或总结典型经验，或发现带倾向的问题，掌握第一手情况，为正确决策、部署工作做好准备。

### （二）检查考核型

多见于半年或年终总结前夕，为了确切掌握所属各单位完成各项工作任务的情况，总结经验教训，评比和表彰先进，秘书要跟随上司，对所属基层单位的工作进行检查考核，全面验收。

### （三）处理问题型

多见于发生重大事故、重大案件等问题之后，秘书要跟随上司亲临现场，组织人员抢救、现场保护、原因调查等工作，采取应急措施，做好善后处理。

### （四）看望慰问型

在重大节日、重大庆典时，以及在执行抢险救灾等重大任务的过程中，秘书常常要跟随上司看望群众，表示祝贺或慰问，以鼓舞斗志，激励士气。

### （五）商务谈判型

企业领导人的商务活动十分繁忙，秘书经常要跟随上司外出参加各种商务谈判，安排谈判日程，准备谈判资料，负责谈判记录，起草谈判协议等。

### （六）参加会议型

上司经常外出参加各种会议，一般要带随从秘书负责往返途中和会议期间的服务保障工作，以保证上司顺利完成会议的各项任务。

## 二、随从工作的特点

### （一）流动性大

这是随从工作最显著的特点。由于上司在外出期间活动的单位、地点、内容、时间不断地转移变化，表现出强烈的流动性，从而决定了秘书随从工作的流动性。秘书人员必须紧紧围绕“动”字做好预想工作，增强工作的预见性、计划性，严密组织，严格要求，细致周到，以保证随从工作不出差错。

### （二）时限性强

上司外出活动是有着严格的时间规定性的，何时出发，何时返回，在哪个单位停留多长时间，都是事先计划好的，一般情况下不能随意变动。否则，就会打乱整个工作进程。这一特点要求秘书必须具有高度的时间观念，在“快”字上下功夫。无论是联系协调，还是安排进程，都要有一个提前量，掌握好时间差，做到环环相扣，衔接紧密。同时要有吃苦的思想准备，发扬不怕疲劳、连续作战的精神，以保证按时完成随从任务。

### （三）环境复杂

随从工作比起日常工作来，面临的环境要复杂得多。首先，上司外出活动期间，面对的环境比较陌生，比如与对方进行商务谈判，可能会由于不了解对方底细而陷入僵局；其次，人际关系环境比较复杂。领导者在基层视察期间，要接触各种各样的人，由于各自利益和观点不同，反映的情况和意见也不一致，处理起来比较棘手。再加上自然环境的变化和人为因素的影响，还可能会遇到突发事件，甚至天灾人祸。这一特点要求秘书对随从工作的复杂性必须有充分的思想准备，遇事先要进行调查研究，弄清情况，然后再建议上司决断和处理。切忌盲目表态，随便答复。

### （四）情况多变

由于上司在外活动处于不断变化之中，可能会遇到许多预想不到的情况，原先的计划很有可能被打乱。这就要求随从秘书必须具备灵活的应变能力，善于根据客观情况的变化及时调整工作计划，采取积极的应变措施，以应付各种复杂的情况。这一特点还要求秘书人员具备多方面的素质，才能适应随从工作的需要。

### （五）工作要求高

由于上司外出活动的流动性大，必然受到客观条件的限制，随行规模必须遵循“轻车简从”的原则，随从秘书为上司的服务必须是全面性的。从文字材料的起草到人员食宿安排，从交通服务到安全警卫，凡是涉及上司活动的有关事项，秘书都得亲自过问，细心安排，负责到底。由此可见，随从工作对秘书人员提出了很高的要求。随从秘书必须具备多种能力，如文字水平较高而且行文较快，办事精明强干，善于组织协调，还要能吃苦耐劳等。只有这样，才能适应随从工作的需要。

## 三、随从工作的要求

### （一）工作要主动

秘书随同上司外出活动，必须扭转被动工作局面，不等不靠，积极主动开展工作。不仅积极考虑自己应该做哪些事，还要考虑上司应该做哪些事。要善于把上司意图同基层的实际结合起来，积极出主意、想办法、提建议。涉及上司参加的活动，秘书要提前报告，早做准备；要提醒上司先做什么、后做什么；需要上司出席会议时，要提醒带上有关的文件材料；需要上司到会讲话时要提醒上司提前理清思路做好准备；在生活上也应主动关心照顾。

### （二）办事要细心

上司外出活动，涉及的事项多，协调工作量大而且要求高，不能有半点疏忽大意。随从秘书必须具备周到细致的工作作风，精心组织，周密安排，认真负责，一丝不苟。

### （三）说话要谨慎

跟随上司外出期间，随从秘书必须摆正自己的位置，说话一定要谨慎。未经上司允许，秘书对任何问题都无权表态。可以选择适当的时机向上司提出自己的建议，但不得与上司唱对台戏，更不能私下议论，犯自由主义。

### （四）不要帮倒忙

随从秘书在跟随上司外出期间，必须以身作则，不搞特殊，同时不给上司帮倒忙。不要借考察工作之名大吃大喝。秘书要主动向接待方讲清只能按标准接待，不可暗示其超标准接待。不得接受基层馈赠，更不允许张口索要礼物。

## 四、随从工作的准备

当上司确定出访后，秘书要在出发前做好充分的准备工作，这包括思想、组织、物质和资料等方面的准备工作。

### （一）思想准备

在随同上司出访前，秘书要了解商务出访的意图和目的、出访的内容和重点、邀请的单位和对象、参加出访的有关人员、出访的大致日程安排、希望邀请单位做哪些准备工作等。

### （二）组织准备

在随同上司出访前，秘书要在组织上做好五项工作：

第一项，根据上司指示拟制出访方案；第二项，通知有关部门确定参加出访的随从人员名单，并进行编组和分工；第三项，组织所有人员参加预备会，听取上司关于出访准备工作的指示，学习有关文件，布置具体任务；第四项，印发出访方案和日程安排；第五项，与邀请单位联系，提醒对方做好接待准备。

### （三）资料准备

在随同上司出访前，秘书要注意收集四个方面的资料：

第一，邀请单位的历史沿革、领导班子、当前工作情况及评价的资料；第二，同出访工作相关的上级指示政策、法规性文件；第三，同出访中心内容相关的理论和典型经验方面的资料；第四，出访地区有关地理、气候、交通情况以及风土人情方面的资料。

### （四）物质准备

在随同上司出访前，秘书要准备好办公用具、常用药物、差旅费以及照相机、收录机等文化用品。

## 五、随从工作的实施

### （一）做好组织安排

上司商务出访免不了要察看商品生产现场，召开座谈会，或进行个别访问等。这就要求随从秘书为之安排好时间、地点和有关人员。无论哪种活动，随从秘书都要做好记录，以便事后分析、研究。秘书看到、听到的情况要及时、准确地向上司汇报。

### （二）主动提出建议

在出访阶段，随从秘书如发现问题，应主动向上司提出如何处理的建议。

### （三）及时同单位联系

在上司出访期间，秘书要同原企业及时沟通信息。如将外出上司的活动情况及时用通信工具告知公司，使公司留守领导者掌握外出上司的动态，同时也要从公司内部获取信息，使外出上司及时了解上级的重要指示，以及原企业的工作动向，保证上司信息灵通，以便实施不间断的指挥。

### （四）处理好日常事务

随从秘书要主动处理日常的事务工作。在组织安排中碰到人事、时间、地点等方面的矛盾，要主动协调，尽量做到事半功倍，提高效率。还要尽可能保证上司的生活和休息，使之精力充沛地投入工作。

## 六、返回后的工作

出访活动结束后，随从秘书要做好出访活动的善后工作，主要包括。

### （一）做好返程安排

联系安排好返程的交通工具，预定好车、船、机票，安排好途中食宿，确保上司的安全。

### （二）整理调查资料

回公司后，要把出访中发现的问题整理归纳成条，提出改进工作、解决问题的建议。

### （三）抓紧有关问题的落实

在出访时，上司答应办的事，回公司后秘书要及时通知、督促有关部门抓好落实，做到言而有信，件件有着落，事事有回音。

### （四）报销差旅费

随从秘书要协助上司结算开支、报销差旅费、偿还预借款。

### （五）回顾总结

随从秘书要对自己跟随上司出访期间的工作进行回顾总结，主动征求上司的批评、帮助意见，这对秘书自身的提高不失为一种有效的办法。

## 七、注意事项

### （一）维护领导形象

秘书在整个随上司外出活动期间，要时刻注意维护上司的威信，执行政策，遵守纪律，谦虚谨慎，平易近人，为上司、也为秘书自身树立良好的形象。

### （二）牢记禁忌事项

秘书随上司外出应注意的禁忌事项主要包括。

#### 1. 忌摆错位置

随从秘书要时刻牢记自己是为上司服务的，是普普通通的机关干部，只有服务的义务，没有争名利、搞特殊的权利，更不能借工作之便谋取私利，或借上司之名狐假虎威，应严于律己，遵守职责。

#### 2. 忌作风随便

随从秘书必须有良好的思想作风、工作作风和生活作风。大处着眼，小处着手，时时处处严格要求自己，在上司身边工作应该给群众树立起一种端庄可敬、朴实无华的好形象。

#### 3. 忌动作懒散

随从秘书办事应迅速果断，干净利落，说走马上出发，说停可就地安顿，对上司交办的事，要件件有着落，事事有回音，既紧张快速，又有条不紊，不能拖泥带水，漏洞百出。

### （三）工作积极主动

随从秘书需要独当一面地开展工作，必须头脑机灵，思维敏捷，反应快速，能够准确理解领导意图，熟悉上司的工作特点和生活习惯，积极主动地完成工作任务。

## 八、秘书陪同上司出访客户的技巧

在许多时候，秘书需陪同上司出访客户。这时候，上司和秘书的配合程度直接关系到单位的形象，做好陪同是对秘书的基本要求。

### （一）站对位置

客户和上司有直接的关系时，作为秘书，应该站在辅助的地位，和客户初次见面时应该亲切地寒暄，并且作适当的自我介绍，第一次就要给对方留下一个好印象。在整个谈话过程中，要不卑不亢，给人以良好的感觉。

如果上司访问的对象也是秘书自己所熟悉的。这时，秘书首先要注意的就是不要“越位”，应该将自己立于上司和客户之间的中间人立场，使上司有更多的讲话机会。

### （二）灵活应对

当客户和上司谈话时，陪同的秘书应该细心地倾听。如果对方有问题问秘书，秘书要直接或间接地征询领导的意见，然后给对方以满意的回答。

谈判过程中，如果上司和客户在某个方面争论得比较激烈，秘书就要适时地从中打圆场。

在商谈结束时，无论成交还是不成交，都不要被当时的气氛所影响，应尽宾主之谊，亲切地道别，不要让对方有这样的评价："这个公司上下怎么一点礼貌都不懂。"或是："这个公司领导还不错，可用人不太精明，怎么选了个这么不懂礼仪的陪同。"

## （三）调节气氛

在上司与客户商谈时，秘书应该注意上司的谈判技巧和应对方法，并且要灵活掌握气氛。

气氛过"热"时，要适当地"降温"；气氛过"冷"时，要适时地"加温"；出现尴尬局面时，要适度地转移话题。

在陪同上司访问客户时，秘书积极地配合他们，尊重他们，不仅能增进上下级的关系，在客户眼中看来，也会认为这位秘书是一个应对得体的好"幕僚"，从而提高上司和单位的信誉。

### 【思考与练习】

一、不定项选择题

1.（　　）的随从工作多见于在制定方针政策、规章制度、起草重要文件、安排阶段性工作时，或某项大的工作展开前。

A. 检查考核型　B. 处理问题型　C. 商务谈判型　D. 调查研究型

2.（　　）是随从工作最显著的特点。

A. 流动性大　B. 时限性强　C. 环境复杂　D. 情况多变

3.（　　）这一特点要求随从秘书必须具备灵活的应变能力，善于根据客观情况的变化及时调整工作计划，采取积极的应变措施，以应付各种复杂的情况。

A. 流动性大　B. 时限性强　C. 环境复杂　D. 情况多变

4. 随从工作的要求主要包括（　　）。

A. 工作要主动　B. 办事要大胆　C. 说话要谨慎　D. 不要帮倒忙

5. 在随同上司出访前，秘书要准备好（　　）等。

A. 蔬菜水果　B. 办公用具　C. 差旅费　D. 常用药物

6. 在跟随领导外出的过程中，秘书人员应做好以下（　　）等工作。

A. 做好组织安排　B. 主动提出建议　C. 及时同单位联系　D. 处理好日常事务

7. 出访活动结束后，随从秘书要做好出访活动的善后工作，主要包括（　　）。

A. 整理调查资料　B. 抓紧有关问题的落实

C. 报销差旅费　D. 回顾总结

8. 秘书随上司外出应注意的禁忌事项主要包括（　　）。

A. 忌摆错位置　B. 忌作风随便　C. 忌动作懒散　D. 忌积极主动

9. 当客户和上司谈话时，陪同的秘书应该细心地倾听。如果对方有问题问秘书，秘书要（　　）。

A. 直接征询领导的意见，然后给对方以满意的回答

B. 间接地征询领导的意见，然后给对方以满意的回答

C. 直接给对方以满意的回答

D. 微微一笑，不予答复

## 二、案例分析题

（一）

一次，王秘书陪同公司总经理去基层分公司搞调查研究。总经理为了能够了解到第一手资料，白天走访客户做调查，晚上又加班加点写材料，没过几天，他的老毛病——失眠症又犯了。一天深夜，总经理为失眠所困扰，躺在床上怎么也睡不着，不得不把王秘书叫起来，让他去找一些安眠药。王秘书匆忙起身去买药，但由于对当地情况不熟悉，结果跑了许多冤枉路才买到安眠药。

试分析一下，王秘书在这次随从工作中哪些地方做得不够好？应该怎么做才能满足随从工作的要求？

（二）

一次，董事长苏南带着自己的秘书温朴到一个业务合作单位视察工作，在会议室里不小心打碎了一个烟灰缸。会议室的墙壁上贴有损坏公物照价赔偿的字样，苏南没有注意到，就算是注意到了，他当时也不可能停下讲话去照价赔偿。返京后的某一天，苏南无意中在一家很有影响的报纸上，看到一篇题为《烟灰缸的故事》的文章，文章中讲的那烟灰缸，正是自己无意中打碎的那一个。事后一了解，方知是温朴在离开合作单位前，说服了死活不肯收赔偿款的对方领导，掏腰包替自己交了一个烟灰缸的钱。事后那位被说服的领导很感动，就请来当地一个小有名气的女记者写了这篇文章。

试分析一下，温朴的做法起到了什么样的作用？又会对自己的前途产生什么样的影响？

# 任务20 信息的收集

【任务目标】

熟悉信息收集的内容、方法与要求，能够及时、准确地收集信息。

【参考学时】

2学时

【知识支撑】

## 一、信息的含义和特征

信息是事物的存在方式或运动状态的直接或间接的反映。它具有以下几个特征。

### （一）客观性

信息是对事物的客观描述和具体反映。客观、真实是信息的价值基础和生命所在。客观性是信息的基本特性。

### （二）时效性

时效性就是及时有效性。所谓及时性，就是只有及时发现才能发挥其最大价值的特性，早一分钟的信息比晚一分钟的更有价值。有效性可通俗理解为信息的保质期，信息过期无价值，过期无效，有的信息过期还必须得处理，比如归档、销毁等。因此，秘书必须具有发现信息的敏感性，及时收集、加工、存储、运用信息。

### （三）可塑性

信息可以归纳、综合、精炼和浓缩，进行各种载体的转换，从而改变形态，成为所需要的形式，便于利用。

### （四）共享性

共享性是信息区别于一般物质的显著特征。由于信息可以在不同的载体间转换和传播，并且在转换和传播的过程中不会减少和消失。因此，信息在一定时间内可以为众多的主体使用，而本身并不消耗。

### （五）依附性

信息只有依附于一定的物质载体才能被保存下来。信息依附的载体有语言、文字、符号、形体、表情等表意性载体，有声波、电磁波、网络等无形的承载性物质载体，还有纸张、磁带、光盘等有形的承载性物质载体。正是由于依附性，使得信息可以用载体存储起来、积累下来，可以不受时间和空间的限制，通过传递载体来传播信息。

### （六）传递性

信息可以通过一定媒介或一定载体进行从一个地方传递到另外一个地方，也可以从一个时段传递到另外一个时段。

### （七）开发性

信息作为一种客观存在的资源，取之不尽，用之不竭，可以供人们充分地开发利用。

### （八）无限性

只要时间没有停止，宇宙没有毁灭，信息就会不断地产生。而且，随着人们对信息的认知程度和获取手段的提高，信息的数量会越来越庞大。

## 二、信息的种类

信息有多种类型。按照不同的标准，可以将信息划分为不同的类型。

### （一）按照信息源的性质划分

按照信息源的性质划分，信息可以分为自然信息和社会信息。自然信息是自然界自发产生的；社会信息是人类社会运动的状态和方式，是社会各方面有意识、有目的地发出的信息。秘书主要接受社会信息。

### （二）按照信息的表现形式划分

按照信息的表现形式划分，信息可以分为语言信息、文字信息、声像信息、计算机语言信息和缩微信息。

### （三）按照信息内容涉及的社会领域划分

按照信息内容涉及的社会领域划分，信息可以分为政治信息、经济信息、文化信息、教育信息、军事信息、科技信息、体育信息等。

### （四）按照信息稳定状态划分

按照信息的稳定状态划分，信息分为静态信息（如资源、统计资料）、动态信息

(如市场信息)。

### (五)按照信息来源方向划分

按照信息的来源方向划分，信息可以分为横向信息和纵向信息。横向信息来自平行单位，纵向信息来自系统单位。

### (六)按照信息在秘书工作中的作用划分

按照信息在秘书工作中的作用划分，信息可以分为预测信息、动态信息、反馈信息和特殊信息。预测信息是在事物发生阶段、实际工作展开前所产生的信息，动态信息是在事物发展、成长过程中形成的信息，反馈信息是事物结束某一特定过程后产生的结果，特殊信息是指秘书通过特殊途径获得的投诉信息和对手信息。

## 三、信息工作的程序

信息工作是组织信息有序化交流和利用的活动，信息工作程序包括。

### (一)信息收集

信息收集是通过各种渠道和方式获取信息的过程。

### (二)信息整理

信息整理是对原始信息进行分类、筛选、核实，使其成为有价值信息的过程。

### (三)信息传递

信息传递是通过传输媒介或载体，把信息从信息发生源传递到信息接收源的过程。

### (四)信息存储

信息存储是用科学的管理方法，将有保存价值的信息系统化，以便日后利用。

### (五)信息反馈和利用

信息反馈是把输出信息的作用结果返送回来，并对信息的再输出发生影响，起到控制和调节的作用。信息利用是将获取、处理的信息应用于实际工作，使信息的价值得以实现的过程。

## 四、信息收集的渠道

### (一)大众传媒

大众传播媒介包括广播、电视、报纸、期刊及其他文献载体，是现代社会获取信息的重要途径。特别是随着电子科技的发展和电视卫星通信网的完善，广播电视已成为信息交流的重要载体。跨时空、跨地域传递信息，是秘书获取信息的主要来源。秘书要在大众传播媒介中搜寻新情况、新信息，为工作活动提供咨询和参考。但大众传媒的信息杂乱无序，许多信息未经核实，可能包含有虚假信息和信息垃圾，要有鉴别地收集有价值的信息。

### （二）图书馆

图书馆是信息的宝库，能提供借阅、阅览及访问计算机媒体等服务。到图书馆查找信息需查阅图书馆目录，填写索书单，办理借阅手续。

### （三）联机信息检索

联机信息检索是将用户终端与检索中心（计算机）用通信线路直接连接，用户通过终端输入提示、指令，使检索中心的多元计算机联合运行，是从众多数据库中直接找出信息提供给用户的信息检索过程。联机检索是快速检索、获取信息的有效途径，可快速收集信息网中所提供的各种信息。

### （四）供应商和客户

供应商可提供的信息有：产品目录、广告材料，以及需要其提供的特定服务的信息。客户能提供的信息有：调查表形式的市场信息、产品和服务的反馈信息、竞争对手提供的产品和服务的信息、产品和服务的需求信息。

### （五）贸易交流

利用各种贸易交流机会，如展销会、交易会、洽谈会，了解情况，索取信息材料，在相互交流之中获得能满足需求而又相对集中的信息内容。

### （六）信息机构

信息社会需要庞大的信息传播中介机构储存信息。信息机构肩负着信息传播中介的使命，成为信息源的集散地，成为人们获取、利用信息的主要场所。秘书要善于利用信息机构所储存的丰富的信息资源，可委托信息机构定向收集相关信息。

### （七）人际关系

主要包括指业务往来关系、横向人际关系、纵向从属关系等渠道。秘书要在业务往来活动中获取信息，如在同有关的海关、银行、商检、质检、工商、税务、保险、统计等部门的业务往来中，不失时机地了解相关法规、条例，收集各种信息；要在人际关系交往中捕捉新情况、新动态、新信息，善于与人交友，利用交谈、来信、来访和接听电话了解信息，获取第一手材料；善于在上级主管部门的指导、监督工作中把握信息；在会议、会谈中收集信息；在有关收文、承办的文书、电报中获取有价值信息。

### （八）调查

调查是有目的、有重点、主动收集信息的重要方法。秘书要有目的、有计划地进行市场调查，亲自深入现场，通过各种途径和方式，直接收集第一手资料，挖掘层次更深、质量更高的信息内容。秘书陪同领导出差时，是收集信息的极好机会，应利用考察、实地调查，亲自感受和获取信息，深入了解市场情况。

## 五、信息收集的范围和要求

### （一）信息收集的范围

秘书在日常工作中应注意收集领导信息（包括任免、接待、日程、休假等领导业务活动信息和车辆、房产、家庭成员等领导私人信息）、企业信息、国际市场信息、客户信息、贸易信息、国际金融信息、法律政策信息、交际活动信息等。

### （二）信息收集的要求

1. 价值性

必须了解各种信息源的信息含量、信息实用价值和可靠程度，对信息辨别真伪、去粗取精、去伪存真，获得真实、准确、可靠的信息。

2. 时效性

信息收集必须及时、适时，使有价值的信息不因错过时机而失效。

3. 层次性

从不同来源、不同渠道收集信息，从不同深度加工信息，针对不同对象开发利用信息。

4. 针对性

信息收集要明确服务对象的特点，针对实际需要，根据工作性质和任务，获取有使用价值的信息。

5. 全面性

全面性是指时间上的连续性和空间上的广泛性。要全面收集各种需求的信息，保持信息的历史联系或专业内容联系，不仅收集与工作活动直接相关的信息，同时收集对管理活动有间接影响的各种信息。

## 六、信息收集的工作程序

### （一）明确信息收集范围

工作活动中的信息需求是不断变化的，具有针对性和灵活性。因此，秘书要以服务单位的各项工作为目标，确定收集信息的范围，按照工作活动的需要有针对性地收集原始数据信息；坚持调查研究，及时、准确地从大量信息中选取真实、适用、有价值的信息，为工作活动提供可靠的信息支持。

### （二）熟悉信息来源

信息的来源非常广泛，秘书可以通过电话、电子邮件、信件、报纸、电视、广播、互联网、杂志、图书馆、档案馆等各种渠道获取信息。但是，来源不同的信息，其获取成本、获取速度、可信程度都是有差别的。秘书要根据工作的目的确定信息来源，选择最佳信息来源。

### （三）选择信息收集方法

1. 观察法

人们直接用视觉器官或借助其他视觉辅助工具认识客观事物，获取信息的方法。

观察法简单、灵活，能获得较为客观的信息，但获得信息量有限、深层次信息少，观察效果也会因观察能力的不同而不同，适宜对环境、人物、事件实际状况的了解。

2. 阅读法

通过阅读书报、杂志等获取信息。这种方法获取信息方便，获得信息量大、涉及面广、适用性强，但书报、杂志的信息中可能有失真，需要对其真实与否进行判断。

3. 询问法

通过请对方回答自己提出的问题获取信息的方法，包括人员询问、电话询问和书面询问。

询问法灵活、实用，双方直接交流沟通，能获得语言信息和非语言信息，获得的信息价值大，但费用高、时间较长、规模小，同时要求秘书人员掌握询问技巧，具备良好的素质和能力。

4. 问卷法

由秘书向被调查者提供问卷并请其对问卷中的问题作答而获取信息的方法。

问卷有封闭式问卷和开放式问卷两种。操作步骤包括：设计问卷、试用和修改问卷、选定问卷调查方式、进行问卷调查、对信息进行统计分析。

问卷法可以减少主观性，收集的信息客观，便于定量处理和分析，节省人力、费用和时间，效率较高，但问卷的质量、回收难以保证，并且要求被调查者有一定文化水平。

5. 网络法

通过网络所提供的信息查询服务获取信息的方法。

网络法可以不受时间、地域的限制，获取广泛、迅速、时效性强的信息，但信息来源复杂，需要秘书掌握计算机知识，并能够对收集的信息进行鉴别。

#### 6. 交换法

将自己拥有的信息材料与其他单位的信息材料进行交换，实现信息共享，获得所需信息的方法。

交换法获得信息及时、适用、针对性强，节省时间，能根据需要确定信息交换的方式、内容，但交换信息的范围较窄，交换对象较难寻找。

同时，信息交换要建立在自愿的基础上，并注意信息的保密。

#### 7. 购置法

通过订购、现购、邮购、代购等方式，购买文献资料、磁带磁盘以获取所需信息的方法。这种方法能获得大量系统化、专业化信息，信息来源广，但费用高，花费时间和人力，并且需要对信息进行筛选鉴别。

此外，还可与专业的信息机构签署合作协议，委托对方专门为我方搜集所需信息。对方会每天将同行业的信息及有价值的参考信息发至邮箱，秘书可每天打印出来供领导参考。

### （四）查找信息

根据要查找信息的主题、内容和用途，利用各信息渠道提供的信息介绍、信息目录、信息咨询或其他信息查询途径，找出所需要的信息。

## 七、信息收集的注意事项

### （一）收集各种形态的信息

#### 1. 文字形态的信息

以书面文字为载体的信息资料。

#### 2. 声像形态的信息

以直接记录声音和图像为载体的信息资料。

#### 3. 记忆形态的信息

在人际交往中形成的、存储在人脑中的信息。

### （二）建立“通讯联系索引卡”

秘书经常在工作中与相关方面的人员打交道，应建立记载业务往来多的单位、个人或客户信息的卡片，便于迅速找到通讯联系方式，及时进行业务联系。

**【工具箱】通讯联系索引卡示例**

通讯联系索引卡

| | | | |
|---|---|---|---|
| 单位名称 | | | |
| 地址 | | | |
| 工作人员姓名 | | | |
| 电话号码 | | 传真号码 | |
| 备注 | | | |

## （三）信息收集要有超前性

在竞争十分激烈的工作活动中，没有超前的信息，就难以制定有效的对策。因此，秘书收集信息要有超前性、预见性，要抢先捕捉信息，迅速加工传递，增强信息的指导性和预测性。

**【思考与练习】**

一、不定项选择题

1. 信息的基本特性是（　　）。

A. 客观性　　B. 时效性　　C. 可塑性　　D. 共享性

2. （　　）是信息区别于一般物质的显著特征。

A. 客观性　　B. 时效性　　C. 可塑性　　D. 共享性

3. 按照信息在秘书工作中的作用划分，信息可分为（　　）。

A. 预测信息　　B. 动态信息　　C. 静态信息　　D. 反馈信息

4. 在众多的信息收集渠道中，供应商渠道可提供的信息有（　　）。

A. 需要其提供的特定服务的信息　　B. 产品目录

C. 广告材料　　D. 产品的需求信息

5. （　　）肩负着信息传播中介的使命，成为信息源的集散地，成为人们获取、利用信息的主要场所。

A. 大众传媒　　B. 图书馆　　C. 展销会　　D. 信息机构

6. （　　）简单、灵活，能获得较为客观的信息，但获得信息量有限、深层次信息少。

A. 观察法　　B. 阅读法　　C. 网络法　　D. 购置法

7. 询问法是通过提问请对方作答获取信息的方法，具体包括（　　）等形式。

A. 人员询问　　B. 电话询问　　C. 动作询问　　D. 书面询问

8. 问卷法是由秘书向被调查者提供问卷并请其对问卷中的问题作答而获取信息的方法。问卷包括（　　）。

A. 封面信　　B. 指导语　　C. 问题和答案　　D. 其他信息

9. （　　）可以不受时间、地域的限制，获取广泛、迅速、时效性强的信息，但信息来源复杂，需要秘书对收集的信息进行鉴别。

A. 观察法　　B. 阅读法　　C. 网络法　　D. 购置法

10. 信息收集的购置法是指通过（　　）等方式，购买文献资料、磁带磁盘等。

A. 订购　　B. 现购　　C. 邮购　　D. 代购

## 二、案例分析题

天地公司自创建以来就制定了关于信息收集的规章制度，要求员工加强对日常工作中形成的信息材料的收集，要求通过各种信息渠道，广泛收集来自各方面的有价值信息。他们把历年与外商签订的合同、与客户的往来函件、相关会议材料都整理归档，并定期进行分析，使公司的经营管理建立在信息充分、利用有效、对市场反应灵活的基础上，从而形成了今天的兴旺发达局面。

试分析一下，天地公司是如何收集信息的？他们对信息收集工作的重视对公司的生产经营产生了怎样的影响？

# 任务21 信息的整理

【任务目标】

熟悉信息筛选、分类和校核的内容、方法与要求，能够及时、准确地筛选、分类和校核信息。

【参考学时】

2学时

【知识支撑】

信息的整理是指对收集到的大量的原始信息进行筛选、分类、校核，使其成为有价值的信息。

## 一、信息的筛选

### （一）信息筛选的含义和意义

筛选就是对收集到的大量信息进行鉴别和选择，判断信息的价值，决定信息的取舍，提取真实、有价值、能满足需求的信息。

及时、科学地进行信息筛选，可以有效地提高信息的准确性、时效性和利用效率，避免一些失真、过时、无用信息对相关工作的干扰。

### （二）信息筛选的要求

#### 1. 及时

这是由信息的时效性决定的。由于社会发展瞬息万变，在筛选信息时，信息工作人员要做到两点：一是在思想上要高度重视信息的时效性；二是要注意反映事态发展在时间上的连续性。

#### 2. 准确

所谓准确，就是指信息要真实、全面、客观地反映事物的本质特征。

准确是信息的生命，特别是信息中的人名、地名、单位名及有关数据，更是要万无一失。同时，还要看信息内容是否与本企业有紧密联系，有无夸大或缩小甚至弄虚作假的地方，只要有一点疑问，就要查个水落石出，彻底弄清楚。

【情景案例】

“超级”人造心脏

日本广岛大学一名叫田口的医学教授，曾宣称他给一头牛犊装上人造心脏后，被装上人造心脏的牛活了523天，超过了美国创造的纪录。但田口的助手说，这头牛实际上只活了两个月。后来田口承认捏造了这一“成果”。

### 3. 重大

在信息工作中，重大信息主要是指关系到本单位的生死存亡和发展大计的信息。如党中央、国务院、各省、自治区、直辖市等领导机关制定的对本企业有重大影响的方针、政策、决定，对本企业有重大影响的社会突发事件等。

【情景案例】

“非典”带来的商机

某消毒液生产厂家经济效益一般。在广东部分地区发生“非典”疫情时，该生产厂家敏感地预测到市场对消毒液需求量将要大幅度扩大，便积极组织人员进行生产、宣传、促销，在“非典”期间获得了巨额利润。

### 4. 新颖

新颖是指信息中所反映的问题或提出的观点有新意。如知名人士和各界群众提出的有价值的新建议；行之有效的新经验；新的市场行情、新的销售渠道、新的行业动态；能预测未来发展变化趋势、为决策提供超前服务的信息等。

### 5. 完整

信息材料对所涉及的问题或事件的性质、处理方案、发展趋势等都要交代得很清楚。

## （三）信息筛选的方法

信息筛选包括鉴别和选择两个部分。

### 1. 鉴别

鉴别是对信息资料的真实性、准确性、系统性、适用性等所做的判断和结论。鉴别的方法很多，通常包括以下几种：

（1）验算。这是最简单、最常用的方法，是对数据进行重新计算或反证验算，以消除误差。

（2）**验审**。即对信息收集的方法进行鉴别，倘若方法不正确，信息的可信度就会受到影响。

（3）**核对**。主要是依据权威性资料，对原始信息进行对照、比较，消除某些差错。

（4）**佐证**。有些信息从其自身一时很难判明其真实性和准确性，需要借助于其他资料或有关方面的知识进行佐证。

**【情景案例】**

伊朗“核爆”？

2011年11月12日中午，伊朗一处军火库发生爆炸，有人传言是伊朗进行核爆试验引起的，但核爆试验应该能够监测到地震波和辐射物。由于各国均无这方面的监测数据披露，说明这则传言是靠不住的。

（5）**逻辑分析**。即对信息内容进行逻辑分析，看其是否有前后矛盾、与实际相悖等疑点。

（6）**落实**。对信息涉及的人物及事件调查落实，询问是否真实可信，以及范围是否精确。

### 2. 选择

选择信息的方法通常有：

（1）**查重法**。即剔除内容重复的信息，选留有用信息，以减少其他信息工作环节的无效劳动。

当然这种方法也并非一味排斥重复，如果需要，也可以保存一部分重要的信息资料副本，以供一定情况下的多人使用。

（2）**时序法**。按时间顺序对信息资料进行取舍。在同一内容的情况下，较新的资料选留，较旧的资料剔除。这样可以使选留的信息在一定时间区间内更有价值，特别是对于来自文献中的信息资料，更需选择时间最近的予以留存。

（3）**类比法**。把同类型的信息进行比较，留下信息量大，能反映事物或问题本质的信息，剔除信息量小，不能反映事物或问题本质的信息。

当然，有的信息资料虽然信息量并不很大，或者反映事物本质也并不深刻，但可以作为主要信息资料的重要补充，或者对工作有启发作用，也应予以选留，不能一概剔除。

（4）**专家评估法**。对于某些专业性、技术性较强的信息，秘书难以确定其取舍的，可以请有关专家或专业人员进行评估，根据评估结果，结合本单位当前和长远的需要，综合考虑其取舍。

（5）**老化规律法**。这主要是对文献信息资料而言的。文献学认为，文献的使用价值随时间而逐渐降低，甚至完全失去参考价值，这就是老化规律。一般来说，文献的利用率第一年最高，以后逐渐下降。

文献的老化程度在文献学中一般用半衰期来表示。所谓半衰期，即指某学科目前尚在利用的全部文献的一半是在近期多长的一段时间内发表的。一般来说，半衰期越长，说明这类文献的老化速度越慢；半衰期越短，说明这类文献的老化速度越快。文献信息资料的筛选应从其行文年代及本学科文献老化的半衰期两方面进行考察，以便确定取舍。

## （四）信息筛选的工作程序

### 1. 看来源

不同来源的信息，重要性不尽相同。上级形成的信息带有全局性、综合性和权威性，而平级和下级形成的信息主要起参考作用。秘书要从多种信息来源中把握重点单位、部门和人员的信息。

### 2. 看标题

信息的标题一般可以反映信息的内容和价值，秘书要认真分析标题，把握信息的主题，根据信息的标题确定信息价值的大小。

### 3. 看正文

先浏览正文，了解其主要内容，初步确定是全部选用，还是部分选用，甚至不用，即初选。初选后，对拟用信息再认真阅读，判断是否有价值。如果可用，再看有无内容不准确、不完整和表述不清楚的问题。

### 4. 决定取舍

对信息进行严格的选择，从中挑出能满足需求的信息，对工作具有借鉴作用、参考作用的信息，舍去虽真实但无用的信息。信息的取舍，一是要突出主题思想，凡是与反映信息主题无关的资料，要剔除；二是要注意典型性，从大量原始信息中发掘出能揭示工作本质的典型信息；三是要富有新意，尽可能抓住能反映工作新变化的信息；四是要具有特点，从各种工作的实际出发，有所侧重地选用信息。总之，要注意信息内容的宏观把握，按照所提供信息的任务对象，审视每一条信息。决定取舍常常会遇到几份信息反映同一类问题的情况，对此，可采用两种方法：一是将其综合成一份信息材料；二是择优录用，选择宏观的，淘汰微观的，或是选用典型的，淘汰一般的。

### 5. 排列顺序

筛选出有价值的信息后，秘书首先要学会判断信息的优先级顺序，将重要信息先给领导传阅，以保证领导有足够的时间和精力优先处理这些重要信息。

## （五）信息筛选的注意事项

对经过筛选的信息要分别处理。对选中的，分轻重缓急进行信息的加工处理；对暂时不用但可以备查的信息，进行暂存；对不用的信息，按有关规定进行暂存、移交或销毁。

## 二、信息的分类

### （一）信息分类的含义

信息分类就是根据信息所反映的内容、性质和特征的异同，分门别类地把信息组织起来。

### （二）信息分类的方法

#### 1. 字母分类法

（1）**字母分类法的概念。**字母分类法就是按照字母的排列顺序分类。通常是按作者姓名、单位名称、信息标题等的字母顺序分类组合。

按字母排列的规则是：按作者姓名、单位名称、信息标题的第一个字的汉语拼音首字母的英文字母表顺序排列，第一个字母相同的则按第二个字母顺序排列，以此类推。

（2）**字母分类法的优点。**①一般人都掌握汉字的拼音，因而这种方法简单易行，操作方便。②可以和其他分类方法结合运用。如根据需要，母类用字母分类法，子类用其他的分类方法。

（3）**字母分类法的缺点。**①某个字母下排列的信息较多时，查找花费时间长，利用不方便。②对于信息量大、信息增长速度较快的信息领域，用字母分类法很难估计每个字母下需要的存储空间。③查找信息时必须知道姓名、单位名称或标题，才能用字母分类法，这在一定程度上来说给信息利用者带来了不便，也使某些信息得不到充分利用。

#### 2. 主题分类法

（1）**主题分类法的概念。**主题分类法是按照信息的主题特征组织排列信息的方法。具体操作方法是，首先分析对象，从中抽取能够代表主题特征的词语，如关键词，然后再按照一定的排列规则，把分析过的每件信息按照主题的异同组织起来。

（2）**主题分类法的优点。**①相关内容的信息材料集中存放，在查找到某份材料时，还能找到这一主题下的其他有关材料，有利于相关信息的利用。②信息在排放时是按逻辑顺序排列的，能发现信息之间的关系。③检索方便。

（3）**主题分类法的缺点。**①分类标准不好控制，因为有些信息的主题往往很难界定清楚，这样就会给分类者和使用者都带来麻烦。有效的方法是用加限定词、加注释等方法对主题词进行控制。②标题不能很好地反映主题时，归类不易准确。

### 3. 数字分类法

（1）**数字分类法的概念。**数字分类法是按照每个信息被赋予的号码次序或大小顺序排列的方法。每一通讯者或每一专题给定一个数字，用索引卡标出数字所代表的类别。

索引卡按所标类别名称的字母顺序排列，用分隔卡片显示每一个字母。当要查找某信息时，先从索引卡中按字母顺序找出通讯者名或专题名，得到信息的数字，在相应的文件柜中找出标有该数字的文档。

（2）**数字分类法的优点。**① 信息按数字从低到高顺序排列，规则简单，一目了然。② 数字简便易行，适于电脑存储，满足了现代信息管理的需要。③ 可以通过在数字后面添加号码进行存储扩展，就像电话号码升位一样，有利于对不断增加的信息进行管理，所以，数字分类法较适合于大型信息系统。

（3）**数字分类法的缺点。**① 查找信息需要参照索引卡，花费时间较多。② 如果分类号码有误，会给查找信息带来较多的麻烦。

### 4. 地区分类法

（1）**地区分类法的概念。**地区分类法又称地理分类法或地域分类法，是按信息形成所涉及的地区或行政区划等特征，将信息分为各个类别，然后按类别名称汉语拼音首字母的先后顺序排列。

（2）**地区分类法的优点。**地区分类法的优点是把有关地区的所有文件集中存放，分类方法容易掌握，便于查找具有地区特性的信息。

（3）**地区分类法的缺点。**地区分类法的缺点是需要有一定的地理知识，并且只适用于某些业务联系分布地区比较广泛的特定的单位或部门，如销售公司或全球采购部门等。

### 5. 时间分类法

（1）**时间分类法的概念。**按信息形成日期先后顺序分类的方法。

（2）**时间分类法的优点。**时间分类法的优点是可用作大型信息系统的细分，一个大类内部的信息可按时间排序。

（3）**时间分类法的缺点。**时间分类法的缺点是需与索引系统配合使用，仅适合于时间特性强的信息。

## （三）信息分类的工作程序

### 1. 熟悉信息内容

翻阅信息，从题目和内容中了解信息的总体构成情况。

### 2. 选择分类方法

信息分类方法很多，秘书要根据信息的来源、数量、内容和各种分类方法的特性，考虑单位业务工作的需要，从便于保管和利用出发，选定分类方法。可以将时间分类法与其他分类方法结合运用。

### 3. 辨类

信息分类首先要辨类，对信息资料进行主题分析，分辨其所属类别。

### 4. 归类

遵循特定的原则和方法，按照信息的不同内容、来源、时间、性质和作用，根据一定规范的要求，对收集的信息分门别类地组织起来，使信息条理化。

## （四）信息分类的注意事项

### 1. 利用颜色、标签区分类别

针对分类结果，将每个字母、地区、主题等的材料使用特定颜色文件夹或在文件夹上加彩色标签，区分信息类别。给索引卡涂上不同颜色，以便检索。

### 2. 建立“交叉参照卡”

对于能归类到两个位置的信息，如公司更名信息、多主题信息，为了便于查找，可建立“交叉参照卡”。填写“交叉参照卡”，存储在归档系统的相关位置，查找到该位置，查看卡片就知道另一个查找线索。

**【工具箱】交叉参照卡示例**

交叉参照卡

| |
|---|
| 名称 / 主题： |
| 详见： |
| 相关名称 / 主题： |

# 三、信息的校核

## （一）信息校核的含义

信息校核是对经过初步甄别的信息作进一步的校验核实，分析信息的可靠性和准确性，对信息的真实性进行认定。

## （二）信息校核的范围

要对信息中的事实、观点、数据、图表、符号以及时间、地点、人物等进行核实，对有关政策、法规、重要计划、主要数据、典型事例的信息，要查对出处，核实原件、地名、人名、时间、事实、数据等。

## （三）信息校核的要求

一是要以原始数据为基础；二是要排除主观因素的干扰。

## （四）信息校核的工作程序

### 1. 确定校核的内容

收集的信息材料并非都要进行校核，主要是对信息材料中的时间、地点、人名、事实、数据等进行校核。要根据信息材料的用途，确定校核的具体内容。

### 2. 选择校核的方法

（1）**溯源法**。从信息产生的源头对收集到的信息所涉及的有关问题进行审核查对。

（2）**比较法**。对反映某一事实的各方面的信息材料进行比较，判断说法、结论是否一致。

（3）**核对法**。依据直接的、最新的权威性材料进行对照分析，发现并纠正信息中某些差错。

（4）**逻辑法**。对信息中表达的事实和叙述方法进行逻辑分析，从而辨别真伪。

（5）**调查法**。对信息中所表达的事物的运动变化情况，通过现场调查来验证它的真实性和准确性。

（6）**数理统计法**。对原始信息中的数据和定性分析，运用数理模式进行计算鉴定。

### 3. 核实、分析信息

利用掌握的第一手资料和权威性材料，甚至进行实地调查，对收集的信息材料的某些事实进行核实，分析信息材料的内容。

### 4. 做出判断

通过核对、计算、定性与定量分析和逻辑推理，判断信息的真实性、可靠性，对信息是否失真加以认定，分析考证信息的可靠性与准确性，从而剔除虚伪和失真的信息。

## （五）信息校核的注意事项

### 1. 多措并举

信息校核的各种方法可以互相补充，结合使用。

### 2. 综合判断

要综合运用自己的知识、经验和能力，提高校核信息的质量，透过现象看本质，保证信息的真实、可靠。

## 【思考与练习】

### 一、不定项选择题

1. 信息的整理是指对收集到的大量的原始信息进行（　　），使其成为有价值的信息。

A. 筛选　B. 分类　C. 传递　D. 校核

2. 阅读筛选信息资料的方法包括（　　）。

A. 留意标题　B. 复印　C. 背诵　D. 剪裁

3. 信息的取舍，需要把握以下（　　）要点。

A. 突出主题思想　B. 具有典型性　C. 富有新意　D. 有特点

4.（　　）能使相关内容信息集中存放，信息能按逻辑顺序排列，方便检索，但分类标准不好掌握，归类不易准确。

A. 字母分类法　B. 数字分类法　C. 时间分类法　D. 主题分类法

5. 信息筛选的工作程序包括（　　）。

A. 看来源　B. 看标题　C. 看正文　D. 决定取舍

6. 信息取舍的依据主要有（　　）。

A. 是否突出主题思想　B. 是否具有典型性

C. 是否富有新意　D. 是否具有特点

7. 信息分类的工作程序包括（　　）。

A. 熟悉信息内容　B. 选择分类方法　C. 辨类　D. 归类

8. 对于能归类到两个位置的信息，如公司更名信息、多主题信息，为了便于查找，可建立（　　）。

A. 索引　B. 目录　C. 交叉参照卡　D. 数据库

9. 信息校核的范围包括（　　）。

A. 事实　B. 数据　C. 时间　D. 地点

10. 信息校核的方法主要包括（　　）。

A. 观察法　B. 溯源法　C. 比较法　D. 逻辑法

### 二、案例分析题

（一）

秘书钟苗平时非常注意信息的收集保存，凡是工作活动中接触到的各种信息材料都收集起来，存放在抽屉里。日积月累，文件材料、广告、宣传材料、参考书等已经填满了钟苗的好几个抽屉。一天，行政经理找到钟苗要查阅一份市场调查报告，钟苗望着几抽屉的信息材料真有些不知所措，急得满头大汗，翻来翻去却怎么也找不到行政经理要的那份报告。

试分析一下，秘书钟苗为什么找不到行政经理要的那份报告？今后怎么样才能杜绝类似错误的发生？

（二）

随着时间的推移，办公室形成的信息材料越来越多，已有很长时间没有进行整理了。办公室主任吩咐钟苗抽时间对信息进行一下分类整理。钟苗决定立即着手这项工作。她想："办公室的信息太多，还是采用时间分类法比较简单。"于是她将办公室这几年收集的信息，按照信息形成日期先后顺序分类、排列。过了几天，人力资源部的老张来到办公室要查一份关于奖惩办法的文件，钟苗问："这份文件是什么时间形成的？"老张回答："我也记不清了"。钟苗只好按照时间顺序一份一份地查找，费了很长时间才将这份文件找到。

试分析一下，钟苗为什么不能及时找出需要的文件？今后应该怎么样避免此类事情的发生？

（三）

天地公司为了给员工的晋升、工资级别调整、进修、培训等提供更多的服务，进行了一次面向全体员工的个人基本信息登记，以全面了解员工的基本信息。钟苗和办公室的其他几名工作人员负责登记表的收集、汇总和处理。钟苗将自己所负责部门的登记表收集齐全，根据以往的登记材料进行核对，发现有些信息，如工龄、学历、进修情况等，与以往的记载有出入。钟苗与有关部门和人员就相关内容和数据进行了校核，对经过校核确实有误的信息进行了修改，特别注明了修改的时间，确保了信息的真实、准确。

试分析一下，钟苗进行信息校核的时候采用的是哪种方法？

# 任务22 信息的传递和存储

【任务目标】

熟悉信息传递和存储的内容、方法与要求，能够及时、准确地传递和存储信息。

【参考学时】

2学时

【知识支撑】

## 一、信息的传递

### （一）信息传递的方向

#### 1. 内向传递

内向传递是为了进行协调与合作，在单位内部进行信息交流，有电话、电子邮件、备忘录、通知或告示、传阅单、企业内部刊物等传递形式。

#### 2. 外向传递

外向传递是在日常工作中有效利用各种媒介传递信息，一般通过电话、电子邮件、信件、新闻稿、新闻发布会、报刊简短声明等形式进行。

### （二）信息传递的要素

#### 1. 信源

即信息的来源，分为原生源和再生源。前者生成的信息以原始信息的形式直接进入传递；而后者是指收集、加工后，以二次信息的形式进入传递。

#### 2. 信道

是信息传递的通道，包括信息传递的媒介和运行方式。

#### 3. 信宿

是信息传递的终点，即信息接收者。要使信息源产生的信息能够被利用，必须具有接受者。信宿可以是人类个体、群体或组织体。

### （三）信息传递的要求

第一，要按不同的需要把握信息传递对象、传递方式、传递时间。

第二，主动地、不失时机地将信息传递给接收者。

第三，保密信息按照保密范围进行传递。

第四，在传递信息的过程中保证内容不失真。

第五，按照信息优先级进行传递以确保对重要信息有足够时间精力去处理。

### （四）信息传递的工作程序

#### 1. 确定传递信息的内容

确定哪些内容是必须进行传递的，过滤出不需要传递的信息内容。

#### 2. 选择并确定传递信息的形式

（1）**电话**。秘书在日常工作中获取及传递信息最主要的途径就是电话，电话分为外部电话和内部电话。外部电话主要用于与用户、供应商、政府部门等外部客户之间传递信息，内部电话主要用于内部领导同事之间针对业务进行的信息交流、询问和反馈。电话是最省时最方便的信息传递方式。

（2）**电子邮件**。在当前的信息化时代，几乎每个企业都会为自己的员工配备一个专用电子邮箱，甚至在企业内部配备专用的服务器。企业内部的部门之间、员工之间每天使用最多的信息传递方式就是电子邮件。同时，外部人员也可以通过电子邮件给企业相关部门和人员反映问题，传递信息。

（3）**信件**。信件是正式的书面传递形式，可用于外向传递（如给客户、供应商的信件）、内向传递（如晋升或提高工资的信件），通常在一些数量有限和需要特殊信息的人之间传递。

信件具有凭证作用，便于阅读和参考，能发送至相应的地址，但邮寄花费时间，不便于交换看法。信件内容通常包括目的、主题、结束语3个部分。

（4）**备忘录**。备忘录是信件的简化形式，用于通知有关工作事项，通常在公司内部使用，即企业内部各部门或个人之间进行信息交流的简短信件，尤其是在相互了解的人之间使用。

备忘录采用书面形式，文字不必像信件那样正式，便于查阅和参考，使用方便，但信息量较少，沟通较慢，不便于交换看法。企业一般都有各自的标准备忘录格式，备忘录表格能预先打印或准备好。

### 【工具箱】备忘录格式示例

备忘录格式

TO（接收信息人姓名）

FROM（发送信息人姓名）

COPY（其他需要信息的人）

日期

标题

内容

（5）**报告**。报告是供他人阅读的正式文件，包含了有关内容的详细信息，被用来正式陈述事实性的信息，通常针对特定的利用者。报告的内容要正确，结构合理，重点突出，力求简洁，并得出确定的结论。如果想汇报自己参加的某项活动，或针对特定的对象的某种需要汇报某一明确主题的事实、情况时，可以采用报告的形式。

（6）**通知**。通知使用的范围最为广泛，使用频率最高。通知的事项或要求办理的事情往往有很强的时间性。即使是规定性通知，也具有时效。通知的语言要求精练。

### 【工具箱】通知示例

关于××的通知

……：

（正文）……

以上通知望认真执行。

××公司

××××年××月××日

（7）**新闻稿**。公司公布决定或政策时，可采用发布新闻稿的方式。新闻稿要简明扼要，直入主题，客观反映事实，不作评论说明。

（8）**企业内部刊物**。企业内部刊物主要介绍公司动态和业务进展情况，是沟通上下、联系员工的桥梁。内部刊物的内容一般包括公司内部信息、职务升迁信息、员工信息、员工嘉奖榜、业务往来信息等。

（9）**传阅单**。需要传阅内容多的信息时利用传阅单，上面列出所有应阅读该信息的工作人员的姓名和部门，阅读完信息后在传阅单上签字。

### 【工具箱】传阅单示例

传阅单

| 阅读者姓名 | 阅读日期 | 签名 |
|---|---|---|
| | | |
| | | |

续表

| 阅读者姓名 | 阅读日期 | 签名 |
|---|---|---|
| | | |

注：传阅完毕请返回给 ×× 房间的 ×××。

（10）**新闻发布会。**新闻发布会是在一定时间，根据工作需要，公布重要信息，发布有关新闻或阐述观点，并回答提问，属于权威性的信息发布。公司展示最新产品、演示技术上的最新成果、产品展览会前或展览期间，都可举行新闻发布会。这种面对面的交流能产生好的效果。秘书要落实发布会日期、地点、出席名单，准备展览用品、赠品，制作工作人员及展览会使用标牌，发请柬和资料，拟写及印发有关信息材料，布置会场等。

### 3. 确定传递信息的方法

（1）**口头传递。**语言传递是将信息转化成口头语言传递给信息接收者，如对话、座谈、会议、提出请求、听取汇报、演说等，是使用语言、姿态、倾听来传递信息。语言传递简洁、直接、快速，信息反馈及时，较少受场合、地点的限制，但获得的信息零乱，对信息接收者来说较难储存。

（2）**书面传递。**书面传递是将信息转换成文字、符号、图像传递给信息接收者，可避免信息失真变形，实现远距离多次传递，便于利用和储存。书面传递的表现形式是文本、表格、图表等。

文本是大多数信息传递的形式，人们可用文字处理技巧增加文本的影响力和清晰度。

表格用于对特定的、标准的信息进行展示，要有标题，信息简明，表明信息来源。

图表的基本类型有柱状图、饼状图、折线图。其中，柱状图多用于统计数字的比较，饼状图多用于表示某个区域信息在整体中占有的百分比，折线图多用于表示事物的发展趋势。秘书应根据传递信息的类型选择图表形式，从而准确地表达信息。

（3）**电讯传递。**电讯传递是利用现代化的通讯手段传递信息，传递速度快，信息量大，效果好，抗干扰力强，能够跨越空间的限制。秘书电讯传递的途径有电话、传真、电子邮件。

（4）**可视化辅助物传递。**可视化辅助物传递可通过影像、投影、展示架、展示或示范、布告栏等形式进行，可以用来帮助理解工作任务和信息，如可用于消防、安全布告及出口标志等。

### 4. 进行信息传递

将用一定形式表现的信息，按照所选择的信息传递方法，及时、准确地传递给信息接收者。

### 5. 确认信息传递质量

对于传递出去的信息，应该确保接收者能够接受。秘书可以通过反馈或检查来了解接收者的反应和接收效果。

### （五）信息传递的注意事项

秘书应根据需求，区别对象传递信息，做好例行信息的传递工作，加强非例行的信息传递工作，充分运用现代化信息技术，如全球联网的电话、电视和数据传递网络、光盘和多媒体技术传递信息，实现信息的共享。

【情景案例】

信息传递混乱酿成惊天悲剧

2008年4月28日4时48分，一场近十年来全国铁路行业罕见的列车相撞事故在瞬间发生，举国震惊。通过初步调查，我们可以发现这本是一起不应该发生的责任事故！

原因1　每小时超速51公里

29日10时，国务院“4·28”胶济铁路特别重大交通事故调查组成立。事故调查组组长、安监总局局长王君说，这是一起典型的责任事故。据他介绍，从初步掌握情况看，北京至青岛的T195次列车严重超速，在本应限速每小时80公里的路段，实际时速居然达到了每小时131公里。28日凌晨，由于严重超速，这列车第9节至17节车厢在铁路弯道处脱轨，冲向上行线路基外侧。此时，正常运行的烟台至徐州5034次列车以每小时70公里的速度与脱轨车辆发生撞击。

原因2　调度命令传递混乱

济南铁路局4月23日印发了《关于实行胶济线施工调整列车运行图的通知》，其中含对该路段限速80公里的内容。这一重要文件距离实施时间28日零时仅有4天，却在局网上发布。对外局及相关单位以普通信件的方式传递，而且把北京机务段作为了抄送单位。

这一文件发布后，在没有确认有关单位是否收到的情况下，4月26日济南局又发布了一个调度命令，取消了多处限速命令，其中包括事故发生段。

济南局列车调度员在接到有关列车司机反映现场临时限速与运行监控器数据不符时，4月28日4时02分，济南局补发了该段限速每小时80公里的调度命令，但该命令没有发给T195次机车乘务员，漏发了调度命令。而王村站值班员对最新临时限速命令未与T195次司机进行确认，也未认真执行车机联控。与此同时，机车乘务员没有认真瞭望，失去了防止事故的最后时机。

（案例来源：新浪网）

## 二、信息的存储

### （一）信息存储的载体

#### 1. 纸质载体

纸质载体是目前使用最多的信息存储载体，具有记载和阅读方便的特点，比磁性或其他媒体的存储程序更具标准化。

### 2. 磁性载体

磁性载体的类型主要有：

（1）**磁盘**。包括软盘、硬盘和U盘，是计算机系统中最常用的外存储器，存储容量大，存取速度快，传输率高，可靠性高。

（2）**磁带**。它是一种磁性带状存储介质，可脱机保存，比软盘存储容量大，但存取速度慢，易磨损，存储信息需要配置相应的磁带机。

（3）**光盘**。光盘有只读式光盘、一次写入光盘和可擦写式光盘之分，可用于记录图像、声音和文字信息，是理想的多媒体存储介质。光盘存储容量巨大，可靠性高，保存信息时间长，数据传输速度快，单位成本低，应用范围广。

（4）**缩微品**。包括缩微胶卷和缩微胶片，是利用专门的光电摄录装置，把纸质载体的信息或机读文件按一定的缩小比例拍摄于感光材料上，制成缩微复制品。这种载体存储密度高，可以节省存储设备，便于存储和管理，查找迅速，传递方便，保存时间长，利于保护信息原件。

## （二）信息存储的装具与设备

信息存储的装具与设备有：文件夹、文件盒、文件袋、文件柜与文件架，如直式文件柜、横式文件柜、敞开式资料架、卡片式储存柜、显露式文件柜。

## （三）信息存储管理系统

### 1. 信息集中管理系统

将所有类型的信息集中在一起存放管理，形成完整、标准的信息系统，建立高效信息服务体系。信息集中管理系统使用标准化的分类系统，实行有序的存储检索，便于实现科学化、现代化管理，具有整体性的特点，能有效利用存储空间，减少信息的重复存储，保证信息质量。但归档和查阅不太方便，不利于满足各部门的特殊需求。

### 2. 信息分散管理系统

所有信息都由单位内各个部门分别保管。信息管理方式有灵活性和专门性，可根据实际情况采用适宜的管理方式，发挥熟悉业务的优势，提高文档质量。但不利于建立统一的分类体系，不利于信息的综合管理和利用。

### 3. 计算机辅助信息管理系统

在手工管理的基础上，用计算机对信息编目、整理、检索、利用和保管等工作进行辅助管理，用计算机进行数据处理。其功能有信息扫描、信息录入、信息加工处理及存储、信息目录或全文检索、信息传递等。

## （四）信息存储的要求

其一，选择有使用价值的信息存储；其二，按信息内容确定存储期，对过期的信息及时进行调整和清理；其三，分类存储信息；其四，防止存储信息受到损坏、失密；其五，信息的存储要便于查找和利用。

## （五）信息存储的工作程序

### 1．登记

登记是建立信息的完整记录，系统地反映信息存储情况的必要环节。信息登记有总括登记和个别登记两种类型。总括登记反映存储信息的全貌，一般登记存入册数、种类及总量等。个别登记是按照信息存储的顺序逐件登记，便于掌握各类信息的具体情况。

### 2．编码

登记存储的信息要进行科学的编码。信息的编码由字母或数字组成基本数码，再由基本数码结合成组合数据。信息编码的方法有：

（1）顺序编码法。按信息发生的先后顺序或规定一个统一的标准编码，用于不很重要或无需分类的信息的存储。

（2）分组编号法。利用十进位阿拉伯数字，按后续数字来分别信息的大、小类，进行单独的编码。

### 3．排列

对经过编码的信息要进行有序化的存放。常用的排列方法有：

（1）时序排列法。按照接收信息的时间先后顺序存放排列。

（2）来源排列法。按信息来源的地区或部门，结合时间顺序，依次排列。

（3）内容排列法。按信息所反映的内容分类排列。

（4）字顺排列法。按信息的名称字顺排列。

### 4．保存

（1）手工存储。通过手工将信息保存在信息存储装具与设备中。手工存储便于利用信息，阅读信息，存储设备便宜，但存储设备占用空间大，信息可能受到火、潮湿、蛀虫的破坏，信息排放有误会影响查找效率。

（2）电磁存储。以数据库、电子表格、文字处理或其他应用程序的形式形成的信息能在磁盘、光盘等电磁介质中存储。计算机存储的信息量大，节省存储空间，容易编辑或更新。特别是保存于网络系统的信息，能迅速查找，但缺点是设备昂贵，信息可能被病毒破坏，也容易丢失。因此，需要对信息进行定期备份，并将备份另行存放。特别是重要信息，要制作书面备份。

作为办公室秘书，手头每天都会形成大量各种名目的信息，为了能够随时快速有效地将某一特定或指定信息查找出来，秘书人员必须拥有完善的信息管理系统及电子台账，并定期将相关信息录入信息管理系统，如合同扫描系统，定价系统，招标系统等。通过录入特定目录并上传相关合同、单据的扫描件，建立完整的电子台账，这样，日后需要查找某个信息的时候，只要输入索引号（合同号、扫描编号、上传日期、责任人都可以作为索引号），就可以方便快速地查找出来了。

电子信息台账是秘书人员日常工作中最重要的工具，也是比较占用秘书工作时间的一件事情。常见的台账类型主要包括合同台账、日常用印台账、投诉抱怨台账、调研台账、外部来电台账、人员来访台账、领导接待台账、宴请台账、会议室台账、用车台账、现金台账、礼品上交台账等。秘书必须定期对这些台账进行登记更新。

（3）**缩微胶片存储**。利用照相方法，将信息记录保存在缩微胶片上。缩微胶片存储节省空间，节省存储设备费用，但照相和阅读胶片需要昂贵的设备，缩微胶片图像的质量会随时间的推移而下降。

### 5. 保管

要做到防火、防潮、防高温、防虫害，防失密泄密、盗窃，定期或不定期进行清点，及时剔除失去保存价值的信息，及时更新存储，建立查阅、保管制度，实施科学保管。

## （六）信息存储的注意事项

其一，存储信息要选择质量好的存储载体；其二，加强存储载体的日常保管；其三，注意调节存储场所的温度与湿度；其四，防尘、防磁场，勿折、勿摸磁表面；其五，定期检查、复制。

### 【思考与练习】

**一、不定项选择题**

1. 根据信息传递方向的不同，可以把信息传递分为（　　）。

A. 内向传递　B. 纵向传递　C. 横向传递　D. 外向传递

2. 信息传递的要素包括（　　）。

A. 信源　B. 信道　C. 信号　D. 信宿

3. 在传递信息的诸多形式中，（　　）使用范围最广，使用频率最高。

A. 信件　B. 备忘录　C. 报告　D. 通知

4. 传递信息的时候，（　　）多用于表示事物的发展趋势。

A. 柱状图　B. 饼状图　C. 折线图　D. 框架图

5. 信息的电讯传递通常包括（　　）等途径。

A. 电话　B. 传真　C. 电子邮件　D. 特快专递

6. （　　）是目前使用最多的信息存储载体，具有记载和阅读方便的特点。

A. 磁性载体　B. 纸质载体　C. 塑胶载体　D. 竹木载体

7. （　　）存储容量巨大，可靠性高，保存信息时间长，数据传输速度快，单位成本低，可用于记录图像、声音和文字信息，是理想的多媒体存储介质。

A. 磁盘　B. 磁带　C. 光盘　D. 缩微品

8.（　　）使用标准化的分类系统，实行有序的存储检索，便于实现科学化、现代化管理，具有整体性的特点，能有效利用存储空间，减少信息的重复存储，保证信息质量。

A. 信息分散管理系统　　B. 信息集中管理系统

C. 信息混合管理系统　　D. 计算机辅助信息管理系统

9. 常用的信息排列方法有（　　）。

A. 时序排列法　　B. 来源排列法　　C. 空间排列法　　D. 字顺排列法

10. 信息存储的注意事项主要有（　　）。

A. 选择质量好的存储载体　　B. 加强存储载体的日常保管

C. 注意调节存储场所的温度与湿度　　D. 定期检查、复制

## 二、案例分析题

### （一）

随着电器市场竞争的日益激烈，天地公司准备进行价格调整。为使制定的价格合理，公司组织有关人员进行了市场调研。秘书钟苗了解到同类产品的不同市场价格信息后，将几种不同的价格数据信息绘制成一张图表交给经理。经理看了这张直观、清晰的图表，对钟苗的做法称赞不已。

试分析一下，经理为什么会对钟苗的做法称赞不已？

### （二）

天地公司部门多且分工明确，形成的信息材料数量大。为了使信息有序化、易查找，钟苗按照信息来源的部门，结合时间顺序进行信息排列，然后将信息装入文件夹中，整齐地放入文件柜中保存。人们来查阅信息时，可以根据形成部门和形成时间迅速找到信息，提高了信息的利用率。

试分析一下，天地公司采用的是哪一种信息存储管理系统？

### （三）

某集团分公司总经理秘书钟苗接到一个关于公司生产的洗衣机绞死幼童的外部重大事故投诉电话，她大惊失色，一时不知道投诉者所说是真是假？也不知道是否应该马上向总经理汇报此事。

试分析一下，根据信息工作的基本原则和相关要求，钟苗应该采取哪些措施来处理这条信息？

# 任务23 信息的开发、利用和反馈

【任务目标】

熟悉信息开发、利用与反馈的内容、方法与要求，能够及时、准确地开发、利用和反馈信息。

【参考学时】

2学时

【知识支撑】

## 一、信息的开发

### （一）信息开发的特性

信息开发是对信息进行全面挖掘、综合分析、概括提炼，以获得高层次信息的过程。

信息开发具有多次性。一般物质资源经过消耗就可能丧失其功效，而信息具有共享的特性，它可以存储，可以被多次传输利用，能够不断地补充、完善和扩散，还可以进行综合和归纳，成为可增值的资源。

### （二）信息开发的类型

按照对信息加工的层次分，有一次信息开发、二次信息开发和三次信息开发。

一次信息开发，主要是将无序信息转变为有序信息，提高信息的利用率，如剪报、外文文献编译。

二次信息开发，是对一次信息进行加工整理后而形成的新信息，提供信息线索，便于人们对信息进行概括了解。

三次信息开发，是在一次、二次信息的基础之上，通过分析概括而形成更深层次的信息。

### （三）信息开发的主要形式

#### 1. 剪报

根据需求选择专题，确定时间周期，对报刊资料中有价值的信息进行选取、组合、编辑、传递等工作。剪报属于一次信息开发，开发成本相对较低，获得信息量较多，但信息零散，有的信息缺乏时效性、可靠性。

2. 编制索引

索引是查找信息题名、出处等有关事项的检索工具，由一系列按字顺排列的款目组成，属于二次信息开发。信息资料索引有篇目索引和内容索引。篇目索引用于指明信息的出处；内容索引摘录信息中的事件、人名、地名等，分别按顺序排列，并指明其出处。

3. 编制目录

目录是依据信息的题名编制而成，是对相关信息的系统化记载及内容的揭示，有分类目录、专题目录、行业目录、产品目录等。目录编制属于二次信息开发。

4. 文摘

文摘指对信息简明扼要摘录其重要内容，以便更全面地指示信息的方法，属于二次信息开发。文摘有指示性文摘和报道性文摘。指示性文摘是篇幅短小的摘要，以指示信息源的主题范围、使用对象为目的，适用于篇幅长、内容复杂的信息。报道性文摘是原文要点较详细的摘要，以提供信息的实质性内容为主要目的，适用于主题比较单一集中、内容新颖的信息。

5. 信息资料册

包括历史资料和近期资料，便于人们了解有关行业、产品的历史与现状。

6. 简讯

用简明扼要的语言报道最新动态信息，属于三次信息开发。简讯应文字简洁、内容精练，篇幅较短，主要内容准确，要指明信息来源。

7. 调查报告

在实地调查获得第一手信息的基础上，通过分析得出反映有关事实的本质特征信息的三次信息产品。

### （四）信息编写的类型

1. 动态型信息

反映某项工作、活动或事件的发生、发展和变化的客观情况。

2. 建议型信息

反映问题，提出解决问题的措施，一般由标题、背景、建议内容及理由组成。

### 3. 经验型信息

反映一个地区、一个单位、一个部门某方面经验的信息。经验型信息的编写可采用顺叙法，先写做法和经验，后写效果；也可采用倒叙法，先写效果，再写做法和经验。

### 4. 问题型信息

即负面信息，由标题、背景和问题构成。

### 5. 预测型信息

预测工作情况、社会动态、经济动态、市场前景等，由标题、预测内容和预测根据组成。

## （五）信息开发的要求

进行信息开发要注重调查研究，通过各种渠道全面、及时获取信息，充分利用信息网络开发系统，运用信息开发技巧，加强对信息的加工、综合分析、提炼和概括，开发出有特色、利用价值大、可信度高的信息。

## （六）信息开发的工作程序

### 1. 确定主题

选题是信息开发的起点和目标。选题的来源一般有3种渠道：一是下达的任务；二是利用者提出的要求；三是根据工作需要自主选择。要针对特定的需要，分析信息的特点和内容，确定信息开发的主题。

### 2. 分析信息材料

围绕主题进行选材，对获得的信息材料进行分析、梳理，决定取舍。

### 3. 选择信息开发方法

（1）汇集法。围绕某一主题，把一定范围内的信息按一定的标准汇集在一起。

（2）归纳法。将反映某一主题的信息集中，进行系统综合分析。

（3）纵深法。把若干具有内在联系的信息或不同时期的有关信息从纵向进行比较，形成新的信息材料。

（4）连横法。按照某一主题，把若干不同来源的信息进行横向连接，做出比较分析，形成新的信息材料。

（5）浓缩法。压缩信息材料的篇幅，达到主题突出、文字精炼简明的效果。

（6）转换法。把不易理解的数字转换为容易理解的数字。

（7）图表法。将有一定规律的数据制成图表。

4. 选择开发信息的形式

信息开发就是对信息进行有序化处理、加工和提炼。秘书要根据开发信息的需求，选择适合的信息开发形式。如果要将信息按专题进行组合以备后用，可选择一次信息开发，如剪报；要提供信息线索和信息主题、要点，可开发二次信息，如索引、目录、文摘；要提供信息的深层次、综合加工品，可开发三次信息，如简讯、调研报告。

5. 形成信息产品

按照主题要求，依一定的逻辑顺序，把选择出来的信息材料有条不紊地组织起来，成为一个有机整体。

## 二、信息的利用

### （一）信息利用的意义

信息利用服务是通过有效的方式将信息提供给利用者，实现信息的价值。

信息利用有利于实现信息的价值，促进管理水平的提高；有利于信息的增值和信息资源共享；有利于提高决策的成功率。

### （二）信息利用的特点

信息利用服务具有周期性、经常性、广泛性和时效性特点。

### （三）信息利用的要求

一是要遵守信息法规；二是要维护信息安全；三是要最大限度地满足信息需求；四是要注意对日常信息的积累。

### （四）信息利用的工作程序

1. 熟悉信息的内容

了解和熟悉所存储信息的内容和成分。

2. 确定利用需求

信息利用是使收集、处理、存储的信息满足工作需要的过程。因此，要结合工作中心、领导决策、日常管理，分析不同层次的利用对象，找准利用需求。

3. 确定信息利用服务的途径

（1）信息检索服务。信息检索服务是根据需要，将组织和存储起来的信息，通过索引、目录和计算机检索系统查找出来，直接利用信息或信息复制品。

进行信息检索有4个环节：① 分析信息需求。② 明确检索要求。③ 选择检索系统、检索途径和检索方法，确定检索词。④ 实施信息检索，获取信息。

在实施检索的过程中，可以根据检索结果的情况，调整检索词、检索途径和检索方式，充分利用信息检索系统提供的缩检和扩检功能，提高检索结果的满意度。

（2）**信息加工服务**。即通过对信息内容进行分析、研究、选择、加工、编辑后，提供给信息利用者的服务方式。

（3）**定题查询服务**。即向利用者提供特定主题和内容的信息，以满足利用者的需求。

（4）**信息咨询服务**。即答复利用者询问，指导其利用信息的服务方式，如问题解答、事实咨询服务、利用者教育服务。

（5）**网络信息服务**。即建立在现代信息技术基础上，以计算机硬件和通信设备为依托，以应用软件为手段，以数据库信息为对象进行的利用服务，如电子信息发布、电子邮件、光盘远程检索服务。

### 4. 获取信息

通过各种信息利用途径，查找能够满足需求的信息。

### 5. 提供信息

按需提供获得的信息及信息加工品。

## （五）信息利用的注意事项

信息利用中可使用跟踪卡、文档日志记录信息借阅情况。

### 1. 跟踪卡

当信息被借用时应该填写跟踪卡，放置在信息原存放处，使其他利用者知道该信息的去向。信息归还时，填好跟踪卡。应定期检查跟踪卡，如果信息已借出一段时间，要与对方及时联系。

**【工具箱】信息跟踪卡示例**

信息跟踪卡

| 借出时间 | 信息标题 | 借阅人 | 部门 | 归还日期 | 签名 |
| --- | --- | --- | --- | --- | --- |
| | | | | | |

### 2. 文档日志

跟踪信息还可用文档日志。当借出信息时，在日志簿上签名；归还时，再签名以示归还。如果找不到某信息，查看日志簿，了解信息利用情况。

## 三、信息的反馈

### （一）信息反馈的目的

信息反馈是将信息使用过程中产生的效应及活动中不断产生的信息进行再收集、再处理、再传递的过程。信息反馈的目的是检查输出信息的真实性，对信息传递进行检验与调整，为决策提供依据。

### （二）信息反馈的特点

#### 1. 针对性

信息反馈不同于一般的反映情况，它不是被动反映，而是主动收集，有很强的针对性。

#### 2. 及时性

信息工作要讲时效，信息反馈更要及时，以便及早发现问题、解决问题。

#### 3. 连续性

信息反馈的连续性是指对工作活动的情况连续、有层次地反馈，有助于认识的深化。

### （三）信息反馈的形式

#### 1. 正反馈和负反馈

正反馈一般为决策执行中的成绩、经验方面的信息反馈，使系统的输入对输出的影响增大。负反馈一般为决策执行中的问题、失误方面的信息反馈，使系统的输入对输出的影响减少。

#### 2. 纵向反馈和横向反馈

纵向反馈是向上级管理部门和决策层反映执行指令情况的反馈形式。横向反馈是同级组织之间的信息反馈。

#### 3. 前反馈和后反馈

前反馈是在信息发出前，信息接收者向信息发出者表示的要求和愿望，希望将发出的信息能满足自己的需求。后反馈是在信息发出后，信息接收者对信息做出的反应。

### （四）信息反馈的要求

（1）信息反馈要准确、真实。

（2）尽量缩短信息反馈时间。

（3）信息反馈要广泛全面，多信源、多通道反馈。

## （五）信息反馈的工作程序

### 1. 明确目标

明确信息工作和信息传递活动的具体目标和具体要求，对信息工作和信息传递活动目标的实现情况的评估有明确的依据。

### 2. 选择信息反馈的方法

（1）系列反馈法。将工作活动的全过程情况按不同的发展阶段连续反映。
（2）广角反馈法。对工作活动的某个过程从不同角度进行反映。
（3）连续反馈法。对工作活动中的某个关键问题在短期内连续不断地进行反映。

### 3. 获取反馈信息

根据确定的具体目标和具体要求所涉及的内容，及时地搜集和回收各种反馈信息。一般来讲，获取的反馈信息主要包括：有关方针、政策和重大工作部署执行情况的信息，新思想、新观点和独到见解，经验型信息，反映工作中存在问题的信息，对全局有影响的倾向性、苗头性信息，反映意见、建议的信息，反映重大事件、突发事件的信息。

### 4. 加工、分析反馈信息

对搜集上来的反馈信息进行管理、加工、分析，并将其结果与既定目标和要求进行比较分析，找出差距。

### 5. 传递反馈信息

将反馈信息传递给相关部门或人员。

### 6. 利用反馈信息

采取各种手段、方法和具体行动，使信息工作和信息传递活动的实施情况回到完成既定目标、满足原有要求的正确轨道上来，为各项工作活动顺利开展打下良好的基础。

## （六）反馈信息的注意事项

秘书要及时了解来自各方面的反映，收集人们对已推行政策、已实施措施的意见，把各种指令执行情况的偏差信息反馈给决策者，以便发现问题、纠正偏差，修正或完善政策与措施，做出新的布置，发出新的信息。

秘书进行信息反馈要做到既报喜，又报忧；既讲究实效性，又把握准确性；既重视初级反馈，又综合加工深层次反馈信息；既提供目前状况的反馈信息，又提供过去或将来工作的反馈信息。

## 【思考与练习】

### 一、不定项选择题

1.（　　）主要是将无序信息转变为有序信息，提高信息的利用率，如剪报、外文文献编译。

A. 一次信息开发　B. 二次信息开发　C. 三次信息开发　D. 多次信息开发

2.（　　）属于一次信息开发，开发成本相对较低，获得信息量较多，但信息零散，有的信息缺乏时效性、可靠性。

A. 文摘　B. 编制目录　C. 编制索引　D. 剪报

3.（　　）是篇幅短小的摘要，以指示信息源的主题范围、使用对象为目的，适用于篇幅长、内容复杂的信息。

A. 报道性文摘　B. 指示性文摘　C. 新闻性文摘　D. 娱乐性文摘

4.（　　）用简明扼要的语言报道最新动态信息，属于三次信息开发。

A. 文摘　B. 简讯　C. 调查报告　D. 目录

5.（　　）是信息开发的起点和目标。

A. 选题　B. 分析信息材料

C. 选择信息开发方法　D. 选择开发信息的形式

6. 信息开发的方法通常包括（　　）。

A. 汇集法　B. 分散法　C. 归纳法　D. 纵深法

7. 信息利用服务具有（　　）的特点。

A. 周期性　B. 经常性　C. 广泛性　D. 实效性

8. 信息利用服务的途径通常包括（　　）。

A. 信息检索服务　B. 信息加工服务　C. 定题查询服务　D. 信息咨询服务

9. 信息反馈的特点包括（　　）。

A. 针对性　B. 长效性　C. 及时性　D. 连续性

10.（　　）是向上级管理部门和决策层反映执行指令情况的反馈形式。

A. 正反馈　B. 负反馈　C. 纵向反馈　D. 横向反馈

### 二、案例分析题

#### （一）

担任总经理助理的高叶有剪报并从中获取信息的习惯，她经常翻阅各种国内外经济报刊，专门从报刊上收集消费市场的信息进行分类剪贴，汇集成册，供自己或他人使用。通过对剪报内容的分析研究，高叶了解了服装市场消费者需求变化的情况和发展趋势。她还通过市场调研来验证自己的判断，这就为领导把握市场行情、进行新产品开发决策提供了有益的借鉴和参考。

试分析一下，高叶是怎么样进行信息开发的？她的这种信息开发能够对公司的生产经营产生什么样的影响？

#### （二）

天地公司新上任的客户经理赵飞要去拜访公司的一个客户。为了让赵经理了解客户的情况，经理助理高叶通过索引和目录查找客户信息，为赵经理提供了公司以往收集的客户资料信息，包括以前客户的采购建议和该客户全部的历史资料，如订单、支付、送货、客户支持以及市场营销等。赵经理通过仔细阅读高叶提供的信息，掌握了该客户与公司所有来往的细节，做到了心中有数，对新的销售计划的实施充满信心。

试分析一下，经理助理高叶是如何利用现有的信息为领导服务的？这种信息利用服务对领导的工作开展起到了一种什么样的作用？

（三）

天地公司拟定了一个员工奖励办法。为进一步充实和完善此办法，经理责令秘书高叶了解员工的意见。高叶很快将奖励办法及征求意见通知、征求意见表下发到各个部门，还多次到部门中直接听取员工的反映。高叶利用收集上来的信息分析汇总，起草了一份报告上交。经理利用高叶提供的反馈信息，责令相关部门重新对办法进行了修订、补充。

试分析一下，高叶是如何做好信息反馈工作的？良好的信息反馈对公司管理的良性运行起到了什么样的作用？

# 项目5

## 效率提升

# 任务24 督查工作

【任务目标】

了解督查工作的内容和特点，掌握督查工作的原则和方法，能够圆满完成各种督查任务。

【参考学时】

2学时

【知识支撑】

## 一、督查的含义

督查就是督促检查的简称。1990年1月，中共中央办公厅召开的全国各省、自治区、直辖市党委秘书长座谈会正式使用了“督查”这一概念，把过去通常用的督办、催办、查办等提法全部统一到这一概念中了。

## 二、督查工作的性质和要求

### （一）督查工作的性质

督查工作是直接为上司服务、为实施上司的决策和实现上司决策的目标而进行的一项工作。因此，秘书要围绕中心，突出重点，根据上司的工作习惯和重视程度来确定督查工作任务。

### （二）督查工作的要求

通过督查促进决策和上司指示的落实，是督查工作的本质要求和基本目的，也是督查工作的出发点和归宿。因此，秘书要牢固树立“摸实情、讲实话、办实事、求实效”的工作作风，着力化解矛盾，消除阻力，促进决策的落实。

## 三、督查工作的内容和特点

### （一）督查工作的内容

一般来讲，秘书的督查工作大体包括以下内容：

（1）上级领导和本单位上司批示进行督查的事项。

（2）直属上级单位的重要工作部署与重要会议精神的贯彻落实情况。

（3）本单位的中心工作、重要会议及文件决定事项的贯彻落实情况。

（4）新闻媒体和重要客户对本单位的批评、建议的答复与处理情况。

（5）人大代表、政协委员以及职代会、股东会的议案、提案和建议的办理情况。

（6）下级单位请示事项的答复与办理情况，以及基层请求上级机关帮助解决的问题的办理情况。

（7）秘书在日常工作中发现和了解到的、提议列入专项督查，并经上司批准的重要事项。

### （二）督查工作的特点

#### 1. 复杂性

凡是列入督查内容的工作，或者是涉及全局性的重要工作，或者是比较复杂棘手的问题，或者是影响比较大的重要事项，都有一定的落实难度，否则就不会进行督查。因此，秘书要有较强的沟通协调能力和解决复杂问题的能力，善于抓住主要矛盾和矛盾的主要方面，讲政策、讲原则、讲大局、讲纪律、讲方法，维护上司决策和意图的严肃性，雷厉风行，态度鲜明，做到查则必清、清则必办、办则必果。

#### 2. 原则性

从一定意义上讲，督查工作凡事皆涉及政策、涉及原则、涉及利益。在这种情况下，秘书一定要坚持原则、分清是非、明确责任，不能当“和事佬”，搞消极平衡照顾。该批评的要进行批评教育，该协调的要积极帮助协调，该向上司反映的要及时向上司反映，以求尽早解决问题。

#### 3. 时限性

任何决策的实施都有明确的时限性，决策目标都必须在规定的时间内达到。这里，时间既是促进任务完成的约束条件，也是衡量任务完成与否的重要尺度。秘书在督查工作中一定要对督查对象有明确的时间要求，强调工作效率，讲究“形象进度”。对难度大的要进行全过程跟踪督办，适时掌握工作的进展情况，避免问题久拖不决。

#### 4. 权威性

秘书和秘书部门的督查不同于其他部门的督促检查。其他部门的督促检查是一种业务行为，只能在其业务的范围内实施。而秘书则是根据上司的授意，代表上司和单位的意图对下属的工作进行督查的，是在行使上司职能。因此，秘书要正确运用这些权力，维护权威，当断则断。当然也要讲究艺术和方法，讲究原则性与灵活性，态度谦和，行为检点，力戒盛气凌人、指手画脚，也不能越权行事、自作主张。

## 四、督查工作的原则与方法

督查工作具有明显的政策性、全局性和复杂性，因此，要做好督查工作，不仅要坚持原则，还要掌握正确的工作方式和方法。

### （一）督查工作应坚持的原则

#### 1. 实事求是的原则

督查工作坚持实事求是的原则，就是要全面、准确地反映决策的落实情况。秘书向上司反馈情况时，一定要实事求是、客观公正，不能凭个人的经验与好恶而有所取舍，也不能唯上是从、先入为主。

#### 2. 主动性原则

督查工作是在上司授权或批准的情况下才能进行的工作，具有一定的被动性。但这种被动性并不是说“上司让干什么就干什么，让干多少就干多少，不让干的就不干”，而是要在正确领会上司意图的基础上，主动地去开展工作。同时，秘书也应改变那种只管布置、不管检查，只负责传达、不问执行效果的被动状况，注重对执行过程和执行效果的检查和督促。实践证明，只有把“奉命行事”的被动督查与主动督查结合起来，充分发挥工作的主动性，才能使督查工作更好地为上司工作服务，为上司决策服务。

#### 3. 分层次落实原则

所谓分层次落实，就是在实施督查的过程中根据行政管理层级的划分，由每一个承办单位的直接上级来具体负责督查事项的落实情况，比如，在“创城”工作的督查中，建立和实行市四个班子主要领导对四个班子领导成员、各路路长对所属段长、指挥部对各责任单位、各责任单位对内部机构的四级督查制度，实行分层次督查，层层落实创建工作责任。

#### 4. 时效性原则

决策要掌握时机，决策的实施同样需要掌握时机，讲究时效。对企业来说，时间就意味着金钱，效率就意味着生命。坚持时效性原则，就要求秘书把时间观念渗透到督查工作的各个环节中去。常规事项的督查，强调要按时、按质办结；重大决策、重要工作部署的督查，虽然需要的时间长些，但也要按实际情况把它划分为若干小的阶段，分段规定时限，并进行跟踪检查，分阶段反馈情况，使上司及时得到决策实施的反馈信息，有效进行调整控制。

#### 5. 督查与帮办相结合的原则

秘书的督查与基层的承办，其目的是一致的，都是为了促进决策和工作的落实。秘书不能停留在一般化的督查上，而应主动帮助分析原因，寻找办法。这样既有助于问题的解决，也有利于树立自己的良好形象，与基层建立起和谐的人际关系。

### （二）督查工作的方法

#### 1. 书面督查

书面督查一般有两种形式：一是下发文件，将已经集中立项的督查内容印发给有关单位，明确主办单位和协办单位的责任，明确办理的要求与时限；二是下发督查通知单，要求承办单位进行办理，并按要求的时限反馈办理情况。书面督查一般适用于常规性的工作，并且立项比较多，时间比较集中，涉及的单位也比较多。书面督查的内容比较重要，形式比较规范，权威性比较强。

#### 2. 电话督查

电话督查即用电话说明督查事项，通报上司批示要求，核实处理内容，提出上报期限等。这种方法主要用于情况比较紧急而内容比较简单的督查事项。在进行电话督查时，督查秘书要做好通话记录，以便备查和催办。

#### 3. 专项督查

专项督查，即针对某一项需要落实的重要工作进行专门督查。比如省政府安全生产百日督查专项行动督查组对所属各市县的安全生产情况进行专项督查。

对上司批示或交办的重要事项，一般应列入专项督查。

#### 4. 会议督查

用会议形式进行督查的，一般有两种情况：一是涉及督查的事项比较多，这样把相关单位的人员集中起来，听取办理情况的汇报，集中进行指导，统一提出要求；二是督查的事项情况比较复杂，涉及的单位也比较多，有的还牵扯部门利益，这样把主办单位和相关单位的负责人召集在一起，听取汇报，分析原因，沟通协调，调整利益关系，明确主办单位和相关单位的责任，分别提出要求，以利于问题的解决。

#### 5. 调研督查

调研督查是推动决策落实的重要手段之一，是高层次的督查工作。主要是围绕企业的中心工作开展调研，围绕决策实施的运行过程开展调研，围绕促进决策贯彻落实的机制和体制问题开展调研。

## 五、督查工作的程序

### （一）立项

凡需督促检查的事项，首先要由秘书部门提出督查立项。立项的依据是督查工作的职责和领导机关有关文件或领导人的重要批示。

立项要明确督查的内容、对象、要求及时限。凡有两个以上承办部门（单位）的督查事项，要确定主办或牵头部门。

立项时要进行编号登记。登记单参考样式如下：

督查立项登记单

编号：　　　　　　　　　　　　　　　　　　　　　　　　　年　月　日

| | |
|---|---|
| 立项依据 | |
| 立项内容 | |
| 承办单位 | |
| 办理时限 | |
| 办理要求 | |
| 备注 | |

### （二）交办

根据督查立项的内容、性质和领导要求，按照组织内部的职能分工把立项内容和办理要求通知有关部门或单位。

交办应努力做到时限具体化、责任明确化，使之既具有权威性，又具有操作性。

交办原则上由督查部门在立项当天向有关部门发出交办通知单。

交办通知单参考样式如下：

××公司督查交办通知单

编号：××××××

××分公司：

根据领导批示，××××事项的办理已由总经理办公室立项督查（立项编号××××，立项时间××××），现将有关内容和要求通知你们，请抓紧办理，并将办理结果于××月××日前报总经理办公室。

××公司总经办（章）

××××年××月××日

联系人：×××，联系电话：95843216，传真：62581347

### （三）承办

承办单位接到督查任务后首先要明确经办部门和人员，并认真及时予以办理。

对重大督查事项，领导要亲自负责。在办理过程中，主办与协办单位、各部门之间要加强沟通、配合。承办单位无法解决的问题或不能按期完成的事项，要及时向上级督查部门报告，说明情况。要严格按照督查要求，将办理情况以书面形式按时反馈给上级机关的督查部门。

### （四）催办

催办，就是将督查事项通知有关部门办理后，及时了解并催促督查事项的办理情况。

催办的方式灵活多样，可以用电话催办，也可以派人亲自上门催办。对催办中发现的重大问题要及时向办公室和组织有关领导报告。

重大督查立项的催办，要采用书面形式的《督查事项催办单》，以示慎重。

督查事项催办单的参考样式如下：

××公司督查事项催办单

编号：××××

| |
|---|
| ×× 分公司：<br>你分公司承办的 ×××× 督查事项（立项编号 ××××，立项时间 ××××，交办通知编号 ××××）的办理时限已经 ××××，请抓紧办理，并将办理进展情况于 ×× 月 ×× 日前报总经理办公室。<br><br>×× 公司总经办（章）<br>×××× 年 ×× 月 ×× 日<br>联系人：×××，联系电话：95843216，传真：62581347 |

### （五）反馈

反馈就是承办单位或承办人在办理完承办事项以后，向交办任务的督查部门以办结报告的形式汇报办理情况和办理结果。

反馈的内容一般应包括：事项交办时间、交办事项内容、办理过程、办理结果、发现的问题、提出的建议等。

### （六）审核

审核就是督查部门对承办单位的办结回告进行审查评估。

审核时要注意以下几点：一是认真审核办结回告的内容；二是听取承办者口头汇报的情况；三是下去查看办结的实际效果；四是对办理的结果做出评估；五是对存在

的问题提出改进的意见和建议。

### （七）归档

办结报告审核通过后，办公室要将立项登记单、交办通知单、催办通知单、办结报告等有关材料收集齐全，整理归档。

## 六、督查工作的技巧

### （一）与信息工作相结合

督查工作与信息工作相结合，既可以通过信息渠道（工作信息、快报等刊物和一些重要会议）发现督查线索，及时立项督查，又可以在督查过程中发现和提供新的信息，两者相互促进，共同提高。

### （二）与调查研究工作相结合

督查工作与调查研究工作相结合，包含两层意思：一方面，督查工作本身要注意调查研究，主动寻求调研督查题目，变被动督查为超前督查；另一方面督查工作要与各级党政机关调研机构配合，在领导安排下，就某一问题进行调查，综合分析，写出有力度、有情况、有建议的材料，为领导决策服务。

### （三）坚持归口办理，分级负责

归口办理，就是根据督查事项涉及的业务范围，把督查事项交由分管该口（性质相同或相近的单位构成的业务系统）的职能部门去落实处理。

分级负责，就是按照行政管辖权限，将督查事项交由督查对象的上一级领导机关去落实处理。

### （四）坚持结报反馈制度

督查工作的目的是督促各项方针政策的贯彻落实。无论哪一级、哪个部门在接到上司的批示督查通知后，都必须严肃对待，按照程序认真办理，并如期上报办理结果。在结报时间上，可根据批件难易程度，给承办部门留点余地。到期不能上报的，承办单位必须说明原因，对故意拖延或顶着不办的单位和个人，要追究责任。

## 七、督查工作的注意事项

### （一）实事求是

必须全面、准确地领会上司决策指令的意图，准确传递上司决策指令；全面、准确地了解实际中的真实情况，以客观事实为依据，按照党和国家以及上级有关政策、法令、规定，进行深入细致的分析，为上司提供真实、可靠的实际情况和信息资料。

### （二）受权督查

秘书人员在开展督查工作时要根据上司的授权展开督查工作，不能自己做主，自行其是。

### （三）明确时限

开展督查工作时一定要讲究时效，要规定时限。

### （四）真督实查

督查工作本身就是为了防止和克服官僚主义与形式主义，把各项工作落到实处，因此，在督查过程中，决不能仅仅满足于看文件、听汇报，更不能弄虚作假，欺下瞒上，必须真督实查，把决策部署落到实处。

### （五）谦虚谨慎

督查工作人员代表上级机关到下属单位去督促检查，但并不是上级领导者。督查工作，旨在收集决策指令的反馈信息，促进决策指令的实施落实，并不具有指挥的权力和责任。督查人员必须谦虚谨慎、平等待人、态度谦和、行为检点，不可乱发议论、随意表态、自作主张。

**【思考与练习】**

**一、不定项选择题**

请从每道题目下面的选项中选出一个或者多个正确的、符合题目要求的选项。

1. 秘书督查工作的特点包括（　　）。

A. 复杂性　B. 原则性　C. 时限性　D. 权威性

2. 督查工作应坚持（　　）原则。

A. 实事求是　B. 分层次落实

C. 督查与帮办相结合　D. 代办

3. 秘书要围绕工作中心，突出重点，根据（　　）来确定督查工作任务。

A. 工作性质　B. 上司的工作习惯和重视程度

C. 工作计划　D. 同级部门的要求

4. 通过督查促进决策和上司指示的落实，是督查工作的（　　）。

A. 本质要求　B. 基本目的　C. 出发点　D. 归宿

5. 电话督查适用于（　　）的督查事项。

A. 内容比较重要　B. 情况比较紧急　C. 内容比较简单　D. 时间比较集中

6. 根据交办形式的不同，交办通常可以分为（　　）等不同类型。

A. 批示交办　B. 口头交办　C. 亲手交办　D. 会议交办

7. 凡属转办的事项一般应有正式的“转办通知单”，并注明（　　）等。

A. 交办的事项　B. 交办的意见要求

C. 办结回告的时限　D. 办理的质量标准

8. 有些交办事项是由上司指导督查人员亲自承办的，又称为“自办”。这类事项多系上司个别口头交办，往往带有一定的保密性质。督查人员在承办这类交办事项时，要做到（　　）。

A. 积极认真去办　　B. 按上司要求去办

C. 按有关规定政策去办　　D. 保守相关秘密

9. 督查工作的技巧主要包括（　　）。

A. 与信息工作相结合　　B. 与调查研究工作相结合

C. 与观光旅游相结合　　D. 与考察干部相结合

10. 督查工作，旨在收集决策指令的反馈信息，促进决策指令的实施落实，并不具有指挥的权力和责任。因此，督查人员必须（　　），不可乱发议论、随意表态、自作主张。

A. 谦虚谨慎　　B. 平等待人　　C. 态度谦和　　D. 行为检点

## 二、案例分析题

为进行制度标准化建设，宏泰发电有限责任公司行政部对公司各项管理制度的适用性进行了专项督查，在督查中发现284件公司规章制度中有166件需要修订，33件需要废止。同时，督查人员在调研的过程中，发现个别职能部门对公司的各项规章制度、公司决策的执行力度不够，职责划分界限不清，并存在推诿现象。

针对发现的这些问题，督查人员应该怎么办？

# 任务25
# 时间管理

【任务目标】

了解时间管理的有关知识，掌握工作时间表编制、工作日志管理的方法和要求，能够独立完成上司和本人的时间管理工作。

【参考学时】

2学时

【知识支撑】

## 一、时间管理的内容

时间管理是指在同样时间消耗的情况下，为提高时间利用率而进行的一系列控制工作。人们通过时间管理，可以做到科学、有效地安排和利用时间，创造更大的价值和效率。

秘书进行有效的时间管理是协助上司合理有效地利用时间的需要，也是秘书提高自身工作效率的要求。因此，管理好时间不仅有利于上司的工作，也有利于秘书自己的工作。

## 二、二八定律和ABCD法则

### （一）二八定律

二八定律也叫巴莱多定律，是19世纪末20世纪初意大利经济学家巴莱多发明的。他认为，在任何一组东西中，最重要的只占约20%，其余的80%都是次要的。

这个定律，已经并且不断地被事实证明：

20%的产品或20%的客户，可以为企业赚得约80%的销售额；20%的罪犯，实施了80%的犯罪行为；20%的汽车狂人，引起80%的交通事故；……

在时间管理上，自觉运用二八定律，把80%的时间用在20%的关键工作上，就能够事半功倍，成效显著。

### （二）ABCD法则

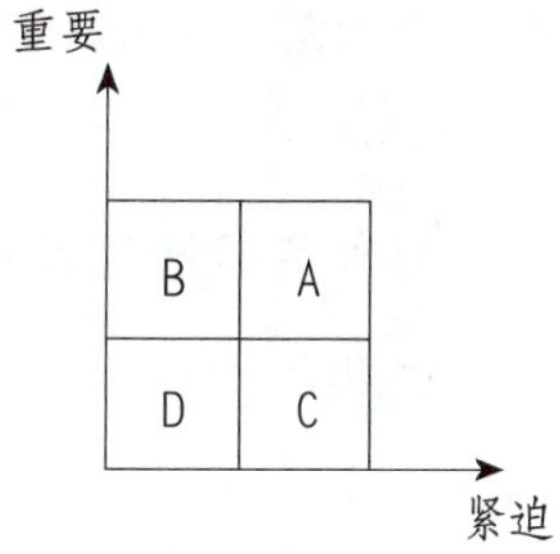


图6-1　个人时间管理的ABCD法则

时间管理的ABCD法则，也称为“四象限”法则，由美国著名的管理学大师史蒂芬·柯维提出，就是把需要做的工作按照重要程度和紧急程度两个指标进行分类，基本上可以分为ABCD四类，如图6-1所示。

A类，属于既重要而又紧急的工作任务，如人事危机、财务危机、客户投诉、即将到期的任务等。

B类，属于重要但不紧急的工作任务，如建立人际关系、寻找发展机会、人员培训、制定预防措施等。

C类，属于紧急但不重要的工作任务，如电话铃声、不速之客、例行检查、通报性会议等。

D类，属于既不重要也不紧急的工作任务，如陪客人聊天、浏览报纸、喝茶等。

分清类别之后，就要优先处理A类工作，其次处理B类工作，再次处理C类工作，最后处理那些可做可不做的D类工作。这样就可以最有效地利用时间，做到事半功倍。

## 三、个人时间管理的技巧

时间既是一个常数，公平地分配给每一个人，又是一个变数，善用则多，妄用则少。珍惜时间，一分钟劳动就有一分钟成果。为了有效利用工作时间，秘书应该做到如下几点。

### （一）明确任务和职责

作为秘书人员，必须非常清楚上司给你安排的工作任务中，哪些工作应由你亲自完成，哪些工作是协助他人做的，哪些工作可以不参与，只了解个结果就行。

职责内的要集中精力出色完成，职责外的要适可而止，界限分明。

### （二）区分常规非常规

作为秘书人员，要非常清楚哪些工作如处理邮件是每日都有的，哪些工作如发放办公用品是每周或定期出现的，哪些工作如上司临时交办事项是无法预料、随时可能出现的。

常规工作要按时及时圆满完成，非常规工作要未雨绸缪，有备无患。

### （三）确定优先顺序

要根据时间管理的ABCD法则，判断工作的先后次序，先做重要而紧急的工作，然后按照优先顺序科学、有序、一项一项地完成工作任务。

### （四）集中准确，避免重复

对于可以合并执行的工作任务，要集中起来专心致志一次完成，而不要多次重复。对于能够一次做好的工作，要开动脑筋、周密思考，争取一次做好，不要修修补补、反反复复。

### （五）有效运用管理工具

时间管理工具包括工作日志、时间表、计划表、日程安排或印制好的“效率手册”等，通过在上面编制日安排和周计划，可以使工作有条不紊。那些非常规的、重要的、紧急的或限时完成的工作，要明显标注，提醒自己无论如何都要优先完成那些不能拖延的工作任务。

### （六）团队配合，提高效率

工作时，应考虑到自己只是团队中的一员，必须与周围上下左右的同事们密切配合，才能有效提高团队的工作效率，顺利完成团队的共同目标。否则，团队内耗越大，浪费的时间就越多。

### （七）按章办事

安排工作任务时，要遵照组织制定的规章制度和有关工作的承办期限，而不能只凭个人的想象和爱好进行。例如，组织要求电子邮件的回复应在收到后12小时内发出，秘书就必须严格执行，据此安排自己的工作计划。

### （八）分析评估，持续改进

秘书人员要尽量坚持记工作日记，通过时间和活动的详细记录，认真分析、评估自己利用时间的有效程度。通过分析，发现有哪些不合理的安排，有哪些工作浪费了时间，有哪些做法给他人带来了不便，从而得到启发，持续改进。

## 四、工作时间表

时间表是管理时间的一种手段。它是将某一时间段中已经明确的工作任务清晰地记载和标明的表格，是提醒使用人和相关人按照时间表的进程行动，有效管理时间、保证完成任务的简单方法。根据时间表所涉及的时间跨度的大小，时间表通常可以分为年度时间表、月安排表和周安排表。

### （一）年度时间表

#### 1. 内容

年度时间表是本单位在新的一年中重要活动的时间安排一览表，属于长期日程安排，其内容宜粗不宜细，一般只列出本单位在下一年涉及全局或本单位主要业务的重大活动。

2. 作用

让领导和各部门的负责人能一目了然地看出本单位在这一年中有哪些重要工作和活动，其中有哪些与本部门有关，以便提前做好准备。领导人的其他临时性活动也应避开重大活动的时间。例如，根据年度计划3月下旬将召开公司职工代表大会，在大会召开期间和召开之前的一段时间，公司领导必须将主要精力用于职代会的筹备和召开上，在此期间就不能过多地参加外出考察、应邀讲学等其他活动。

3. 编制方法

一般单位在年终时，都会对下一年度工作提出一个总体计划，并形成文件，这就是编制年度时间表的依据。

秘书只要将工作计划中提到的主要活动根据领导的意见确定一个恰当的时间，并按月份顺序加以排列，就形成了年度时间表草案，报领导审阅后，就可以复印分发给各位领导和各部门负责人参考使用了。

4. 格式

年度时间表的格式可参考下表。

××公司2015年度重要活动时间安排一览表

| 月份 | 活动内容 | 备注 |
|---|---|---|
| 1 | | |
| 2 | | |
| 3 | | |
| …… | | |
| 12 | | |

## （二）月安排表

1. 内容

月安排表属于中期日程安排，其内容较年度时间表要详细，一般应将领导在一个月内需要参加的会议、会谈、调查研究、工作旅行等重要活动以日为时间单位填入表中。

2. 作用

月安排表能够让领导和各部门的负责人一目了然地看出本单位在下一个月份中有哪些重要工作和活动，其中有哪些与本人或本部门有关，以便提前做好准备。秘书人员在安排领导人的其他临时性活动的时候，也能够避开重大活动，方便领导出席。

3. 编制方法

每月的月安排表应在上个月月底编制。秘书可将年度时间表中已经确定的当月活动和机关例行活动（如定期召开的经理办公会、中层干部会等）先填入日程表的相应位置，然后再征求各位领导人的意见，安排其他时间的活动，最后送领导审阅后，印发执行。

4. 参考格式

月时间表的格式可参考下表。

××公司2015年6月份重要活动日程表

| 日期 | 活动内容 | 备注 |
| --- | --- | --- |
| 1 | | |
| 2 | | |
| 3 | | |
| …… | | |
| 12 | | |

## （三）周安排表

1. 内容

周安排表属于短期活动计划，其内容要求更加详细具体。除了要记入领导的重要活动和例行会议外，凡是已经约定的活动都要一一记入，并且要求在时间上尽可能精确，活动地点也要注明。

2. 作用

周安排表既是领导活动的具体实施计划，也是秘书部门提供相关服务的依据。秘书部门要根据日程表的内容，提前做好各项领导活动的准备工作。

3. 编制方法

每周的周安排表应在上周末排定，秘书要先将当月的月安排表中确定的本周重要活动和已经约定的工作内容填入，并请示领导是否需要变动、还有没有新的安排，经领导审阅同意后，复印给相关领导人手一份，办公室留存一份。

周安排表排定后，秘书要立即为日程表所列各项活动做必要准备，以保证领导活动能按计划顺利进行。

4. 参考格式

周日程表的格式可参考下表。

××公司一周重要活动一览

（×月×日—×月×日）

| 日期 | 活动内容 | 地点 | 备注 |
|---|---|---|---|
| 星期一（×月×日） | | | |
| 星期二（×月×日） | | | |
| 星期三（×月×日） | | | |
| …… | | | |
| 星期日（×月×日） | | | |

## 五、工作日志

### （一）工作日志的含义

工作日志就是在每天工作开始前，把一天的工作任务记录下来，按计划逐项实施。工作结束后，把一天中的任务完成情况也详细地记录下来，并进行总结分析，以利于进一步提高工作效率。

### （二）工作日志的作用

#### 1. 提醒作用

在实际工作过程中，我们往往会同时进行多项工作，甚至会因注意小的现象而忽略重要的事情，所以，及时地查看工作日志，并进行标注，对及时按计划完成工作任务有着重要的提醒作用。

#### 2. 跟踪作用

根据工作日志记录的内容，可以对相关工作的完成情况进行跟踪，在跟踪过程中调整资源配置，保证重要工作任务的按时完成。

#### 3. 业绩证明作用

在工作日志中，责任者的工作量、工作效果等一目了然，不会因为你不讲，你的业绩就得不到体现，也不会因为你能讲，你的业绩就会扩大。通过工作日志证明工作业绩是评价一个员工绩效的有效平台。

### （三）工作日志的编制方法

工作日志应在前一天下班前制定，一般先由秘书将周安排表中原来排定的第二天的活动内容和已经预约的会见等活动填写到工作日志中，再送领导过目，看是否需要调整或补充。

## （四）工作日志的参考格式

工作日志的格式可参考下表。

工作日志

年　　月　　日（星期　　）

| 时间 | 工作任务 | 完成情况 | 备注 |
|---|---|---|---|
| 8:00–9:00 | | | |
| …… | | | |

## （五）工作日志的使用和管理

秘书通常需要填写两本日志：一本是上司的，记录上司一天中需要完成的所有任务；另一本是自己的，记录自己一天中需要完成的所有任务。

### 1. 上司工作日志的内容

上司的工作日志通常包括以下内容：

（1）内部会议。上司在单位内部参加的会议、活动情况，要记录清楚时间、地点、内容。

（2）接待来访。上司在单位内部接待的来访者，要记录清楚来访者的姓名、单位详情、约会时间。

（3）外部会议。上司在单位外部参加的会议、活动、约会等情况，要记录清楚时间、地点的确切细节、对方的联络办法等。

（4）个人安排。上司个人的安排，如去医院看病等，以保证秘书不会在这段时间安排其他事宜。

（5）私人信息。上司私人的信息，如亲属的生日，以提醒上司购买生日卡或礼物。

### 2. 秘书工作日志的内容

秘书的工作日志除包含上司的日志内容外，还需要有：

（1）协助准备事宜。记录上司的各项活动需要秘书协助准备的事宜，例如，为上司某某会议准备发言稿、会议议程、订机票，为上司的某某会谈草拟合同和订餐等。

（2）上司交办工作。记录上司交代自己办理的工作，例如，收集某一信息、购买馈赠礼品等。

（3）本职工作。记录自己职责范围内应做的工作，例如，撰写半年工作总结、对外联络、安排车辆等。

### 3. 管理上司工作日志的注意事项

（1）安全保密。秘书应确保上司日志信息的保密，只给上司授权的人查阅。

（2）准确一致。要保持两本工作日志信息一致和准确，若上司有了新安排，应立即补充，并且每天要进行检查和更新。

（3）适应习惯。秘书应熟悉上司工作习惯和约会时间的长短，每天最早和最晚可安排约会的时间，以便安排的约会符合要求。

（4）劳逸结合。秘书应熟悉上司用餐和休息的时间，以便安排的约会避开上司的休息。

### 4. 工作日志的变更与调整

有时会因预想不到的事或对方的原因而必须改变日程安排，如果是我方原因变更安排，会造成一些有形、无形的影响，甚至会影响企业的信誉和双方的信赖关系。因此，应尽量想办法将日程安排的变更限制在最小的范围。

（1）变更原因。一般的工作日志变更，原因通常表现为：①原定结束时间延长超时。②追加紧急的或新添的项目。③项目的时间调整、变更。④项目终止或取消。

（2）应对措施。针对上述情况，秘书应注意：①安排的活动之间要留有10分钟左右的间隔或适当的空隙，以备活动时间的拖延或新添临时的、紧急的情况。②进行项目的时间调整、变更，仍然遵循先重急后轻缓的原则，并将变更的情况报告上司，慎重处理。③确定变更后，应立即做好有关善后工作，例如，通知对方、说明理由、防止误解等。④再次检查工作日志是否已经将变更后的信息记录上，不要漏记和忘记修改。

## 六、其他时间管理的工具

有许多种简单的时间管理辅助手段有助于秘书有效地分配和管理时间，例如，效率手册、待办文件夹、墙上计划板、商务通、值班表、“在不在”布告板等。这些表格的制作方法基本相似，目的也都是通过记录或可视化信息帮助人们记忆和相互之间的沟通。

### 【思考与练习】

**一、不定项选择题**

1. 秘书每天早晨上班即提供给领导的、作为领导工作安排依据的文件是（　　）。

A. 工作日志　　B. 报告单　　C. 计划表　　D. 记录单

2. ABCD法则是秘书常用的时间管理方法，其中的C项指的是（　　）。

A. 重而又急　　B. 急而不重　　C. 不急不重　　D. 重而不急

3. 属于简单的时间管理辅助手段的选项是（　　）。

A. 倡议书　　B. 墙上计划板　　C. 值班表　　D. 领导指示

4. 在时间管理的ABCD法则中，（　　）的工作任务，属于B类。

A. 重要而且紧急　　B. 重要但不紧急

C. 不重要也不紧急　　D. 不重要但比较紧急

5. 为了有效利用工作时间，秘书应该做到（　　）。

A. 明确自己的工作任务和职责　　B. 区分常规工作和非常规工作

C. 分清工作的轻重缓急　　D. 根据自己的兴趣安排工作顺序

6. 根据时间表所涉及的时间跨度的大小，时间表通常可以分为（　　）。

A. 年度时间表　　B. 月安排表　　C. 周安排表　　D. 终身时间表

## 二、实务操作题

你是布莱恩先生雇用的私人秘书，他本人是纽约某飞机部件股份有限公司主管销售业务的经理。请把下星期一的活动安排有关内容分别填写在布莱恩先生和你的工作日志上。

1. 每周星期一上午10:30在小会议室举行会议，所有经理都参加。你把这段时间空出来去银行取少量现金。

2. 中午12:30布莱恩先生与詹姆斯先生（新泽西代理商）在凯撒饭店共进午餐。

3. 查找下列案卷：19234号、78942号、43125号，并查一下布莱恩先生的护照延期手续是否办妥。

4. 你已为人事部的朱迪小姐安排好于下午3:00前来拜会布莱恩先生。

5. 在该天中某一适当时候，你必须空出半个小时的时间以便安排布莱恩先生与你商谈下一次推销工作会议的日程和有关安排事宜，但要记住不能占上午9:00—10:00的时间，因为他想在这段时间里处理他的信件。

6. 布莱恩先生和夫人晚上7:30出发去康特公寓出席晚上8:00开始的聚餐会。

7. 你本人在晚上7:00需要参加社交俱乐部举行的一个会。

# 任务26 工作流程优化

【任务目标】

了解工作计划的种类、内容和编制方法，掌握办公室工作流程的评价和优化措施。

【参考学时】

2学时

【知识支撑】

## 一、制订工作计划

一个经济组织是通过周密的规划和计划达到最佳效益，并尽可能地将风险减到最小程度的。因此，负有行政管理方面责任的秘书要清楚、了解本组织的总目标和阶段目标，并根据组织的总目标，计划和安排好行政办公管理方面的工作。

### （一）工作计划的种类

#### 1. 计划的时间分类

（1）**长期计划**。为实现组织的远期发展目标而制订的计划，时间跨度一般为3年以上。

（2）**中期计划**。为实现组织的阶段性发展目标而制订的计划，时间跨度一般为1～3年。

（3）**短期计划**。为完成某一个具体工作项目而制订的计划，时间跨度一般在1年以内。

#### 2. 计划的内容分类

按照计划涉及的内容，办公室工作计划可分为：

（1）**政策型计划**。政策型计划是指导组织成员制定决策、确保既定目标、增强行动的一致性和连贯性的指导性规划。政策型计划是所有计划中最为广泛的计划，并且它是由一个组织机构的最高管理层制订的。

（2）程序型计划。程序型计划是为了减少各部门和单位在工作方法上的混乱和无序化而制订的计划。程序型计划涉及各主要职能部门的业务，并且影响着各部门之间的业务。

（3）方法型计划。方法型计划是为了影响个体的行为而制订的计划，它描述业务单位或部门为必须完成某项具体的任务而要采用的各种方法。

（4）目标型计划。目标型计划是对组织机构将要实现的各项目标或结果的表述。这种计划可以使管理人员对本组织的目标和部门的目标有一个清晰和简明的认识，进而根据计划及时履行所担负的组织、指导和控制职能。

（5）规则型计划。规则型计划就是为了对组织成员个体行为实行强制的行为规范。它们属于硬性规定，并详细列述对违反行为规范的各种处罚。

## （二）制订工作计划的方法

计划不仅仅是实现目标的起点，它应贯穿于实现目标的整个过程中。在制订计划时，不但要科学地安排时间，还要考虑其他一些因素，以保证制订的计划能顺利实施，达到目标。制订工作计划的方法主要包括以下几个步骤。

### 1. 根据目标列出任务

根据组织确定的工作目标和期限要求，一项项列出本团队要完成的所有任务。可以使用专门制作好的任务表格，将要做的工作内容列出，也可以将工作任务逐项写下。

### 2. 划分任务的优先次序

区别重要的任务和紧急的任务通常按ABCD法则，先做重而急的任务，再做重而不急的任务，后做急而不重的工作，安排好工作的优先次序。

### 3. 标记任务的时间序列

按照工作的轻重缓急和逻辑顺序用数字编号标记出任务完成时间的前后顺序，对需要花时间的工作留出充足的时间量。

### 4. 列出完成任务的相关需求

列出完成每一项任务所需的资源和相关信息，包括人力、财力、物力等。

### 5. 明确阶段指标和时间要求

明确完成每一项任务的各个阶段指标和估算的时间要求。

### 6. 明确每项任务的责任者

指明每一项任务的负责部门或承担人以及负责人。

### 7. 推算各阶段工作的时间段

从最终完成的时间期限向前推算各阶段工作应何时完成，确定后，逐项将其填入计划表中。

8. 明确信息沟通渠道

明确工作进展的情况和出现的问题向谁报告，何时报告，确保计划的顺利实施。

9. 明确监督管理措施

明确工作进展的情况和质量如何监督和管理。

## （三）制定工作计划的要求

1. 时间要求明确

计划中每一项任务的开始时间、持续时间和最终完成时间都要有比较明确的规定。

2. 目标要求明确

每一项任务的具体目标，都要在数量和质量两个方面提出具体要求，如为某一次活动编制几套可行性方案，编制的会议资料需要印制多少份，质量标准和用纸要求是什么。

3. 资源配置明确

每一项任务所需的资源，包括场地、人员、设备、资金等，都要落到实处，随时可以调用。

4. 任务责任明确

每一项任务的负责部门或承担人以及负责人都要有明确规定，以便在任务完成的过程中出现问题时及时解决。

5. 监控措施明确

在计划的文件中还要写明如何监督工作的进展及其完成的质量。

## （四）制订工作计划的程序

1. 估量机会

对机会的估量，是计划工作的一个真正起点。其内容包括：对未来可能出现的机会进行初步分析，形成判断；根据自己的长处和短处搞清自己在竞争者群体中所处的位置；了解自己利用机会的能力；列举主要的不确定因素，分析其发生的可能性和影响程度。

2. 确定目标

计划工作的第一步是在估量机会的基础上，为组织及其所属的下级单位确定工作的目标。在确定目标这一步工作上，要说明基本的方针和要达到的目标，说明制定战略、政策、规则、程序、规划和预算的任务，并指出工作的重点。

### 3. 分析条件

按照组织的内外环境，可以将实现目标的前提条件分为外部前提条件和内部前提条件；按可控程度，可以将实现目标的前提条件分为不可控的、部分可控的和可控的3种前提条件。前述的外部前提条件多为不可控的和部分可控的，而内部前提条件大多是可控的。不可控的前提条件越多，就越需要通过预测工作确定其发生的概率和影响程度的大小。

### 4. 拟订方案

调查和设想可供选择的行动方案，这一步工作需要发挥创造性。但是，方案也不是越多越好。即使我们可以采用数学方法和借助电子计算机的手段，还是要对候选方案的数量加以限制，以便把主要精力集中在对少数最有希望的方案的分析方面。

### 5. 评价方案

评价实质上是一种价值判断，它一方面取决于评价者所采用的标准；另一方面取决于评价者对各个标准所赋予的权数。在评价方法方面，可以采用运筹学中较为成熟的矩阵评价法、层次分析法，在条件许可的情况下可采用多目标评价方法。

### 6. 选择方案

选择方案是很关键的一步，也是决策的实质性阶段——抉择阶段。可能遇到的情况是：有时会发现同时有两个可取的方案。在这种情况下，必须确定出首先采取哪个方案，而将另一个方案也进行细化和完善，并作为后备方案。

### 7. 拟订分计划

总计划要靠分计划来保证，分计划是总计划的基础。

### 8. 编制预算

制定计划的最后一步是把计划的每一个步骤所需的资源以货币的形式表现出来，这就是预算。从本质上来看，预算实际上就是资源的分配计划。

因此，预算工作做好了，可以成为汇总和综合平衡各类计划的一种工具，也可以成为衡量计划完成进度的重要标准。

## （五）制订与实施计划中应注意的问题

### 1. 实事求是

制订计划要实事求是，不要设立不切实际的工作目标，明知完不成，还要许诺。

### 2. 善于授权

在计划的制订与实施过程中，要善于授权，明确分工，不要卷入他人的任务中而完不成自己的工作。

#### 3. 定期检查

定期检查所需的资源是否保证和满足，努力避免因供应不足而影响进度。

#### 4. 及时沟通

及时与同事沟通工作进展和出现的问题，让大家都知道工作进度和达标情况。

#### 5. 全程监控

在实施计划过程中，应进行监控，发现问题，要及时应变。

## 二、限时办理

### （一）办理时限的概念

办理时限是指企业接到客户或询问者的问题后处理并回复的时间规定。许多企业都对行政管理工作的行为做了有关办理时限的明文规定，明确处理工作花费的时间必须按照规定执行，并进行监督管理。

### （二）限时办理制度

限时办理制度是针对时效性制订的规则，是在时效性上指导人们行动的标准。它要求人们照章办事，不准人们的行为偏离规定的要求，以大大提高企业的形象、信誉和效率。限时办理制度中量化的标准容易被人们接受和执行，也容易通过它对人们的行为进行衡量和监督，这是企业的一种管理方法，是组织管理决策的一个方面。

### （三）确定办理时限的程序

#### 1. 调查情况

调查本单位在行政管理工作方面有哪些行为需要做出承办期限的规定。

#### 2. 制定标准

研究指定承办期限的适宜标准。

#### 3. 明确时限

确定同一任务在不同情况下的办理时限。

**【工具箱】办理时限规定示例**

天地公司的办理时限规定

| 工作行为 | 办理时限 |
| --- | --- |
| 接外线电话 | 应在 4 次铃声以内接起 |

续表

| 工作行为 | 办理时限 |
|---|---|
| 打电话回答、告知对方信息 | 按对方指定的回应电话时间回答所要求的信息 |
| 回复信件 | 收到信件后 2 个工作日内发出，紧急信件在收信后当天发出 |
| 回复电子邮件 | 收到电子邮件后 12 小时内发出，紧急电子邮件应立即回复 |
| 处理投诉 | 接到后立即处理；投诉信应在收到之后 24 小时内发出回函 |
| 归档 | 当日完成，周末进行清理，保证没有积压；紧急归档应在 2 小时内完成 |
| 发货 | 收到订单当天发货，紧急订购立即处理，并使用快递服务发货 |

## 三、评估工作质量

### （一）工作质量评估的意义

工作质量评估实际上就是目标管理。运用目标进行管理，并评价主管人员的工作成效，有很大优越性，主要体现在。

#### 1. 提高管理工作效率

实施目标管理，就迫使主管人员为实现目标而认真制订计划，并想方设法去实现目标。同时，还需要建立一套具体而明确的分目标，这是推动和控制工作的最好方法。

#### 2. 明确组织机构的建制

实施目标管理，就需要理顺组织机构和人员编制，把目标落实到岗位上，使之有人负责。人人明确岗位职责，不会存在无目标、无职责的岗位。

#### 3. 增强员工责任意识

实施目标管理，人们不再消极等待命令、指示去工作，而是工作有明确目的。他们都参与自己目标的制定，有机会提出自己的想法，知道自己的权限。

#### 4. 有助于进行控制和监督工作

有一套可以考核的目标是对业务活动进行测定和监督的最好办法，并更容易对计划实施中出现的偏差予以纠正。

### （二）工作质量评估的要求

#### 1. 工作目标主次分明

组织或团队的目标会具有多样性，但要注意不要把小的目标放在重要位置而有损于大目标和主要目标的实现。

### 2. 各个部门互相支援

一个组织中的部门或团队确定适合自己的目标是较容易的，但要注意各个部门或团队确定的具体目标之间的相互支持和相互连接，以形成一个协调有效的网络、一个互相支援的目标矩阵，实现总目标。

## （三）工作质量评估的程序

### 1. 建立一套完整的目标体系

从企业的最高主管部门开始，由上向下逐级地确定目标。上下级的目标之间通常是一种“目的—手段”的关系，从而构成一种连锁式的目标体系。

### 2. 量化管理各个工作项目

在日常的办公室工作中，可以量化管理的内容通常包括：

（1）**优化劳动组合**。即使工作人员与办公手段达到最佳结合，也就是我们通常说的人尽其才、物尽其用。

（2）**定岗定编定员**。定岗，就是明确实现目标需要什么样的岗位；定编，就是明确每一个岗位需要多少人，所有的岗位总共需要多少人；定员，就是明确每一个具体岗位上的工作人员是谁。

（3）**工作定额**。这是指在一定的生产、技术、组织条件下，按照正常作业速度进行某项业务工作所需的社会必要劳动消耗量。可以用某个工程（业务）项目需要多少工时来表示，也可以用单位时间内（天、周、月）完成多少工作量来表示。

（4）**定量考核**。就是用工作定额作为标尺来衡量办公室工作人员的业绩多少和贡献大小，用事实和数据说话，而不是单纯凭主观印象来评价。

### 3. 科学评估工作质量

针对不同的工作项目采用数量目标评估、质量目标评估等方法对工作质量进行科学评估。

# 四、改进工作流程

通过工作质量评估，当我们发现我们的工作不能圆满完成我们的工作目标的时候，就有可能是我们的工作流程出现了问题。

不管是改进复杂的工作流程，还是改进简单的工作流程，其步骤不外乎以下几个环节。

## （一）定义

定义一个需要加以分析和改进的流程。在任何情况下，如果把分析和改进的对象定义为全部流程，是得不到什么效果的。因此，需要找出问题比较突出的流程。例如，效率最低的流程，耗时最长的流程，技术条件发生了变化的流程，物流十分复杂的流程等。确定要分析的流程以后，绘出该流程的流程图。

### （二）评价

确定衡量流程的关键指标，用这些指标对该流程进行评价，以确认所存在问题的程度，或者与最好绩效之间的差距。

### （三）分析

寻找所存在问题和差距的原因。

### （四）改进

根据上述分析的结果，提出可行的改进方案。如果有不止一种的改进方案被提出，则需要进一步对这些方案加以比较。

### （五）实施

实施改进方案，并对实施结果进行监控，用上述步骤（二）的关键指标对改进后的结果进行评价，保持改进的持续效果。如果仍然存在问题，则重复以上步骤。

## 【思考与练习】

**一、不定项选择题**

1. 按照计划的内容来划分，可将办公室工作计划分为（　　）。

A. 政策型计划　B. 长期计划　C. 短期计划　D. 程序型计划

2.（　　）是所有计划中最为广泛的计划，并且它是由一个组织机构的最高管理层制订的。

A. 政策型计划　B. 长期计划　C. 短期计划　D. 程序型计划

3. 制订工作计划的方法主要包括（　　）步骤。

A. 根据目标列出任务　B. 根据任务列出目标

C. 划分任务的优先次序　D. 明确阶段指标和时间要求

4.（　　）是计划工作的一个真正起点。

A. 估量机会　B. 确定目标　C. 分析条件　D. 拟订方案

5.（　　）是计划工作的第一步。

A. 估量机会　B. 确定目标　C. 分析条件　D. 拟订方案

6. 计划工作的最后一步是（　　）。

A. 估量机会　B. 确定目标　C. 编制预算　D. 拟订方案

7. 运用目标管理评价主管人员的工作绩效，这有利于（　　）。

A. 及时纠正计划实施中出现的偏差　B. 促进员工承担责任

C. 提高管理工作效率　D. 确定组织机构的建制

8. 下列关于承办期限制度的说法，正确的是（　　）。

A. 承办期限制度是针对时效性制订的规则

B. 同一任务在不同的情况下承办期限是相同的

C. 承办期限制度可以提高企业的形象和效率

D. 行政管理的所有行为都应确定承办期限

9. 量化管理办公室工作的内容包括（　　）。

A. 优化劳动组合　B. 定岗定编定员　C. 工作定额　D. 定量考核

10. 改进办公室日常事务工作流程的正确步骤是（　　）。

A. 定义→评价→分析→改进→实施　B. 评价→分析→改进→实施→评估

C. 定量→分析→改进→实施→评估　D. 调查→分析→改进→实施→评估

## 二、实务操作题

公司定于3月18日召开销售会议，时间为1天，参会人员预计50人，需要使用公司大会议室。会上要给每人发放一套会议文件，包括产品介绍、价格表和宣传材料等，并要准备会间的小点心及饮料。行政经理要求秘书高叶制订一份从3月1日开始的会议筹备计划表。

假如你就是高叶，请把这份会议筹备计划表制定出来。

# 主要参考文献


[1] 张浩. 新编办公室主任必备全书 [M]. 北京：光明日报出版社，2001.

[2] 何伶俐. 高级商务礼仪指南 [M]. 北京：企业管理出版社，2003.

[3] 李海波. 新编会计学原理 [M]. 上海：立信会计出版社，2003.

[4]【英】德斯蒙德.莫里斯，等. 手势语言 [M]. 刘文荣等译. 天津：百花文艺出版社，2003.

[5] 吴志清. 管理学基础 [M]. 北京：机械工业出版社，2003.

[6] 廖金泽. 商务万事通 [M]. 深圳：海天出版社，2003.

[7] 胡鸿杰. 办公室事务管理 [M]. 北京：中国人民大学出版社，2004.

[8] 胡鸿杰. 办公室事务管理案例与实务 [M]. 北京：中国人民大学出版社，2004.

[9] 杨树森. 秘书实务 [M]. 合肥：安徽大学出版社，2006.

[10] 中国就业培训技术指导中心组织. 秘书国家职业资格培训教程 [M]. 北京：中央广播电视大学出版社，2006.

[11] 商务部中国对外贸易经济合作企业协会，全国外经贸经理人职业资格认证考试中心. 国际商务秘书实务教程 [M]. 上海：科学技术文献出版社，2006.

[12] 孙荣. 办公室管理 [M]. 上海：复旦大学出版社，2007.

[13] 孟庆荣. 秘书职业技能实训教程 [M]. 北京：清华大学出版社，2007.

[14] 葛红岩. 新编秘书实务 [M]. 北京：高等教育出版社，2007.

[15] 张再欣. 秘书理论与实务 [M]. 北京：清华大学出版社，2008.

[16] 陆瑜芳. 办公室实务 [M]. 上海：复旦大学出版社，2008.

[17] 张锡东. 社交礼仪 [M]. 北京：清华大学出版社，2008.

[18] 潘振宽. 现代教育技术 [M]. 济南：山东大学出版社，2008.

[19] 金常德. 办公室事务（第二版）[M]. 大连：大连理工大学出版社，2009.

[20] 黄钰茗，孙科柳. 行政管理的55个关键细节 [M]. 北京：中国电力出版社，2012.

[21] 王景峰. 行政管理职位工作手册（第3版）[M]. 北京：人民邮电出版社，2012.